守望新教育

许新海◎著

新教育

新教育文库·蒲公英书系

作为一个实验，
新教育何以发展得如此迅速？
如何从认识到认同，
从认同到行动，
从行动到坚守，
从坚守到信仰？

长江出版传媒 | 湖北教育出版社

新教育文库

总序

教育实验是一项细致而长久的工程，需要通过一代人去影响另一代人，不能急于求成，不能故步自封，一定要学会等待，一定要耐得住寂寞。

新教育实验更不例外。

中国教育有许多弊端，但仅仅是怒目金刚式的斥责和鞭挞，虽然痛快却无济于事。对于中国教育而言，最需要的是行动与建设，只有行动与建设，才是真正深刻而富有颠覆性的批判与重构。

新教育实验就是寓重构于行动之中，寓批判于建设之中。

新教育要做的，就是给教师和学生一种幸福完整的教育生活，一个开阔无垠的精神视野，让他们对人的内心的复杂性有更为深切的体验，不但要了解生命的伟大和宇宙的博大，而且要感受生活的丰富与人性的丰厚。

从2000年《我的教育理想》的出版，新教育思想悄然萌芽，到2014年《新教育文库》的第三版重订，此时此刻的中国大地上，2000多所学校的200多万新教育师生，正走在新教育的路上。

以追寻理想的执着精神、深入现场的田野精神、共同生活的合作精神、悲天悯人的公益精神，埋首耕耘，成就我们的人生、我们的教育、我们的民族。这就是新教育精神的本质内涵。

新教育追求高度，但永远不会高高在上；新教育培养卓越的教师，更关注普通的教师；新教育不是一个精英俱乐部，而是一个宽容开放的团队。新教育始终敞开胸怀，永远等待、拥抱理想主义者。真实的新教育，永远在田野中，在千千万万默默无闻的普通老师的教室里。

新教育人，就是这样一群有着共同梦想、遵守共同标准的志同道合者。彼此为对方的生命祝福，彼此珍惜生命中偶然的相遇，彼此郑重作出承诺，共同创造一间又一间完美的教室，共同书写一篇又一篇生命的传奇。

新教育不求无懈可击的理论体系，而是强调行动起来，在实践中思考，在实践中提升，在实践中成长。帮孩子成为自己，让我们成为自己，一个完整的幸福的自己。我们不是人类文明的创始者，但人类文明可以通过教育的伟大理想穿越时空，通过我们今天的行动变为现实。

当然，我们也知道，只有对新教育的认识从“概念”向“信念”推进，由“理想”转向“思想”引领，激发出人们深沉的情感、执着的意志，从精神世界的积淀表现为主体的自觉行动时，新教育实验才可能真正成为人生力量和教育智慧的策源地。

新教育文库，正是总结、梳理、传播新教育人的所行所思所得的一种努力。无论是经验还是教训，这一路跋涉的足迹，将成为指向明天的路标。在这套文库中，不同书系有着不同定位：我们希望用“通识书系”积淀下新教育的根本书籍，用“蒲公英书系”及时总结一线教育经验，用“萤火虫书系”全力搭建家校沟通的平台……我们并不准备用一部部书籍堆砌功名的城堡，但我们盼望这一部部心血凝成、行动书写的图书，能够成为一块块砖石，铺就一条通往彼岸的桥梁。

那么，新教育的彼岸是什么模样?

我想，彼岸是一群又一群长大的孩子，从他们身上能清晰地看到：政治是有理想的，财富是有汗水的，科学是有人性的，享乐是有道德的。

亲爱的新教育同仁，我们正在这条通往彼岸的船上。让我们同心同行，过一种幸福完整的教育生活。

行动，就有收获。

坚持，才有奇迹。

朱永新

2014年3月12日于北京滴石斋

前言

新教育实验发起人朱永新先生曾经给我们这些走在新教育路上的学生提过一个问题:新教育何以成为“百年老店”?

新教育实验从朱永新先生一个人在书斋里的念想,在他的亲自推动下,经过10多年的努力,已经在全国拥有了40多个实验区,200多万师生不同程度地参与了相关的实验项目。作为一个实验,新教育何以发展得如此迅速?如何从认识到认同,从认同到行动,从行动到坚守,从坚守到信仰?

我所在的江苏省海门市,从2005年9月以区域的形式加入新教育实验,从小学逐步延伸到了幼儿园与初中,近几年推广到了普通高中与职业高中。10年的扎实行动与坚守,涌现了一大批新教育优秀实验学校、实验个人与榜样教师,研发了一系列卓越课程,形成了丰富的研究成果,出版了10多本著作。新教育实验还给了我们额外的奖赏,在新教育永远以生命的幸福完整为至高目的的朝向与追寻中,海门市近几年的高考与义务教育学业水平质量抽测的各项数据都处于全省前茅,消除了人们对搞新教育会不会影响考试成绩的疑虑。

我作为一个区域教育行政部门的一把手,又兼任新教育研究院的院长,兼具着行政领导、研究者、组织者、推广者等多种角色，在近10年的新教育征程中，对于如何推广新教育实验，自然有着更多的体会与思考。此书是我继《做新教育的行者》一书之后的第二部关于推进新教育的行与思，与大家分享。

总的来说，这些年我们做了五个方面的工作。

一是愿景引领，把新教育之梦作为实现中国教育梦的重要使命。“过一种幸福完整的教育生活”是全体新教育人的共同愿景，在海门中小学、幼儿园，每一所学校的醒目处都有这一标语，我们希望这一愿景成为全体海门教育人共同追寻的目标、理想与信念，通过一个个具体的项目、行动，从改变教师的行走方式到改变学生的生存状态，成为学校的文化之魂，让它就像一盏高悬的明灯，引领着海门师生的教育生活的朝向。

二是机制创新，把载体与团队建设作为区域推进新教育实验的重要抓手。任何一个实验，一个项目，要得到有效地推动与落实，必须建立运作机制，搭建平台载体，组织研究团队。在最初推广新教育实验的时候，我们就建立了“六大行动”项目组，组建了区域新教育共同体，以后逐步成立了新教育研究中心、新教育研究会、新教育培训中心等组织机构，通过这一系列的平台，落实了新教育实验各个实验项目的任务。当然，组织载体的运作关键还是人，只有核心人物、核心团队以及高效的运作机制，才能推动实验工作的不断深入。为此，我们以教育科、教研室、教科室、培训中心等教育行政与教育研究部门的骨干力量为核心力量，同时，聘请一批特级教师领衔搭建名师工作室与名品工作室，并给予经费的保障，从而有效推动了一些项目的研究进展，取得了丰富的成果。

三是项目运作，把构建完善的机制作为区域推进新教育实验的制度保证。如今，新教育实验已经发展为“十大行动”：营造书香校园、师生共写随笔、聆听窗外声音、培养卓越口才、构筑理想课堂、建设数码社区、推进每月一事、缔造完美教室、研发卓越课程、家校合作共建等。每一项行动都有着极其丰富的内容，在区域层面或学校层面，包括教师个体层面开展新教育实验，我们都要求设计详细的项目实施方案，从目标设定、实验内容、活动组织、资源利用、总结提升、宣传推广等，建立比较完善的项目运作制度，用实验制度保证实验工作的正常运作与目标的有效达成。同时，还建立了一系列表彰评比制度，每年要表彰优秀实验学校、优秀实验个人，组织书香校园、书香教师、书香学生、书香家长、完美教室、卓越课程等专项评比，以表彰先进，激励更多的学校与教师扎实推动新教育实验工作。

四是坚守日常，用行动反思、探索研究形成区域推进新教育实验的特色。新教育实验一开始就强调自己的草根性、民间性，希望最终实现的是一线校长与教师的行动自觉与文化自觉。无论是晨诵、午读生活方式的养成，卓越口才的培养，还是师生随笔的撰写等，没有坚守日常的意志、每日反思的习惯、不断探索的精神，是无法实现新教育的日常化与生活化的。海门区域推进新教育的最大特色就是把新教育的理念融于每一所学校的日常生活中，让新教育的行动成为每一所学校的共同生活。新教育，最终应该是一种生活方式，一种美好的教育生活。

五是活动助推，用底线 + 榜样的管理铁律作为区域推进新教育实验的重要路径。新教育强调榜样言说与生命叙事的激励与召唤作用，每一项行动的研究，需要通过活动来展示、研讨，在展示研讨中相互学习、发现榜样、树立标杆。新教育研究院每年上半年都要组织全国实验区工作会议，暑期组织全国新教育年会，下半年组织新教育国际论坛，每次大会都会有一个鲜明的研究主题，为全国新教育实验推进不断提供最新的研究思考与成果，引领全国各实验区、实验学校的实验工作。同时，许多实验区都会开展新教育开放周活动。海门每年都会结合年会主题，组织两次面向全国的开放周活动，实验区内部还有很多专题性的研讨活动，期末每所学校都要举行隆重的期末庆典活动，邀请家长一起参加，让家长们看到的是一个个鲜活生命的完整成长，而不是一张简单的成绩单。

六是媒体宣传，营建区域推进新教育实验的分享平台与推广氛围。在海门，宣传新教育的媒体平台既有传统的报刊《海门教育研究》《海门教育周刊》、与电视台合作的海门教育频道，也有海门教育网站、海门新教育在线，还有海门新教育微博与海门教育发布微信平台，这些多样化的媒体平台，及时、专题、深度报道海门新教育实验的进展情况，快速传递新教育实验的典型人物与事件，还开辟了专家引领、项目案例解读、示范校展台、榜样教师叙事、在线论坛研讨等栏目，为新教育实验导航，发挥着媒体在实验推广中的独特作用。

如今，每年都有来自全国各地上万人次的新教育同仁到海门参观考察、学习培训，这既是鼓励，更是鞭策，唯有坚定信念，前行不止，不负重望。而我和无数新教育人一样，只有继续耕耘着，以耕耘守望，守望新教育，守望幸福完整的未来。

许新海

目 录 CONTENTS

第一辑 信仰担当:相信种子 相信岁月

朝向幸福完整的教育生活 …… 2

教育生活的本质理解 …… 16

新教育:导向素质教育理想家园 …… 25

新教育 10 年 …… 35

总得有人去擦星星 …… 38

行走在路上 …… 50

新教育研究会:回眸与展望 …… 56

齐聚江海门户 共话教师发展

——全国新教育实验海门年会综述 …… 61

第二辑 区域推进:只要上路 就会遇到庆典

区域教育共同体建设形态及其价值 …… 70

区域推进公民教育行动策略研究 …… 79

理想学校从特色项目与特色学科开始 …… 88

让每一间教室无限长大

——区域推进“完美教室”项目的实践与思考 …… 94

好习惯是这样养成的 …… 98

课堂以变革追寻理想 …… 100

课程研发以儿童为原点 …………………………………… 103
师德师风为生命传奇之基 ………………………………… 107
卓越德育的推动方式 ……………………………………… 111
德之不立,才将焉附? …………………………………… 114
“新体育百分百”实践研究 ………………………………… 119
提升“五力”书写卓越传奇 ………………………………… 129
协力名师成为团队领头雁 ………………………………… 132
初中教育提升五招 ………………………………………… 137
研发卓越课程　构筑理想课堂 …………………………… 143
缔造完美教室　书写生命传奇 …………………………… 159
第三辑　行走感悟:只要行动　就有收获
新教育,教师生命的文化基因 …………………………… 163
新教育的文化使命 ………………………………………… 167
在“完美教室”中创造属于自己的庆典…………………… 170
创造适合儿童的阅读生活
——新教育“儿童阶梯阅读”项目实践与思考…………… 172
让阅读丰盛世界 …………………………………………… 176
假期师生这样读 …………………………………………… 179
教室里的奇迹是这样发生的 ……………………………… 183
行动与坚持 ………………………………………………… 185
海门教育精神 ……………………………………………… 187
我的海门教育梦 …………………………………………… 191
第四辑　每日一思:只有坚持　才有奇迹
把一间教室变为一座宫殿 ………………………………… 195
以时光沉淀学校文化 ……………………………………… 211
让教育的日子成为节日 …………………………………… 217
新教育需要新中学 ………………………………………… 220

演讲是鲜活的自我梳理 …… 226
集社会之力办教育 …… 230
国际视角下的文化与教育 …… 235
好教育以家庭教育为基 …… 239
我的教育观 …… 242
阅读给我力量 …… 244
共读共约星期五 …… 247
一场讲座一本书 …… 250
给名师一个舞台 …… 254
区域教育共同体之思 …… 256
一次额外的奖赏 …… 258
特色是优化组合的过程 …… 260
教育孕育体育之魂 …… 262
学校也需要自我超越 …… 264
让基层课题研究更事半功倍 …… 266
每月一事需要重构拓展 …… 268
用培训促进自身提升 …… 270
动静结合推动阅读 …… 273
在路上的学习 …… 276
让我们的世界充满魅力 …… 278
校长的成长 …… 282
大家说新教育 …… 284
乐为学习共同体的一员 …… 286
后　记 …… 288
附　录 …… 290

第一辑

信仰担当：相信种子　相信岁月

相信教育的力量，是新教育人的根本信念，是新教育实验的活力源泉。

一路走来，新教育实验扎根一线，日复一日接受大地的滋养，也为世界屡屡献出精神的果实。

岁月见证着我们的成长。我们仍在继续耕耘。

朝向幸福完整的教育生活

靠江靠海靠上海，新人新事新教育。素有“江海门户”之称的海门与新教育有着深厚的渊源关系。早在2003年3月，江苏教育报刊社组织的“弘謇杯”全省第三届新世纪园丁征文颁奖活动在海门举行，时任苏州市副市长的著名教育家朱永新先生应邀作学术报告，报告的内容就是“新教育实验”，这是朱先生第一次较为系统地阐释新教育理念。“让师生沐浴新教育的阳光雨露”，令我及海门的教师们怦然心动，热血沸腾。受清末状元张謇“父实业，母教育”思想熏陶的海门教育人迫不及待地牵手新教育，痴情地投入到新教育实验中。2005年9月，在我的推动下，海门以区域的形式整体加入“新教育实验”。从此，新教育就像一条奔腾不息的河流，在海门大地上穿行，改变着海门师生的生活方式，也演绎了一个又一个海门新教育的成功与传奇。

一、让每个孩子拥有相似的阅读背景

2005年底，我在海门组织了一次小学生课外阅读情况调查，孩子们的阅读现状令人尴尬，村小的情况尤其让人不安：12%的村小学生家里没有一本图书，78.8%的家长没有给孩子买过书，68.9%的村小学生家里仅有的一两本课外读物也只是作文选。由于学校经费的制约，村小无法提供足够孩子们阅读的图书，农村的孩子很难找到他们所需要的读物，阅读量的普遍不足严重影响着儿童良好阅读习惯的形成，追随教育梦想的海门新教育人为此寝食不安。

阅读是教育中最本质的一个活动，那些最伟大的教育思想家毫无例外地都推崇阅读。通过阅读可以获得终身自我学习的能力，更重要的是拥有了终身学习的兴趣和习惯。朱永新先生首倡“营造书香校园”等新教育“六大行动”，就是要为孩子的精神打底，为孩子的人生奠基。拯救儿童阅读，被我摆上了议事日程；推广阅读成了海门新教育人共同的使命。

海门当时有60多所村小，怎样让村小的孩子们也有好书读，也能读好书，让每个孩子拥有相似的阅读背景，成了我心中挂念的大事。

经过一段时间的酝酿，我亲自牵头研制的“书香童年计划”于2006年初正式在全市范围内启动，让好书陪伴孩子的童年，成为海门小学教育的一项重要工作。作为“书香童年计划”的一个组成部分，首先开始实施的，是面向全市所有村小的“图书漂流”行动。

由教育局统一承担经费，教研室组织人员精心选定书目，统一购买了适合学生阅读的中外名著75种1875册、适合教师阅读的书籍20种420册，分成5个流动书架，从2006年2月开始，以“片”为单位，在村小之间有序漂流。图书在每所村小停留的时间是4个星期，随图书漂流的还有统一设计的资料夹，内有图书漂流行动简介、给教师的信、给家长的信、读书倡议书、班级读书会介绍、6个不同年段的阅读指导方案、漂流图书目录、书友记录单等，既供漂流学校相互学习、分享，也让教育局了解各校的学习情况。

每一所村小的孩子都热切地期盼着图书“漂”来。流动图书室运到的那一天，各个村小都要举行简短而隆重的启动仪式，“好书伴我成长！好书伴我飞翔！”“我读书，我快乐！我读书，我成长！”的行动口号响彻校园。孩子们的阅读视野打开了，《西游记》《安徒生童话》《草房子》《时代广场下的蟋蟀》《窗边的小豆豆》等最新版本的书籍，对孩子们充满着强烈的吸引力，生生共读、师生共读的情景随处可见。4周之后，书架漂走了，但阅读的热情、读书的习惯留下了，阅读活动还在持续开展。据统计，2006年上半年，全市图书漂流经过了30所村小，惠及9799名学生，180位教师；学生人均读书4.3本，教师人均读书3本。150余名村小学生被评为“三星级小书迷”。

2006年9月，我们又启动了第二轮“图书漂流”行动。这一次主要采用班级共读同一本书的方式，即在一个“漂流”期（两周）内，教育局向全市各村小提供2种图书，图书数量大致按照相应班级的学生数确定。这一轮的“图书漂流”行动，要求教师带领全班学生共同精读同一本书。停留期满，该图书即向下一所学校“漂”去，又有新的图书“漂”来。如此循环，在整个图书“漂流”期间，全市所有村小每天均有2个班级在共读同一本书。

怎样让学生养成良好的读书习惯，让他们爱阅读的同时会阅读，读出效果和味道来？这是海门市“书香童年计划”深入实施过程中各个学校都在研究的课题。东洲小学精心筛选了适合各个年级学生阅读的书目，逐步构建起了综合精读、泛读、品读、诵读的阅读课程体系。每周一次的整本书阅读课，学生都是在图书馆度过的。他们在老师的带领下，共同精读一本书，一个学期下来，每个班级一般可以精读 4 本学校统一推荐的好书。“小学阶段完整地精读 48 本书，对学生来说这是一笔可贵的精神财富哇！”东洲小学校长祝禧感慨万千。

不仅仅是一般地读，他们还设计了“阅读手册”，进行系列化的阅读指导和训练。比如四年级阅读《夏洛的网》，“阅读手册”设计了分享感人片段、仿写摇篮曲、写给主人公威尔伯的一封信、与好朋友分角色朗读等听说读写综合训练，阅读活动变得更加丰富、生动。用主体化阅读把精读、泛读串联起来，阅读的内容从儿童文学作品扩大到更多的科学人文书籍，阅读的对象从汉语书籍扩大到简单的英语作品，从传统的平面印刷物扩大到网络和影视作品，东洲小学孩子们的阅读世界变得更加精彩了。

海门实验附小强调的是儿童文学作品的经典阅读。他们挂牌成立了“儿童阅读研究中心”，要求各班级每学期选定一本优秀儿童文学作品作为班级共读书，进行深入研读。为此学校还要求每位教师重点钻研一部优秀作品，通过对一部作品的理解带动对儿童文学整体的理解，然后从孩子的视角对这一作品编写阅读建议菜单。以师生共读为基础，老师再组织孩子们编写属于自己的书，为他们的童年生活留下美好的记忆。

倡导深度阅读，让阅读真正渗透到孩子的情感和智慧深处，这是海门市“书香童年计划”深入实施中的一个导向。正是为了这个目标，我提出要让“阅读课程化”，要读“整本书”，要进行鉴赏性的“师生共读”，要围绕阅读书目展开系列化活动。我积极倡导“晨诵、午读、暮省”的新教育儿童生活方式，并组成了晨诵课程与午读课程的研发团队，建立资源共享平台。每年的书本剧展演是深度阅读向纵深发展的一个明证，学生们把自己的阅读所得用形象的舞台表演呈现出来。还组织了“阅读与作文”，命题都是围绕新教育黄书包的必读书目，如四年级试题要求学生展开想象为《时代广场下的蟋蟀》续写结尾，五年级试题要求写下与《假如给我三天光明》主人公海伦·凯勒进行的一次心灵“对话”，六年级试题要求评说《西游记》里的两个人物。没有真正意义上的整本书阅读，这样的“大动作”是谁也不敢轻易搞的！

把学校办在图书馆里，是我在海门倡导新教育的一个重要理念。我们的“图书漂流”行动共实施了五年，全市每一所农村学校都拥有了丰富的图书资源，确保了农村的孩子与城里的孩子拥有相似的阅读背景。从激发学生阅读兴趣的“自由阅读”，到引导学生学会阅读的“师生共读”，再到把阅读当成生活方式的“深度阅读”渐次推进。“文学阅读”“经典阅读”“快乐阅读”“科学阅读”“主题阅读”成为了一些学校精心打造的特色品牌。

由“图书漂流”引起的“蝴蝶效应”远不止此，读书活动轰轰烈烈开展，2007年已经延伸至初中。全市范围的“书香学生”“书香教师”“书香班级”评比如火如荼地展开，每年的4月23日都要举行海门市新教育阅读节，至今已连续举办8届，每次都要隆重表彰“书香学生”“书香教师”“书香班级”。读书活动还辐射到了家庭、社区，家长被孩子读书的热情感染了，“亲子阅读”成了海门一道独特的风景线；社区阅读成了居民业余生活的首选。从2007年开始，海门将每年元月的第一个周末，确定为海门的“家庭教育日”，这在全国属首创。开展“书香家庭”评选活动，在全市积极营造和谐的亲子共读氛围；开展“亲子共读”专题讲座，指导亲子科学阅读……2011年又成立了新教育萤火虫工作站，一批志愿者以公益的方式全身心地推广亲子共读项目。由学校到家庭再到社会，海门的每一寸土地上都弥漫着浓浓的书卷气息，空气中散发着清新的油墨芳香。

为使学校阅读常态化与课程化，教育局专门下发文件，要求学校从地方课程中每周拿出一节作为校本阅读课，确保每天一小时让学生自由读书，使广泛阅读有了固定的时间。根据《语文课程标准》的教学建议，我组织了一批教学骨干，梳理了中国的古典诗词、现当代诗词和中外名著，编辑出版了《小学生诗词诵读》《初中生古诗赏读》和《初中生名著导读》，创造性地开展诗词、名著诵读活动。为期一月的学校阅读节每学期如约而至，教室、图书角、阅览室随处可见如痴如醉的阅读身影，阅读挑战行动壮大了“小书虫”队伍。“世界读书日”与“孔子诞辰日”推出的全市性的阅读节以及诗词诵读展演——《春天诗会》《我爱诵读》《我与经典同行》等将诵读活动推向一个又一个高潮。书香校园建设与行政推动紧密结合，让海门的校园劲飘书香；书香，赠与孩子一身的灵气。

“让读书成为生活方式，让童年伴随书香成长”“读书吧，让好书伴随我们快乐地成长！”在海门各中小学，读书活动开展得如火如荼。各校还开展“聆听窗外声音”活动，邀请著名作家走进校园，让孩子们有机会零距离接触他们，聆听他们的报告，面对面地对话交流，持续激发孩子们的读书热情。近5年来，曹文轩、郑渊洁、梅子涵、秦文君、黄蓓佳、冰波、杨红樱、祁智、沈石溪、周锐、童喜喜等知名儿童文学作家应邀前来，在轻松愉快的气氛中进一步点燃了学生阅读和思考的激情。见面会的结束，又意味着新一轮阅读、写作热潮的开始：描述跟作家亲密接触的情景，给拍摄的相片写段文字纪念，阅读作家推荐的好书……

朱永新先生曾指出：“阅读不能改变人生的长度，但它可以改变人生的宽度。阅读不能改变人生的物相，但它可以改变人生的气象。”我坚定地认为：我们应该无限相信书籍的力量，倾情用一身书卷味唤醒儿童的阅读需要，用一路书香伴随儿童精神成长。新教育让孩子们与书为友，与经典同行，“营造书香童年”夯实了海门孩子的人生基础，铸就了他们伟岸的精神“骨架”。

二、让每名教师拥有共同的精神家园

没有教师生命质量的提升，就很难有教育质量的提升；没有教师对美好生活的向往和追求，就很难有学生对美好生活的向往和追求。让教师和学生共成长，以教师的成长带动学生的成长，让教师直接享受教育带给他（她）的快乐和幸福，让全市教师拥有共同的精神家园，这是我倡导的海门新教育实验一个重要的价值取向。

2005年9月，“海门新教育共同体”成立。成立之初，决策者们就将其定位为一个研习共同体、一个研修共同体、一个研发共同体。研习共同体为全市教师提供了专业阅读书目与地图，让老师们在反思自己阅读史的基础上绘制适合自己发展的阅读地图；研修共同体，为广大教师，尤其是青年教师们围绕课堂教学提供了展示、磨砺、修炼、合作、互动的专业成长平台；研发共同体为全市教师从“教教材”到“用教材教”，做国家课程的二度开发者；为地方和校本课程的研发者，搭建了一个又一个富有挑战的项目平台。从研习到研修再到研发，形成了海门教师专业发展独特的路径，在这一路行走的过程中，新教育共同体成了大家共同的精神家园和成长舞台。

新教育共同体不仅是教育科研的一个桌面，更是一种教育文化的内存。2006年，海门申报的“区域教育共同体建设与研究”被正式批准为江苏省教育科学“十一五”规划立项课题。我在开题报告中如此表述：海门新教育共同体就是在海门区域范围内，以新教育的基本理论为指导，以“为了师生的共同发展”为价值追求，打破各自为政、自成一统的办学格局，整合校际优质教育资源，形成一个合作、互动、分享的教育协作组织、教育互助组织、教育发展组织，从而实现海门教育的均衡、持续、高效发展。

海门新教育共同体作为一种“实践共同体”，它构建起新型校际合作横向与纵向双轨制教育的发展平台。即在市区学校高位发展层面上，打破学校界限，以学科建设为任务，以特级教师、学科带头人为核心，组成“高位发展平台”。另外，在城乡学校联动层面上，由教研员牵头，建立一所城区学校带动多所乡镇学校的联合体，通过整体联动，依托“高位发展平台”，全面提升乡镇学校教育发展水平。城乡教育共同体不只是一个“输血”平台，不只是简单的城市支援农村、强势支援弱势，而是着眼于完善各校的“造血”功能，是双向的互动与联合，是城乡间因地制宜、各具特色基础上的优势互补与合作共享。

新教育共同体活动首先在小学展开。海门城区的7所小学，全部是省级实验小学，各有特色，旗鼓相当。在教育局的组织协调之下，一所城区小学带一个“片”，校长带校长，学科带学科，教师带教师，城乡学校结成了共同体，制度化的校际合作搞得轰轰烈烈。2007年9月，共同体建设又延伸到了全市的初中学校。

海门新教育共同体有一个重要平台，就是“海门新教育在线”。通过新教育在线构建了“特色活动”“书香校园”“师生随笔”“理想课堂”“幼教特教”“习惯养成”“名师在线”“教育博客”等版块栏目，充分发挥了现代信息技术对教师专业成长的引领作用。海门新教育在线在校本研修、网络教研、学科共同体联动等方面发挥了得天独厚的作用。一方面为广大一线教师提供了各种共享资料，丰富了教师的资料源；另一方面为教师提供了即时交流的平台，可以围绕教材教法、学案设置、学程安排、作业批改、文本解读等任何一个方面或对话、或请教、或商榷、或质疑、或争辩，甚或“炮轰”，可以不留情面地畅所欲言，真正达到“百花齐放，百家争鸣”，在比较中知优劣，在论争中明是非，在碰撞中长智慧，在坚持中共成长，在合作中求共赢。

汤家中心小学在校本研修的实践中，积极探索“网络教研”：分学科、分年级，以教研组为单位组成学习型团队，在分单元充分研读教材、教参的基础上，依托网络建立备课家园，上传教学设计，进行互动反思，而且借助网络，他们还吸引了不同区域的教育同仁的热情参与，极大地提高了学习型团队的教研能力。2008年11月，教育局在汤家中心小学召开网络教研现场推进会，“共享基于网络教研的幸福”主题沙龙讲述了他们团队研修式网络备课的故事，这一“网络教研”经验引爆了全市教师的教研革新。现在网络信息平台，成了共同体学校教师之间快捷的“空中通道”，既缩短了共同体学校之间的空间距离，更缩小了他们教研能力间的距离，共同体学校的教师可以就教学计划、备课、上课、教研活动、教学随笔、专业阅读、作业设计、试卷编制、课题研究、案例反思等进行广泛而深入的交流。

海门新教育网站还建立了教师博客群。许多教师建立了自己的博客，利用博客叙写教育故事，反思教学细节，进行教育科研。许多学校都建立了学校博客群，如海南小学整体加入南通教育博客群，学校采用制度引领、考评激励等机制，要求每位教师在博客上每周至少完成一篇教育随笔和一篇学习跟帖，让写博成为教师彰显教学个性、反思教学成效、促进专业成长的阶梯。“子夜星空”“笑颜如花”分别是临江中心小学和平山中心小学的语文教师，她们都是“读写绘”项目组的成员，虽然两人在不同的学校，带着不同的孩子在做项目，但网络让她们走到了一起，她们经常在“毛虫与蝴蝶”上交流、切磋，她们拥有了共同的生活，共同解读学生的“密码”，海门镇中心小学的“紫藤物语”，原本是一个人搞“读写绘”的，后来利用新教育在线联系了她们，自觉地加入了进来，这3人在海门的三个学校，各自带着几十个学生，但是，她们彼此间对各自的研究熟悉得如同姐妹。

我在推动新教育共同体建设中，善于抓住一些核心项目，如“每月一事”“理想课堂”“阶梯阅读”等，采取项目联动的方式，在分享与合作中全面提高共同体学校教师的组织能力和协调水平。

在新教育实验倡导的“交给孩子一生有用的习惯”的理念指导下，我重点推进了“每月一事”项目，即每月重点培养学生一种良好的习惯。为此，全市每学期都要举行一次全市性的新公民教育行动“每月一事”项目现场推进会，形成了“每月一事”项目的基本操作流程，即“主题阅读，实践活动，展示交流，评价反思”，为全市小学、初中提供可供借鉴的范式。教育局还多次举办全市“习惯养成教育”现场研讨会，进一步引领全市各小学科学运作“每月一事”，形成有效规训机制，培养塑造儿童良好的行为习惯。

共同体学校在“每月一事”项目的主题引领下，结合各校实际，不断丰富完善“每月一事”项目。一是构建主题性校本诵读课程。每月围绕一个重点习惯，开发并丰富诵读内容，真正让阅读成为孩子日常的生活方式，也使先行的阅读为孩子的习惯养成奠定扎实的知识背景。通过共同体学校的努力，已开发了多部校本诵读教材。二是创设多元的实践情景。共同体学校结合日常的学科文化、传统节日文化、主题教育文化、班级文化、社区文化等内容，创设情景，营造氛围，提供学生多样化的体验平台。围绕“我们的节日——清明节”主题活动，常乐中心小学开展了“心祭常乐烈士”调查活动，能仁中学开展了“走近王陈烈士”社会调查活动，瑞祥、国强、王浩、刘浩等中心小学利用烈士命名学校的有利条件，开展“寻访烈士踪迹”活动。三是注重反思性评价。面对千差万别的生命个体，共同体学校在合作中不断优化操作流程，及时记录典型个案，组织起有效的反思研讨，不断提高习惯养成的针对性和实效性。市局以征集习惯养成教育故事的形式，借助海门新教育网站，展示交流各共同体学校在“每月一事”项目推进中的具体做法、实践体会和成功经验等。

各学科共同体的工作核心是围绕课堂效率的提高，探索“理想课堂”实施的路径。大家抓住教学的基本环节，注重联校研修，全面推进“学程导航”教学范式。新教育共同体成立了跨校校本研修小组，有计划地组织优秀教师、教育能手到对口学校紧紧围绕我倡导的“学程导航”教学范式开展集体备课、现场研修、同课异构、专题讲座与点评活动等，积极有序地打造具有海门特色的理想课堂模型，在教学的有效性上实现了突破。具体策略有：一是加强对共同体学校重点学科研究与实践的反思、总结，结合专题研究活动和探索思考的成果，构建各学科的基本教学范式，确立推进思路，集中学科团队核心组成员深度研讨，认真研究范式的实施路径与着力点，确保推进的有序性和实效性。二是明确逐层、分段推进的路径，谨慎有序地实施推进策略。既以大型现场会的方式分学科全面推进，教研员、共同体学校教学骨干示范引领，细述解读各科范式，明晰方向，有效指导；以区域学科共同体的研修方式深度推进，加强区域化、校本化的落实。三是强化分段过关程序，深化“以学定教”的教学思想。一方面改变备课的基本流程，从三维目标、教学资源、学程预设、导航策略、作业设计、调整反思等环节来构建“学程导航”的基本备课范式，为课堂实施奠定基础；另一方面改变课堂的组织和管理方式，明确课堂组织流程，用有效的课堂管理机制和教学范式确保课堂效率的全面提高。总之，“学习为魂，反思为智，研究为脉，实践为体”成了海门新教育共同体的鲜明特征。

把“人才强教”作为核心战略，精心打造卓越校长群体，充分发挥校长作为一校之魂的堡垒作用。这是海门新教育共同体的又一个亮丽风景。

2006 年，在我的精心组织下，成立了校长俱乐部。校长俱乐部以自由、开放、分享、合作为共同价值取向，每月活动一次为基本制度，努力将其办成思想者的俱乐部，旨在让俱乐部里的每一位校长都拥有自己独特的办学理念与风格，从经验型、管理型走向智慧型、文化型。至今校长俱乐部已进行了 80 余次活动，校长俱乐部彰显了其独特的魅力。

沙龙、论坛是校长俱乐部的主要方式，每次活动都有一个明确而集中的主题，思想碰撞是每次俱乐部活动的重要环节。俱乐部先后举办了学校特色与学校文化建设、习惯养成与公民道德、理想课堂构建与“学程导航”范式研讨、课题申报与课题研究等专题沙龙、讲坛。比如针对“十一五”“十二五”发展这些热门话题，校长们交流了各校发展的基本思路，有百年老校实验小学的文化传承与创新，有新办学校的文化立校，也有农村中心小学期望成为当地人民有口皆碑的学习型学校的务实定位。他们基于学校的发展现状，立足海门教育的发展要求，放眼整个教育的发展态势，主动思考，积极探索，自主创新，分别编制了各校的发展规划。俱乐部组织了由专家、教育行政、校长代表组成的论证组，以区域共同体学校为单位，分别进行了现场论证。这为校长明晰学校发展愿景、提升学校办学理念、确定学校发展特色、优化学校发展策略等提供了最直接有效的帮助。

校长俱乐部的研究很实在。每次围绕一个主题，这个主题往往是某个时段学校工作的重点、难点，在分享、碰撞中集聚众人智慧，共同破解教育教学工作难题。

校长俱乐部的探讨很深入。往往是一个思想引发另一个思想，一个火花点燃另一个火花。比如围绕学校文化建设，校长们通过沙龙，达成了这样的共识：学校文化是学校特色的集中体现，是学校的生命所在，是催生教师专业成长和学生生命发展的深厚土壤，也是学校的核心竞争力。在学校文化建设中，必须自觉做到整体规划与分步实施相统一、继承与创新相统一、共性与个性相统一、显性与隐性相统一、动态与静态相统一。

校长俱乐部的观念也很前卫。学生学业水平评价历来被视为最难啃的“硬骨头”，但海门的校长们就敢于动真碰硬。校长们对此问题进行探讨，由此掀开了海门中小学生绿色学业评价改革的序幕。

校长俱乐部还善借“它山之石”。我积极争取承办省级以上的教育研讨活动，千方百计借助省内外优秀校长的丰富经验和独到的管理智慧为“我”所用。2006年5月，《学校管理》编辑部举办的“江苏省示范初中校长论坛”在海南中学举行，海门的初中校长们如饥似渴，虚心听取专家报告，观摩校长论坛，主动取经。2008年12月，全省初中教育论坛暨江苏省教育学会初中教育专业委员会第五届年会在东洲中学举行，江苏百所初中校长和上海、浙江等5省市教育专家云集海门，校长围绕“加强校本建设，促进内涵发展”展开了深入的探讨，为海门初中校长提供了极为宝贵的借鉴学习机会。

校长俱乐部活动在分享经验的基础上，逐步走向了项目合作研究的状态。俱乐部安排了一些校长们最迫切需要的合作项目，比如如何使学校实现理想的校本发展，分成校本管理、校本教研、校本课程开发与实施等专题，进行合作性研究。校长们共同组建开发小组，开发了系列的地方课程资源，供全市的所有学校分享。特别是在校长们的积极参与下，构建了学生学业多元评价体系，在俱乐部活动中，大家达成了共识。如在小学阶段要充分发挥评价正向激励、确立信心、体验成功等功能，而不只是甄别、选拔功能。校长们在一起探讨了即时性评价、展示性评价、竞技性评价、累积性评价、目标性评价、成果性评价、奖励性评价等各种评价类型，充分认识到评价的主体是教师和学生，关键在学校和校长，特别是关于建立成长文件夹（档案袋）的研究，这对让学生在多元评价中学会自我反思，认识自我，建立自信，具有鲜明的引领价值。

校长俱乐部不同于以往的校长会议。每次活动都到一所不同的学校，每次活动都有自由论坛的机会，每次活动都有共同的话题，每次活动都有与专家的对话，每次活动都有合作研究的项目交流，每次活动都有集体的反思。通过这样的平台，海门中小学校长队伍的整体素质在不断提高，而这正是海门教育均衡发展的一个重要前提。

新教育，让海门的每一个教师都拥有了共同的精神家园。正是沐浴着新教育的和风畅雨，海门的教师笑脸灿烂，心态阳光，专业成长，教书育人的师德师能得到了升华。这里，有必要在“海门市名师发展中心”上再花些笔墨。

2006年暑假，经过我的反复沟通协调，成功与南京师范大学教科院联合打造“海门市名师发展中心”。旨在通过专家的引领，共同培育一批海门的名、特、优教师。南师大的杨启亮、吴永军、叶浩生、李如密等教授多次来海门面对面、一对一地指导辅导，并对“名师发展中心”成员作个性化设计。如今，东洲小学祝禧校长的“文化语文”、东洲中学陈铁梅老师的“审美人生教育”等都已实现了从经验到理念再到概念的飞跃，在省内外产生了广泛影响，南通市教育局还专门为他们安排了规模宏大的教学展示活动。新教育实验更使一大批教师成长为南通市名师发展第一梯队成员、学科带头人和骨干教师。在此基础上，2011年我推动组建了20个名师工作室，每个工作室都有一名特级教师或大市以上学科带头人领衔，有一群优秀教师作为成员，围绕一个共同的教育教学主张，推动一系列的教育实验项目。这个平台已经成为海门的“卓越教师”成长俱乐部，从而让更多的教师从优秀走向卓越。

《行走，不要忘了一路的风景》，这是朱永新先生为江苏教育出版社出版的《走在成长的路上》丛书所写的丛书总序。这套丛书由海门的10位一线新教育实践者撰写，内容涉及教育、教学、科研等多方面，不仅是海门教师专业成长的里程碑，也展示了海门新教育实验在师资队伍建设上的丰硕成果。

三、让每所学校拥有自己的发展跑道

朱永新先生倡导的新教育实验提出了“为了一切的人”的教育理念，目标是为每个人的发展提供良好的教育环境。每一所学校都应努力形成自己的特色，为学生全面而具个性的发展提供理想的可能的教育生活。

至2005年底，海门市已有11所小学、9所初中通过了省教育厅组织的“江苏省实验小学”“江苏省示范初中”的评估验收，并呈现出良好的发展态势。为了实现区域教育优质均衡发展，2006年起，我提出以“达标创特”作为有效抓手，引领学校走内涵发展之路，彰显特色个性，提升学校发展品位，让每所学校拥有自己的发展跑道。

“达标创特”，即所有乡镇中小学必须达到江苏省现代化学校办学标准，并创建成海门市特色学校。旨在以此为载体全面提高农村义务教育的整体办学水平，进一步加强素质教育，提高教育质量，深化教育改革，促进教育公平，实现城乡义务教育的优质均衡发展。通过五年实践，海门的“达标创特”已取得阶段性成果，全市所有初中小学基本达到省现代化学校办学标准，都成了海门市特色学校。

充分挖掘和利用身边资源发展教育是新教育的根本理念之一。我在引领特色学校创建的过程中，要求学校充分立足于身边资源，走个性化之路。从学校的实际出发，吻合学校的传统，坚持做到把创特过程变成一个把原先特长项目做大做强的过程。在“创特”中充分利用已有资源，形成学校品牌。如六匡中心小学的“乒乓文化”、悦来中心小学的“排球文化”、瑞祥中心小学的“围棋文化”、国强中心小学的“书法教育”、天补初中的“戏剧教育”、海师附小的“童话教育”等，都是源于学校的传统项目。他们的特色项目原先在县内外、市内外乃至省内外已小有名气，在创特过程中更加注重内涵提炼，努力使之成为体现学校办学方向、彰显师生气质、具有旺盛生命力的学校文化。海师附小10多年来，虽然校长换了五六茬，但致力于童话教育特色建设的步伐没有停止。《江苏教育报》以《童话教育：焕发蓬勃的活力》为题全面报道了该校童话教育特色办学的历程和经验。

一些学校“创特”还能尽力挖掘和利用独特的社区资源。比如三和中心小学的“社区教育”源于三和发达的经济、淳朴的民风和独特的人文资源，形成了“社区·人文”“社区·产业”“社区·责任”为三条主线的社区教育课程体系。三星中心小学的“绣品文化”依托闻名于国内外的叠石桥绣品城的优势资源；常乐初中和常乐中心小学的“弘謇文化”，充分利用状元故地的品牌效应，从学謇、知謇、弘謇中把张謇精神植入学校内核；四甲中心小学的“军校教育”，借助于南京军区驻海门某部坐落在四甲镇的有利条件，开展军事教育；余东中小学的“风城文化”，是因为位于历史古镇风城而起步的；东灶港中小学的“海洋文化”“海港文化”凭借了濒临黄海的得天独厚的地理优势……丰富的社区人文、历史、地理资源为学校提供了丰富的校本研究资源，为学校特色文化建设提供了有利条件。

一些学校的特色品牌则是通过借助于一个或几个与学校有关的要素，从这些要素中提炼出某种教育思想或是精神特质，把它辐射到学校的整体层面和各个领域，在此基础上综合提炼而生成的。比如三阳中心小学的“感恩教育”源于台商薛氏兄弟为母校捐款造楼的感恩之举；万年中心小学的“砺志文化”源于社区名人、中国著名创业成功人士戴志康先生的奋斗经历；麒麟中心小学的“责任教育”源于知名校友、残奥冠军得主李春花自强不息的感人事迹；海门镇中心小学的“展示教育”，则源于该校南通市级“十五”课题《小学“展示教育”的研究》……这些特色文化正在内化成全体师生的共同价值取向和精神追求。而实验小学的“品质教育”、东洲小学的“新生活教育“、通源小学的“新生命教育”、育才小学的“绿色教育”、平山中心小学和王浩中心小学的“儿童诗教育”、正余中心小学的“新父母教育”……则是他们在学校传统文化继承中的创新与变革。

通过“达标创特”，海门学校的整体办学水平提高了，办学特色彰显了，呈现出了“姹紫嫣红”“百花争艳”的局面，每所学校都有了属于自己的“跑道”，每所学校都有了师生引以为荣的特色品牌。走在大街上，你甚至能从某个学生或教师的谈吐中判断他（她）来自哪所学校。你不能武断地说哪所学校好，因为各校正在致力于把他们的特色品牌浸透到学校管理、学校教育、学校生活的方方面面，成为散发着独特魅力、沁人心脾的文化品牌。

“达标创特”工程也为学校的硬件建设提供了机遇，在当地党委、政府的大力支持下，各校生均占地、生均建筑面积、绿化面积都达到了省现代化学校办学标准。许多学校还利用“达标创特”的契机改善、完备了各项教学设施，使学校面貌发生了根本的变化。更重要的是在“达标创特”的过程中，各个学校的师资队伍正在悄然地发生着改变。经过创建的磨炼，不仅学校中层干部创新超越、独当一面的能力大大增强，而且全校教师的奉献意识、科研意识和驾驭课堂教学的能力有了明显提高。示范课、随堂课、比赛课一波接着一波，浓郁了学校的研讨氛围，大家把打造理想课堂，提高教育教学质量，看作是在提高自己的生命质量，教师们深切感受到了在创建过程中专业成长的快乐，教师的愿景追求和精神状态不断提升，展现出无限的生机和张力。

新教育是一个培育生命的精彩过程。每所学校都拥有自己的发展跑道，既动静相宜，其乐融融，让孩子们拥有了成长的乐园；又内练硬功，外塑形象，让每一位教师拥有了互动体验、追求卓越的展示平台；更使每一所学校找到了个性化、特色化办学的科学路径。

千百年前，扬子江与南黄海牵手拥抱，共同搭起了海上金门。海门，滨江临海的特定地域优势，使海门人既拥有“海纳百川”的雍容气度，又有了“强毅力行”的壮美行动。迎着新世纪的朝阳，新教育促进了海门教育的发展，赋予了海门教育生命的绿色。新教育，将在海门大地继续穿行，吾将上下而求索，演绎更美的华章和更新的精彩！

教育生活的本质理解

教育生活，是人的实际生活的一个有机组成部分，是人类个体和群体一种特殊的存在方式，换言之，是人们的教育存在和活动过程，也是教育中的人共同构建和享受的生活。教育生活本体论要回答的根本问题是教育生活过程发生发展的那些“终极”原因或动力在哪里，简言之，就是教育生活的本质是什么？这是教育哲学的根本问题，就整个教育哲学的逻辑体系而言，它又是教育哲学的逻辑“拱心柱”，它包含着教育认识论、教育伦理学和教育美学等许多潜在的命题。然而，教育生活的本体或本质问题如同斯芬克斯之谜一样难解，至今仍是众说纷纭。例如有人把教育生活的本体归结为上层建筑，有的归结为一种特殊的起主导作用的“环境”（与遗传和一般的家庭、社会环境相对而言），有的归结或部分地归结为社会生产力……几乎所有的教育学家都有自己的答案。

一、教育生活即生性的激活

我们每个人都有很多没有激发的潜能。朱永新先生倡导的“新教育实验”的核心理念之一就是无限相信学生与教师的潜力。现代医学心理学认为，由于各种复杂的内部和外部原因，人的大脑机能存在着一种抑制现象，使得人们难以察觉自己的能力，但是，在恰当刺激的条件下则可以解除这种抑制，从而使蕴藏于人体内的潜能充分地释放出来，产生一种神奇的力量。20世纪初美国学者詹姆斯有这样一项研究表明，普通人只利用了他们潜能的极小部分，“与我们应该成为的人相比，我们只苏醒了一半”。人的能力大部分处于休眠状态而没有被开发出来，如果我们能够多挖掘一些自己的潜能，那将会创造一道亮丽的人生风景线。可见，人生性是无限的，人的生命潜能是无限丰富的，它期待着教育来开掘。教育就是要把人的天性、潜能激活，把可能变成现实，为这种潜能实现创造无限的开阔的空间，教育生活不是遮蔽，不是塑造，而是激活，是释放。

雅斯贝尔斯曾经说过：“所谓教育，不过是人对人的主体间灵肉交流活动，包括知识内容的传授、生命内涵的领悟、意志行为的规范，并通过文化传递功能，将文化遗产教给年轻一代，使他们自由地生成，并启迪其自由天性。”教育的原始含义是“引出”，把个体内在的天赋本性引发出来，从自然性引向社会性，从个体性引向总体性，从单一性引向普遍性，从现实性引向历史性，把人的心灵精神从低处引向高处，从黑暗潮湿引向光明温暖。柏拉图说：“教育实际上并不像某些人在自己的职业中所宣称的那样。他们宣称，他们能把灵魂里原来没有的知识灌输到灵魂里去，好像他们能把视力放进瞎子的眼睛里去似的。”教育生活不仅仅是一种社会文化传承活动，而且是一种唤醒人的生命意识、追随人的精神世界、建构人的生存方式并最终实现人的价值生命（人生价值）的特殊活动。

从受教育者的特点来看，由于他们处于发展状态，在他们身上蕴藏着极为丰富的、潜在的、沉睡的生命力量，一旦个体脱离母体这个生物学环境以后，这些潜在的力量就以极快的速度成熟起来，而且以各种形式发泄出来以求获得表现和确证。所以受教育的个体可以说天生就有一种自我发展、自我实现（或确证）的内驱力，同时，由于在整个社会化期间，个体只能以学习为主体生活和活动形式，因而，发展自身的个体本性或人格，便成为他们的主要使命。生命属于每个个人只有一次，在人生的长河中，人的大多数潜能从一开始就处于沉睡状态，期待着被激活，特别是儿童时期，是人的许多机能可以被充分激活的关键期，这时的教育如果能够恰到好处地发挥其作用，就能不断激活人的生性，释放人的潜能，使生命之火熊熊燃烧，使生命质量不断提升。相反，如果错过了这一关键期，人的某些方面的潜能就会自动关闭，以后便很难再被释放。

其实，教育生活经常会陷入这种由“不为”到“不能”的怪圈，以致让许多人的生命中出现了或小或大或轻或重的盲区。流水不腐，户枢不蠹。“用进废退”的规则表明，活的生命之所以鲜活，最根本的原因就在于其内部的自我激活，尽量避免受到这种怪圈的侵蚀。教育生活就是要创造各种激活的条件，积极、努力、充分地调动起能给生命带来能量的内外部因素，把一些沉睡的东西唤醒、累积的东西舍弃，让一些麻木的东西复苏、潜伏的东西张扬，在新的领地上执着地向前迈进，我们的生命一定会更加温暖、明亮、宽广和多彩。

在教育过程中,我们发现很多人都有一个共同的弱点:取得了一定成绩,就认为自己的水平到了一个极高的水平,不愿意也不相信自己可以往更高的地方迈进,不相信自己还有没有挖掘出来的生命潜能。理想的教育,恰恰是让人能经受极大的震荡,激发自己反思和成长,去创新和改造,最后激活自己都无法想到的生命潜能,创造连自己都想象不到的生命奇迹。

正是在这个意义上,新教育主张无限相信师生的潜能。我们的教育生活往往忽视了师生的生命潜能,其实,只有勇于去挖掘,更大的潜能才会开发出来。当然,潜能往往不是自然生长出来的,而是被激发出来的,这种激发,往往来自一次大的震荡,以及在经受震荡后的"空杯"。虽然"空杯"的过程往往很痛苦,但对一个负责的人而言,痛苦会帮助我们开掘出生命的新源泉,跃上人生的新高度!不要害怕和拒绝"空杯",对一个要超越命运的人而言,"空杯"能够让自己找到内在的力量,并让潜能加倍释放!不过,真正的卓越,不是一蹴而就,更不是一劳永逸,只有不满足过去的成绩与优秀不断去超越,才会从优秀走向卓越。

二、教育生活即生存的方式

1845年春,马克思在《关于费尔巴哈的提纲》中指出,"从前的一切唯物主义(包括费尔巴哈的唯物主义)的主要缺陷点:对对象、现实、感性,只是从客体的或者直观的形式去理解,而不是把它们当作人的感性活动、当作实践去理解,不是从主体方面去理解。因此,和唯物主义相反,能动的方面却被唯心主义抽象地发展了,当然,唯心主义是不知道现实的、感性的活动本身的。"马克思的实践哲学观把感性世界理解为构成这一世界的个人的全部活生生的感性活动,即世界就是人当下的各种活生生的活动所构成的生存境域,是人的感性活动、人的实践生存的本质、人的世界。人的生活,在马克思哲学看来,就是人们的现实的生活过程,即"人们的实践活动和实际发展";它是"在一定的物质的、不受他们任意支配的界限、前提和条件下活动着的"过程。因此,这种实际生活过程无非就是人们各种各样生活方式的总和。

可见,真正具有本源性的生活,应该是人们的现实生活、实践生活和人的可能生活。人本身作为一种可能性的存在,他在自己的实践生活中将他的可能生活不断转向于现实生活，从而在现实生活中去追求理想的生活。

所以，对教育生活的本质理解必须从整个人的生存方式中获得其意义。从而使当下教育哲学真正面向生活世界，帮助受教育者寻求和建构先进的生存方式，不断地思考和寻找到更好地活着的意义，从而，使人们获得理想的生存状态，促进人丰富而全面的发展。

教育作为人的生存方式，是要从根本上解决教育的生活意义问题。不过，人的生活是多样的、流动而复杂的，人的生存方式更是随着生活主体的不同而具有不同的表现形式。人如何生活，人的存在方式和状态就如何。

李小鲁认为："教育，作为人的生存方式的意义有三。其一，使人能够拥有教育这种生活方式，获得人自身意义世界的不断丰富和提升。其二，使拥有教育这种生存方式的人继续寻求更多美好生存方式的可能。因此，将教育确立为人的生存方式之表现，就是在于打破人类'生活世界的殖民化'状况。其三，使人的生存方式在更为内在协调的层面上获得'理解'的可能。"他还认为，教育的目的不仅仅在于"文化复制"、确立社会秩序和个人价值观念，而是应在教育生活的过程中帮助受教育者和学习者建构起自身所希望的生存世界。人的生存方式是人的生产、生活、发展之实践所表现出来的一切样态，是促进教育本身不断生长的元点。教育作为人的生存方式，正在现实的走向创建和建构生活。教育生活其实就是为了获得更好的生存的方式。所以，教育生活作为一种特殊的生存方式，它既是现实生活又是一种可能生活。人类一切的实践活动和追求总是在将更多的可能生活向现实生活转化，教育生活的基本功能就是要把可能的人转变为现实的人，转变为丰富而全面发展的人。教育的重要特性在于它的教化能力，教化能力的基本作用在于它的生成性，同时生成的连续性又表现为人的本质的提升及人的丰富性的成长。可见，教育在生产中发展并反映生产本质要求的过程中，很好的连接了"现实生活"和"可能生活"，最终促进人的本质丰富性的生成和人生存质量的提高。

刘铁芳认为："人的存在总是在三个层面展开，最基本的层面是作为实体的人，生活在现实社会之中；其次是作为精神的存在，展开个人丰富的心灵生活；

人的存在的最高层面乃是作为文化——生命——人格的存在，在这个层面显明个体人生在世的基本品格。可见，教育生活理解为人的生存方式之一，其对人的关注应在人的存在的三个基本层面展开。一是人的现实的活动；二是人的心灵的活动；三是人的生存姿态，即人的核心价值观、人生信仰、人的精神气质等，这关系到个体人生在世的生命品质。”“教育的根本乃在于培养健全的人格，让个体积极面对客观世界、社会世界和自我心灵世界的三重生活。”教育生活的最终目的就是在于深刻理解和把握教育生活对人的生活价值功能，以及人的生存方式对教育生活本身所具有的意义。这样，我们才会在建构教育生活的过程中，根据教育生活的本质要求变革影响教育生活的教育制度、教育政策、教育布局、教育内容和方法等，从而不断提升人的生存方式和生命品质。

三、教育生活即生命的呵护

哲学意义的“生活”总是在追求生命的多样性。教育是生命与生命交流的过程，教育生活就是呵护生命、健全生命。它是教育目标的本质回归，是教育的最高境界。

呵护生命、健全生命，就是要完整地看守和培养人的实体的生活、心灵的生活乃至文化人格的生活。如果教育生活只停留在人的生存的表层，这样的教育不管如何丰富，都不免浅表，缺乏内在的灵活与根基，缺乏对个体生命的深层引导和关注，培养的人始终只能是片面发展的人。刘铁芳认为，生存、生活、生命是生命的三个层次，是人类永恒的追求。生存指活着，生活指有质量地活着，生命则是指有价值、有尊严地活着。其中，生存与生活的问题我们可以依靠物质生产来解决，而生命的问题则需托付给教育。润泽或点化生命，便成了教育的一个十分重要的命题。最早提出“生命化教育”理论的是我国哲学家、中国人民大学黄克剑教授，1993年，他第一次提出了教育的三个境界即“授受知识、开启智慧、润泽或点化生命”。

教育生活的核心是关注生命，“成全”人。这里既要“成全”学生，也要“成全”老师。生命珍贵，它蕴含着灵光，彰显着活力；教育神圣，它催生生命个性，培育了生命的绚丽。呵护生命，就是要求我们的教师要真正理解生命的意蕴，走进学生的心灵世界，要用实际行动去呵护生命的天性和自然，用我们的心血去灌溉生命，用心灵去赢得心灵，使孩子们懂得生命是开拓、是创造、是进取；生命是奋斗、是拼搏、是一曲永恒的赞歌，并且在生活中找到自己的人生坐标，找到自我生命的价值，让师生的生命都永葆人性的纯洁和真实。为了生命的教育，让生命从容地融合到生活中，感受亲情的温馨，友情的幸福，体味劳作的畅快，品味创造的美妙。培养生命的成长，让生命感受学习的愉悦，生活美好。

教育生活是一个复杂的多维度、多层次系统。最重要的是要真实地回到对人的理解、期待和成全上去，让每个生命都成为——自己的——“全”——生命的完整，让他去不断往上走，走向完整的有尊严的存在，而不是去压制他。教育生活就是要把“物化”的人上升到“人化”的人，把“物化”的课堂上升到“人化”的课堂。教育生活应该是富有感性的，是艺术，需要在基本的技术支撑下，充分发挥教师的个性。在学生的生命过程中能留下深刻印象的正是那些富有魅力的教师，教育生活要以生命的魅力去引导学生。爱与智慧是教育生活中的关键词，情感是教育生活的基础，没有爱就没有教育。爱是教育生活中教育者生命走向学生生命世界、学生生命向教师敞开的根本需要。没有爱的润泽，师生彼此的生命世界是隔离的，不可能有真正的交流。正是在这个意义上，没有爱就没有教育。当然，教育需要爱，这种爱不止是一种情感，还是一种实践的智慧。爱本身就是一种魅力，教育者通过自己的智慧来培育智慧，提升自我的生命质量和生命价值。

正因为教育生活指向的是学生生命世界的完整与教育者自我生命的实现，所以，教育从根本而言，是生命的艺术、心灵的艺术。教育生活，最高的层次就是提升人的生命的状态，不仅是快乐学知识，而且是精神的发展、心灵的发展。心灵生活是人之为人的最根本的生活，关注人的心灵生活也就成了教育的根本，对心灵生活的关注把人引向对现实生活的超越、把人引向对物质世界的超越。关注人的情感、态度、兴趣、爱好、基本价值观，心灵的美感，精神的愉悦。关注心灵，是对人的生命的更高层面的呵护，是人与动物的根本区别之所在，心灵生活是人之为人的生活的根本与核心。

四、教育生活即生长的过程

"教育即生长"最早由卢梭提出,而后杜威作了进一步阐发。杜威在其《民主主义与教育》中专门谈到了赫尔巴特的教育观点——教育即塑造,并对这一观点进行了有力的批驳。在批驳的过程中,确定了自己"教育即生长、教育即生活、教育即生活经验的改造"的教育观。"教育即生长"言简意赅地道出了教育的一种本义,就是要使每个人的天性和与生俱来的能力得到健康生长,而不是把外面的东西例如知识灌输进一个容器。只有理解"教育即生长",我们才能清楚教育应该做什么事。例如,智育是要发展好奇心和理性思考的能力,而不是灌输知识;德育是要鼓励崇高的精神追求,而不是灌输规范;美育是要培育丰富的灵魂,而不是灌输技艺。"我们最后的结论是,生活就是发展;不断发展,不断生长,就是生活。用教育的术语来说,就是:①教育的过程,在他自身以外没有目的;②它就是它自己的目的。教育的过程是一个不断改组、不断改造和不断转化的过程。""因为生长是生活的特征,所以教育就是不断生长;在它自己以外,没有别的目的。"教育生活的价值和标准,就是看它继续生长的愿望到什么程度,看它为实现这种愿望提供方法到什么程度。

我认为,"教育即生长"揭示了一种新的儿童发展观和教育观。这种观念首先具有批判的意义。杜威认为,当时的学校无视儿童天性,他提出"教育即生长"的根本目的在于,将儿童从被动的、被压抑的状态下解放出来。"生长"论要求尊重儿童,使一切教育和教学合于儿童的心理发展水平和兴趣、需要的要求。但这种尊重绝不是放纵。杜威明确地讲:"如果只是放任儿童的兴趣,让他无休止地继续下去,那就没有'生长',而'生长'并不是消极的结果。"杜威既反对传统教育对儿童生长内部条件的漠视和压制,也反对传统学校中社会精神的匮乏。

单纯从生物学或生理学的意义来理解教育即生长是有害的。我们应当更多地从"生长"的社会学意义、人类学意义去考量它的含义。人的生长与动物的生长具有本质的区别,人的生长是自然过程、社会过程和文化过程的辩证统一,是人的自由本性的自我生成、自我否定、自我确证和自我实现的历史运动过程。这意味着:人的生长是自由、全面而完整的;人的生长是内在于主体自我的需要和目的的；人的生长是充满矛盾的，是生命生长的自我辩证法；人的生长是终身的。理想的教育生活能促进个体在生长的过程中实现人的全面协调可持续的发展。此外，由于教育生活是在特定的境域也即师生共在、共生的境域中发生，因此，教育生活即生长，必然具有师生共同生长的意义。生长不仅是儿童，还有教师乃至学校。生长的过程，不仅是教师促进学生发展，还有师生相互促进、共同发展，也即“教学相长”。

五、教育生活即生涯的持续

生涯就是一个人从生到死的生活。一个人从生到死，要有符合其一生成长特点的生涯设计，即一生的设计。从广义上说，教育生活就是教育生涯，让人懂得如何设计自己的现在和未来，懂得人生的意义，懂得过更好的生活。

生涯教育（career education）又称生计教育。“生计”定义来自于舒伯（1976）：生计是生活中各种事件的演进方向和历程，它统合了人一生中的各种职业和生活角色，由此表现出个人独特的自我发展形态。生计也是人自青春期以至退休后，一连串有酬或无酬职位的综合。除了职业外，还包括任何与工作有关的角色，如学生、退休者，甚至包含了家庭和公民的角色。一般认为，生涯教育包括三个方面：生涯教育课程应面向所有的学生；生涯教育是一种持续性教育，包括自儿童早期直至中学后整个人生的历程；凡中学毕业的学生，包括中途退学者，都将掌握谋生的各种技能，以维持其个人或家庭生活的需要。

我们认为，生涯教育是一种连续不断的教育历程，也是一种完整的教育构想，它透过生涯认知、生涯探索、生涯准备等步骤，培养学生的生涯能力；生涯教育是以发挥学生天赋的才能为目标，其重点放在人生的所有职业和生活角色上，使个体从幼儿园直到成年能逐步形成自我发展的能力，生涯教育的最终结果是让每位学生的个性、能力都能得到圆满健康的发展。可以说，生涯教育包含个人一生全部的教育活动历程。

教育生活即生涯的持续，通过生涯教育，给予个人生存与发展更大的自由选择度，每个人除了应试之外，还应有众多的知识生长点，巨大的发展的可能性空间。这就要求每个人不仅要对自己的兴趣所在、能力长短、性格特征和价值观念等有比较客观、清晰的认识，而且要对社会的发展和职业的需求等外部信息尽量了然于心；不仅要看到自己已经显现出来的能力特点，更重要的是要善于发现并敢于发掘自己潜在的能力，凡此种种，都是传统的学校教育未能包含或未能充分包含的内容。当下中小学的教育生活是一个相对封闭的系统，教育结构单一，职业技术教育基础薄弱，从而带来了一系列的社会问题和教育问题。为解决这一系列问题，要求我们重构学校的教育生活，建立一种适合培养多种规模人才的教育体系和模式，意在打破职业教育与普通教育的不当分野，帮助个人建立正确的工作价值观，培养生涯选择与决策技巧，进而实践自己的工作价值，协助学生探索自我，通过自我的发展为社会服务。

教育的目的是培养德、智、体、美和劳诸方面全面发展的人。然而，在"应试教育"的指挥棒下，学校只顾升学的目的，而忽视人的全面发展的需要。学生的全部时间都用在考试科目的演算与背诵上，特长得不到发挥，才能得不到发展，除了考试的课程之外，几乎一无所知，不会与人相处，不会待人接物，缺乏起码的交际能力。生涯教育的基本精神是同"素质教育"相吻合，它强调通过生涯认知、培养来实现人的兴趣、潜能、个性的全面而充分的发展。从这个意义上讲，生涯教育是实施素质教育、实现人的全面发展的途径。用生涯教育的理念和策略来重构当下的教育生活，使人的生涯得到持续不断的发展动力，使人生变得更加绚丽多彩。

综上所述，教育生活其实是生命健全的过程，是一个全人的过程。从生性的激活、生存的方式、生命的呵护、生长的过程、生涯的持续中，人不断地丰富、完善自我，不断地超越、实现自我。理想的教育生活，就是能从人的生存事实出发，以知识的陶冶和智慧的激发来"照料人的心魄"（柏拉图语），使人的生命本身得到全面的关照、充实，使人的生存境界和生命品质得以充分的提升。真正好的教育应是"促使灵魂的转向"。教育的根本目的就是"使心灵的和谐达到完善的境地"。教育生活的美好境界，是使教育中的生活、为生活的教育、在生活中的教育成为有机的统一体，使人的发展与世界的发展合一。

新教育：导向素质教育理想家园

由朱永新先生（全国人大常委、民进中央副主席、苏州大学博士生导师）主持的《新教育实验的研究》与《新教育实验与素质教育行动策略的研究》系中国教育学会“十一五”全国重点课题与全国教育规划“十一五”教育部重点课题。新教育实验是一项综合性、整体性、长期性的改革实验，从2000年萌发至今已经14年。目前实验范围遍布24个省、自治区、直辖市，拥有32个实验区，1148所实验学校，130多万师生参加了实验。由课题组创办的教育在线（www.eduol.cn）网站论坛的注册会员已超过36万人。2007年新教育研究院在苏州注册成立，是新教育实验的组织和管理机构。中国教育学会常务副会长郭永福先生于2010年7月在河北省石家庄市桥西区课题现场结题会上高度评价：“这是中国教育学会‘十一五’课题中参加人数最多、影响最大的课题之一。它不是自上而下的改革运动，而是由一批专家和一线教师组成的追梦人的自觉行动；不是要我搞，而是我要搞，有很高的主动性、积极性和创造性；不是破字当头，立在其中，而是在继承借鉴基础上的改革创新，因此不是废墟上的重建，不是零起点，因而能根深叶茂。它已经成为我国素质教育的一面旗帜。它的团队成了我国教育研究和改革的一支生力军。”

一、新教育实验研究的背景与价值

新的时代总是要呼唤新的教育，一个时代理应有一个时代的教育特征。进入21世纪，中国的教育如何发展，如何建构具有时代特征的“新教育”，已成为众多有识之士深切关注的重大论题。在西方教育发展史中，从19世纪末到20世纪50年代，占据主导地位的便是新教育思想，其代表人物有被称为“新教育之父”的英国教育家雷迪（C.Reddie）、怀德海（A.N.Whitehead）、沛西·能（P.Nunn）等，此外还有德国教育家利茨（H.Lietz）、法国教育家德摩林（E.Demolins）、比利时教育家德可乐利（D.Decroly）、瑞典教育家爱伦·凯（E.Key）、美国进步主义教育家杜威等。他们主张建立符合现代社会需要的教育，在各自的国家建立“新学校”。其中最著名的便是雷迪创建的“阿博茨霍尔姆学校”。雷迪认为，学校的任务主要是促进儿童个人的自由发展，即身体和心灵的健全发展，而不是用书本知识去压抑儿童的发展。

在我国，陶行知先生也曾明确提出“新教育”的概念，他在1919年发表的《试验主义与新教育》中讲了这样一段话：“夫教育之真理无穷，能发明之则常新，不能发明之则常旧，有发明之力者虽旧必新，无发明之力者虽新必旧，故新教育之所以新，旧教育之所以旧，则视其发明能力之如何耳。”和他同时代的很多人，对新教育和旧教育也都有他们的认识。蔡元培先生就曾经写过《论新教育和旧教育之起点》一文；陈鹤琴先生把活教育作为旧教育的对立面，他虽然没有明确提出新教育的概念，但是活教育实际上就是一种新教育；黄炎培先生也在他的很多论著中多次使用新教育的概念。到了1949年，毛泽东同志在阐述我国的教育方针以及一系列教育问题时，也明确指出：建设新教育要以老解放区的教育经验为基础，吸收旧教育某些有用的东西。

纵观中国教育近几十年的发展历程，在肯定教育获得巨大发展成就的同时，我们不得不遗憾地承认，中国教育，尤其是基础教育中理想主义的色彩还是较少，缺乏应有的对现实目标的批判和超越；中国教育片面追求与现实的适应和协调，在一定程度上削弱了教育引领时代、提升社会的功能。正是从这样的思考出发，朱永新先生的《新教育之梦》对新世纪中国教育进行了沉思和理性观照，建构了具有时代特征、中国特色的“新教育”，为更好地发挥教育理论的指导作用，2002年正式开展了以教师专业发展为基点，以“为了一切的人，为了人的一切”为核心理念，以“五个观点”（让师生与人类崇高精神对话；无限相信学生与教师的潜力；重视精神状态，倡导成功体验；教给学生一生有用的东西；强调个性发展，注重特色教育）为基本思想，以“六大行动”（营造书香校园、师生共写随笔、聆听窗外声音、培养卓越口才、构筑理想课堂、建设数码社区）为具体途径，以“四大改变”（改变教师的行走方式、改变学生的生存状态、改变学校的发展模式、改变教育的科研范式）为主要目标的“新教育实验”。实践证明，新教育实验是通向素质教育理想园的一条路径。

素质教育的特质是面向所有人的教育，是全面发展的教育，是可以持续发展的教育，是帮助教师和学生获得终身自我发展能力的教育。新教育实验正致力于促进素质教育思想行动化、具体化、系列化、大众化，打造素质教育的经典个案，形成系列的可操作的实验主题、实验内容和实验方法，推进素质教育有效实施，从而成为中国素质教育的一面旗帜。

二、新教育实验研究的核心追求与主张

新教育实验的核心追求是“过一种幸福完整的教育生活”。朱永新先生认为幸福完整的教育生活有这么四层意思：一是教育就是生活；二是教育同时是一种特殊的生活；三是教育生活应该是幸福的；四是教育生活应该是幸福完整的。这是新教育人共同追求的理想境界。可是，现实的教育生活对大多数师生来说，也许还不是一种幸福完整的教育生活。教育者常感到无奈、迷茫、困惑，并不断追问，“教育是什么”“教育为了什么”“怎样进行教育”等等，重新从教育哲学的视角思考这一系列基本问题就显得尤为必要。“过一种幸福完整的教育生活”这一命题，从本体论来说，教育是一种特殊的生活，即所谓的教育生活；从价值论来说，我们所追求的教育生活，它应该是幸福而完整的；从方法论来说，“新教育实验”是主张通过营造书香校园等六大行动，以及一些具体的项目，来实现过一种幸福完整的教育生活。

教育生活是一个人整个生活的重要组成部分，因而教育生活是否幸福，将影响其整个人生的生活质量和幸福指数。人总是追求有价值的、幸福美好的生活。“生活本意在于创造幸福感”。教育生活也是如此，幸福的教育生活是人生幸福现实化的重要体现。孔子说：“学而时习之，不亦乐乎！”教育不仅给人幸福，它本身就充满了乐趣。只有在愉悦快乐的情景中，教育才能取得良好的效果。追求幸福，永远是人的天性或本能。所以，新教育实验强调过一种幸福完整的教育生活，不仅仅有对教育终极意义的思考与追求，当然更有对当下某些教育问题的担忧与不满。应试教育是单向度的、畸形的、片面的、唯分数的教育，其中最大的问题是缺乏作为人的教育，缺乏德行的教育。人应该是完整的，让个体的“人”成为“自己”,一个完整的自己,这才是哲学意义上的“人”的“个体”,才是教育的最高境界。

教育生活的主体是儿童,儿童是“发展中”的人,在其不同的年龄阶段,有多种需要——生存、享受和发展的需要,而且,还会不断产生新的需要,只有通过教育才能不断满足儿童的各种需要。把一个人在体力、智力、情绪、伦理各方面的因素综合起来,使他成为一个完善的人,这就是对教育基本目的的一个广义的界说。儿童作为完整的人,过理应完整的生活。儿童的生活是一个整体,一个总体……教育不仅要满足人的需要,还要引导人的需要,促进受教育者“身、心、灵”的完整。新教育实验试图通过自己的努力,能够实现人的“全面和谐的成长”。著名儿童教育家、原中国教育学会副会长李吉林老师说:“朱永新先生在‘新教育’中从教育的终极目标提出的让老师和学生享受‘幸福完整的教育’,引起我极大的共鸣,唤起我对教育更多的美好的憧憬,深感‘完整幸福的教育’是顺应人性的,是对教育本质的一种高度概括……因此从这个意义上讲‘新教育’鲜明地提出的‘幸福完整’是切中当代教育的时弊。正是教育的不完整,成为国家一直想推行的素质教育的极大障碍。因此,我禁不住要鼓呼、赞美‘新教育’,它是解放学生、解放老师的教育,是真正的‘新教育’。”

新教育在这么多年的实验中,逐步形成了以下四个鲜明的主张。

(一)共读、共写、共同生活

“营造书香校园”是“新教育实验”最重要的行动,阅读推广成了全体新教育人共同的使命,“儿童阶梯阅读”是其中的一个研究项目。它的主要任务是为每一个儿童寻找到此时此刻最适合的阅读书籍,为每一位教师探求到此时此刻最适当的指导方式,为每一所学校营建起此时此地最适宜的阅读情境。新教育认为:共读、共写、共同生活,是过一种幸福完整的教育生活的必由之路。共读,是一个家庭、一个班级、一所学校、一个社区、一个国家乃至于整个人类通过阅读继承共同的文化遗产,拥有共同的语言和密码,从而能够共同生活的最重要的途径之一。共写,是指同学之间、师生之间、亲子之间乃至于整个社会通过反复交互的书写,彼此理解,并在不断的自我反思中加深认同,体认存在的过程。共同生活，是指同学之间，师生之间，亲子之间，社区成员之间，乃至于东西部之间以及所有公民之间，通过共读、共写、共做（行动）等途径彼此沟通，相互认同，在保持差异性的同时不断地消除隔阂，并逐渐拥有共同的愿景，共同的未来。

书是我们共同的语言、共同的密码，通过共读、共写，师生、亲子拥有共同语言，共同生活，共同编织幸福完整的教育生活。朱永新先生认为：共读、共写、共同生活，意味着这样一种文化上的努力，即恢复书香传统以及书写传统，在现代生活背景下，通过对传统文明以及人类文明的反思继承，逐渐形成新的价值观，将家庭、班级、学校、社区、国家重新凝聚起来，冲破个人主义屏障，打破人与人之间相互隔离的状态，恢复生活的整体性和人与人之间的联系，从而不断地创造新的更加美好的未来。

站在更高的哲学与人类学的层面，新教育提倡“共读、共写、共同生活”有着更为深远的意义。正如杜威所说：“共同生活过程本身也具有教育作用。”“人们因为有共同的东西而生活在一个共同体内……为了形成一个共同体或社会，他们必须共同具备的是目的、信仰、期望、知识……”只要一个社会不想通过仅仅培养个体残酷的竞争力而使社会充满着冷酷和暴力，而想在竞争和合作之间形成一种平衡，形成一个拥有共同愿景与语言的有机共同体，那么家庭与学校中的“共读、共写、共同生活”就值得大力提倡。

（二）知识、生活与生命共鸣

构筑理想课堂，新教育实验“六大行动”之一。经过多年的实验探索，项目组认为，课堂可以从教学活动基本框架的落实、知识理解抵达的深度、主客体之间及主体间的对话质量这三个层次来考察其成败。新教育提出了理想课堂的三重境界。第一重境界：落实有效教学框架——为课堂奠定一个坚实的基础。第二重境界：发掘知识这一伟大事物内在的魅力。第三重境界：知识、社会生活与师生生命的深刻共鸣。

朱永新先生认为：理想的课堂就是要不断“发掘知识这一伟大事物内在的魅力。”他说：“课堂，是真理呈现之处；教学，是知识散发出魅力之时。在静态的教材下面，蕴藏着人类最伟大的奥秘——发现宇宙与人类，书写宇宙与人类的整个过程。课堂教学，是这一发现与书写的重温，是这一发现与书写的延续。”“发掘知识这一伟大事物的魅力，重新经历此一过程的，不应该只是教师，而更应该是学生——全体学生。这样，课堂教学上的三个元素：知识、教师、学生，就不应该是教师隔在知识与学生之间，用某种手段，将现成的知识转交给学生。优质的教学应该是师生共同围绕在‘问题——知识’的周围，来进行一次艰苦的探索。”新教育所构建的课堂生活是师生围绕“问题——知识——文本”（由教材、考试所提出，与背后深广的学科，及更为深广的人类生活相联系），展开一段发现问题、理解问题、解决问题的旅程。在这段旅程，将充满着怀疑、困惑、挑战，但是，它的核心永远是智力挑战、思维训练，是知识作为解决问题的工具而涌现时的惊奇与喜悦，是对复杂问题形成新的理解时的豁然与顿悟。

在此基础上，走向新教育理想课堂的第三重境界：知识、社会生活与师生生命的深刻共鸣。朱永新先生强调，如果我们错误地、片面地理解了上面的表述，忽略了“知识这一伟大事物”背后有个“共同体”的概念，忽略了从后结构主义的角度，用主体去重现、重写知识与真理的意义，而把教学的全部重心都放在认知这一维度，那么有可能我们会达不到预期的目标，而犯下另一种错误。对这种错误，早在多年之前，叶澜教授就进行过批判：“把课堂教学目标局限于发展学生认知能力，是当前教学论思维局限性的最突出表现。这一方面是近代以来理性主义哲学和主智主义教育主流思想的反映，同时也是习惯于把原本是整体的事物分割为部分、方面的思维方法的表现。具体地说，就是把生命的认知功能从生命整体中分割出来，突出其重要性，把完整的生命体当作认知体来看待。”“课堂教学蕴含着巨大的生命活力，只有师生的生命活力在课堂教学中得到有效发挥，才能真正有助于新人的培养和教师的成长，课堂上才有真正的生活。”无疑，理想的课堂不会停留于人与知识的对话这一维度。依据建构主义教育学的观点，可以把学习视为一个同时展开的三重对话：人与知识（世界、文本）的对话；人与他者（教师、学生、其他读者）的对话；人与自己的对话（反思的，历史性的，生长性的）。也就是说理想的课堂生活，在实现人与知识、人与他者、人与内在的灵魂深刻共鸣的同时，还需要实现课堂与社会生活的息息相通，课堂与人类命运的息息相通。

当然，如果从教育思想发展的历史来看，对于知识、生活、生命的侧重，本身也可以视为整个教育观念的三重境界。以赫尔巴特为代表的传统教育学，相对重视知识传授的精致与效率；以杜威为代表的现代教育学，相对重视的是生活，认为学校只是社会生活的一种形式，不仅仅是一个传授知识、学习课业、养成习惯的地方；而以人本主义与后现代教育学为代表的当代教育学，则把知识、生活、生命的高度融合与深刻共鸣，作为教育的重要使命。毫无疑问，这是一种最高的境界。问题是，在急功近利的教育现状下，这样一种理想有多大的生存与发展空间？新教育人所要做的，就是在这样的教育现实中，去寻求空间，这需要勇气与智慧。

（三）书写教师的生命传奇

教师的幸福是教师在自己的教育工作中实现职业理想的一种教育主体生存状态，教师的快乐感是教师幸福的应有之义，教师的创造力是教师幸福的最高境界。教师的生活在于以创造性的劳动去实现自己的生命价值，享受教育生活本身而带来的幸福。教师生活的幸福与完整，并不表明只有快乐，没有痛苦，并不意味着完美无瑕，而是承认教师原本是一个真实的整体，教育生活是一种真实的生活。所以，教师生活不单单来自外部的融合，最终必须是来自教师内心的呼唤，真正的教师生活源自于教师的自身认同与自身完整。所以，新教育主张要不断探寻教师的内心活动，教师的生活应当是源自心灵的教育生活，源自“我们自己是谁”的认识。当我们唤回了自身认同和自身完整时，才能把自己的整个心灵献给孩子们，也才有机会在学生们的内心获得默契的回应、共鸣，才会把快乐与痛苦看作是一种完整的教育生活。

朱永新先生从子贡倦于学“愿有所息”与仲尼“生无所息”的答复中，教导新教育人应该秉承儒家修身齐家，进而改良社会的传统，担起教师职业之天命；从洪堡特“每一种语言都包含着一种独特的世界观”的论述中，希望教师能成为民族语言的转译与承载者，成为中华文化自觉的传承者；从雷锋、张海迪、孔繁森、袁隆平等英雄的身上，告诉人们教师的生命应该是一首诗，不能失去崇高感，要永远超越与追求；寄望教师能让学生，也让自己，在跨越重重困难以及怀疑之后，仍然能够建立起对于世界，对于人类，对于自我，对于存在的根本信任乃至于信念。朱永新先生希望所有的教师能以孔子为职业榜样，为人生典范，在危机前，选择挑战，选择坚持，自觉地将自己的生命与学生的生命编织在一起，把自己的生命汇入由孔子开创的伟大的传统之中，汇入正在形成的新教育传统之中，真正地摆脱种种虚无与倦怠，书写自己的职业传奇、生命传奇，过上一种幸福完整的教育生活。

（四）文化，为学校立魂

现代学校文化建设的问题主要表现为三个方面，即物表化、文本化和标语化。许多学校有豪华的建筑，但没有深刻的文化内涵与教育意蕴；有精美的制度手册和成堆台账资料，但没有成为师生的行动力量与生命记录；有满墙的标语口号，但没有成为师生的自觉追求。学校文化偏重了物的形态，导致千校一面，特色不鲜明，个性不突出。说到底，学校没有灵魂。

如何让学校真正拥有灵魂。新教育认为，一种成熟的学校文化，应有一个明确的理念统摄着学校生活的一切领域。这个理念就像一轮太阳，照射到学校生活的每一个角落，学校的各种生活总是这个灵魂的体现与实现，是朝向这个灵魂的一种努力。新教育强调，校风，是学校已经形成的文化；校训，是学校想要拥有的文化，是学校借一句警言，把自己带往一个理想之境。新教育发现，仪式、节日、庆典是新教育学校的文化“节气”。基于新教育理念，开学日、师生生日、毕业日、阅读节，以及学校自己的节日，才是教育生活中最重大的日子，郑重地对待这些日子，擦亮它们，装点它们，将使得教育生活不再平淡，充满神奇。新教育希望，学校作为师生共同建筑、装点、生活的世界，它的设计、它的粉饰、它的绿化和美化，都应该由师生们来共同完成。真正美妙的教育场所，就是师生亲自创造的空间，一棵树，一棵草，一堵墙壁的粉刷，一个标志的设计，都是师生漫长生活的结果。新教育相信，学校文化，就是讲述，和为了讲述一个关于我们自己的传奇故事。我们应该让那些优秀的师生个体，成为学校的英雄与榜样，成为最有力的教育力量，成为学校叙事中的绝对主角。

朱永新先生指出："应当坚持学校文化建设的价值追求，以追求卓越之精神为动力，以富有最高价值指向的文化精神为引领，努力促进学校文化的国际性、现代性与民族性的高度协同，挖掘一切可以利用的文化资源，将它的精华融注到学校文化中来，建构一种积淀厚重、情理交融、充满活力、风貌独特的学校文化，为学生、教师和学校的长久发展打下坚实的精神底蕴。"新教育实验所倡导的"过一种幸福完整的教育生活"，是新教育学校文化之魂，要在学校生活的方方面面体现出来，换而言之，应该努力把新教育之魂"活出来"。新教育人愿意用文化的自觉，打造群星璀璨的学校文化景观。

三、新教育实验研究的"因变量"

新教育让教育回归于人的生活方式，回归于幸福完整的教育目的价值论，通过多年的实验，不仅提出了鲜明的新教育主张，还形成了"晨诵""午读""暮省"的新教育儿童生活方式，"毛虫与蝴蝶"的儿童阶梯阅读课程，教师专业发展的"三专"模式，"每月一事"的德育课程等，正在逐步实现教育生活的"四大改变"。

1. 改变教师的行走方式。新教育实验最根本的逻辑起点在于教师的专业发展，基本路向就在于进行"教育共同体及其生活世界改造"。"专业阅读+专业写作+专业发展共同体"是新教育研究团队摸索出的教师专业发展的"三专"模式，通过"三专模式"来实现：专业阅读——站在大师的肩膀上前行；专业写作——站在自己的肩膀上攀升；专业发展共同体——站在集体的肩膀上飞翔。新教育实验这几年的最大成果就是涌现了一大批在实验中成长起来的优秀教师。山东临淄的常丽华、河南焦作的张硕果、山西运城的高丽霞、吉林长春的张曼凌……教师行走方式的转变与快速成长，是新教育实验亮丽的风景。

2. 改变学生的生存状态。新教育实验是通过教师的发展带动学生的成长，让学生一起在新教育实验中成长。新教育儿童课程，"晨诵""午读""暮省"的儿童生活方式，让儿童每天用诗歌开启新的一天，用美丽的童书滋润童年，学会经常反思生活，养成终身有用的习惯。新教育实验学校的学生都因读书而改变了自己的精神状态和面貌，许多学生在"教育在线"开设专栏，出版个人或班级著作，性格由孤僻古怪而变得开朗活泼。学生生存状态的现实改变是新教育实验最重要的成果标志。

3. 改变学校的发展模式。新教育实验的六大行动是学校发展重要的一条路径或者说一个模式，新教育实验的每一个行动背后，都有它非常重要的人类几千年最伟大教育思想和教育智慧的积累，也有着无数成功经验的模式。如果学校真正抓住了教师发展这个基点，抓住了书香校园这个关键的行动，抓住了六大行动创造性的发展，学校发展模式自然就会产生。通过新教育实验，一大批名不见经传的学校如今已经成为国内颇有影响力的学校，如山东临淄金茵小学、浙江萧山银河小学、江苏常州湖塘桥中心小学等等。

4. 改变教育的科研范式。执着坚守的理想主义、深入现场的田野意识、共同生活的合作态度和悲天悯人的公益情怀是朱永新先生倡导新教育人必须遵循的四种精神。新教育希望创造一种科研范式，一种能改变教育生活，能推动学校发展的科研。新教育开展的是一种行动科研，是行动的研究，是校本的研究，这是科研的一种新的范式。这种范式，被中央教科所原所长朱小蔓教授称为“草根运动”。北京理工大学杨东平教授认为：“（新教育实验）最吸引我的，当是它的平民教育价值，以及行胜于知的探索精神。它是从解决中国教育的实际问题出发的，而不是源自学术化的教学实验、为满足学科建设或课题的需要；它是面向农村、面向基层、面向大多数普通学校的，而不是面向少数重点学校满足它们锦上添花的需要；它是面向普通教师的，明确地将教师的专业发展、专业成长作为主轴，从而抓住了提升教育质量、改善教育品质的核心。不仅如此，应当说新教育实验远远超越了提高教育质量这样稍嫌功利主义的目标，而直抵教育的真谛：为了孩子的健康成长和终身幸福，给教师一种充实、美满、有尊严的生活，从而走向了崇高的人道主义。”

新教育实验才刚刚上路，新教育人相信种子，相信岁月，愿意如犟龟一样为着理想和信念，执着与坚守。新教育人坚信，只要上路，一定会遇到庆典。

新教育10年

朱永新先生倡导的“新教育实验”是一项民间的教育改革运动，是一个以教师专业发展为起点，以营造书香校园等六大行动为途径，以帮助新教育共同体成员过一种幸福完整的教育生活为目的的教育实验，是全国教育科学规划“十五”和“十一五”教育部重点课题。

一、从萌发到启动，新教育成为一种“适逢其时的理想”

新教育实验自1999年萌发，缘起于朱永新先生的两部专著《我的教育理想》（2000年出版）和《新教育之梦》（2002年出版）。这两本书在基础教育界掀起了一股“理想旋风”，为了更好地宣扬“教育理想”，携手共圆“新教育之梦”，2002年6月18日正式开通了“教育在线”（www.eduol.cn）网站，2002年9月在江苏省昆山市玉峰实验学校启动了“新教育实验”，提出了实验的核心理念、基本观点、基本原则，并规划设计了营造书香校园、师生共写随笔、聆听窗外声音、培养卓越口才、构筑理想课堂、建设数码社区等“六大行动”实验项目。新教育实验以“发展论”“行动论”为哲学基础，以“潜力论”“状态论”“个性论”为心理学基础，以“和谐论”“崇高论”为伦理学基础，努力实现“四大改变”，即改变学生的生存状态、改变教师的行走方式、改变学校的发展模式和改变教育科研的范式。新教育实验希望达到的理想的教育境界是：成为学生享受成长快乐的理想乐园、成为教师实现专业发展的理想舞台、成为学校提升教育品质的理想平台、成为新教育共同体的“精神家园”和共同成长的“理想村落”。

作为一项缘起于民间又带有自发性和草根性的教育实验，经过近十年的发展，截至2012年，新教育实验已分布到了全国24个省市自治区，至今共有28个实验区，862所实验学校，有100多万师生不同程度地参与了实验，涌现出了一批又一批优秀的实验教师和学生，各地的新教育人正在行动中将“新教育之梦”变成现实，促进了素质教育思想行动化、具体化和大众化。

二、行动就有收获，只要上路就会遇到庆典

新教育人常常自称是“擦星人”，是“犟龟”，坚信行动的力量，坚信只要上路，就一定会遇到庆典。

2003年7月，在江苏省昆山市玉峰实验学校召开了新教育实验第一届研讨会，其后研讨会成为惯例，至今已召开了十二届。2006年7月，在清华大学附小召开了新教育实验第六届研讨会，新教育专业团队开始形成，新教育实验逐步转型。以后的几届新教育年会均有鲜明的主题。2007年7月在山西运城召开了主题为“共读、共写、共同生活”的新教育实验第七届研讨会。研讨会呈现了新教育实验的操作方式，尤其是新教育儿童课程的“晨诵、午读、暮省”模式在研讨会上被基本确认，师生间、亲子间，乃至全社会通过共读、共写、共同生活，拥有共同的语言与密码的思想，也从此成为新教育的核心话语；研讨会上还宣布成立了作为NGO组织的新教育研究院，下设新教育研究中心、课题管理中心、培训中心等部门。2007年9月，新教育小学在翔羽教育集团宝应实验小学成立。2007年11月24日，江苏省教育学会新教育实验研究专业委员会在江苏海门成立，在成立大会上，朱永新先生提出了新教育的四种精神，即追寻理想的执着精神、深入现场的田野精神、共同生活的合作精神、悲天悯人的公益精神。

“教育在线”网站已经成为新教育实验教师的精神家园，论坛已有37万注册网友，日均新帖约2000个，起步较晚的博客，数量也已3万多，日志总数已近100万。“新教育网络师范学院”，构建了基于网络的不受时空限制的学习共同体，营造了一种为“新教育实验”所特有的共同体文化。“论坛”“博客”“网师”成了名副其实的教师专业成长的摇篮，指导着新教育人通过专业阅读，站在大师的肩膀上前行；通过专业写作，站在自己的肩膀上攀升；通过专业发展共同体，站在集体的肩膀上飞翔。

三、相信种子，相信岁月，相信新教育

新教育人常说“相信种子，相信岁月”。朱永新先生在《新教育是什么？》一文中特别强调：“新教育实验的确要求它的参与者对教育和生命怀有一种宗教般的虔诚、热情、期盼和信任。它用不断呼唤人们的方式，滚雪球般的推动着实

验的进展。通过用激情点燃激情，用梦想推动梦想的方式，新教育在各地寻找着“尺码相同的人”。

2006年8月，“灵山——新教育贵州行”公益项目正式启动。这几年，新教育研究中心的足迹遍及了震后的四川北川，以及山西绛县、浙江苍南、江苏灌南、浙江萧山、河南焦作、贵州石门坎、河北石家庄桥西、内蒙古鄂尔多斯东胜等地区，随着新教育种子的播撒，越来越多的教育理想主义者汇聚到了“新教育”的旗帜下。

多年来，“新教育”也成了特有的媒体现象。从《人民日报》到中央电视台，从《人民教育》到《中国教育报》，从《南风窗》到《北京青年报》，各种类型的媒体都在关注“新教育实验”。特别是非教育类的主流经济类媒体，例如《21世纪经济报道》《上海证券报》等对“新教育实验”的关注，是前所未有的事情。这是非常有意思的现象，不仅是教育现象，也成为一个新闻现象。《南风窗》甚至认为新教育实验有望成为继希望工程之后的“新希望工程”。2009年新教育实验还走进了韩国全北大学，日本最新出版的《沸腾的中国教育改革》一书也有专门章节介绍中国的新教育实验。

“新教育实验”一路走来，在“六大行动”的基础上，“毛虫与蝴蝶”儿童阶梯阅读、教师专业发展地图、理想课堂范式、“每月一事”等项目均有了深度研究，新教育儿童课程正日趋成熟，新教育文库已多次出版。“新教育实验”正从一个作为课题研究的形态向植根于本土的新教育学派进发，它必将成为中国素质教育的一面旗帜。

（本文写于2012年）

总得有人去擦星星

转眼间,新教育已走过了15年历程。在这些年里,我们共同为了一个擦星星的梦想而奋斗着,岁月见证着我们的成长。

一、高举理想,不断完善新教育实验运行机制

新教育不是提供满足一时唇齿之香的单份“快餐”,而是在开一家引领人们饮食潮流的“百年老店”。“百年老店”绝不能仅仅依靠一个人,而必须建设一个完善的运行机制。新教育的运行机制具有如下三个特点:

1.愿景引领,鼓舞一代代志士仁人

新教育实验,存在于所有新教育人和关注新教育的朋友们的“愿”中。新教育实验有两大愿景:第一,努力成为中国素质教育的一面旗帜;第二,全力打造植根于本土的新教育流派。这是我们新教育人的共同理想。在理想的感召下,新教育,已“由一个书斋的念想,变成了一个团队的行动”“将苏南一隅的点点星火,欢愉地撒遍广袤的天南地北”“‘生于毫末’的新教育实验虽然尚未成就‘合抱之木’,却已成为当今中国教育改革的一枝奇葩。”生于中国、长于当代的新教育人,深怀传统知识分子的忧国情怀、济世情结。新教育的理想引领着并将继续鼓舞一代又一代志士仁人。

2.生命叙事,成就一个个精彩人生

新教育人作为一个独特的社会群体执着地耕耘在中国教育的田野上,为中国的教育发展和社会变革传递着属于自己的声音。已逾十万之众的新教育人具有独特的行走方式。新教育人行走方式的主要特征是生命叙事。

新教育实验有四个追求:改变教师的行走方式、改变学生的生存状态、改变学校的发展模式、改变教育的科研范式。这四个追求的目标就是让教师和学生过一种幸福完整的教育生活。新教育实验最重要的逻辑起点是教师的专业发展,通过改变教师,带动学校,影响学生。教师行走方式的改变体现为教师开始并坚持自己的生命叙事，走上了专业写作之路。打开教育在线，我们能强烈地感受到新教育人这种独特的行走方式。在教育在线的论坛和博客，有3万多名教师在坚持写教育随笔，开辟个人成长专帖。用笔记录自己的教育生涯，已经成为新教育实验的一道独特风景。

新教育人选择生命叙事作为自己的行走方式，有两个原因：一是因为新教育实验的研究方式是行动研究。新教育实验关注的是鲜活的教育生命，是教室里发生的事情，是教师和学生的生存状态，其研究成果更多的是以叙事的方式呈现。新教育榜样教师的事迹主要以生命叙事的方式言说。新教育总是“毫不吝惜言辞与诚意，去表扬榜样，言说榜样——当然，是呈现榜样的故事、榜样的细节，而不是笼统地说某某是榜样。”二是因为新教育实验的研究主体是一线教师。他们或许并不长于理论表达，但每天都生活在教育发生的第一现场，很自然地选择了叙事作为写作的主要方式，以“记录成功实践的案例、记录教育发生的过程”。

新教育人生命叙事的特点就是言说生命，并以生命言说。“生命，是新教育最重要的一个词汇。”对新教育实验而言，个体生命和共同体生命的良好状态，是一个绝对的原点。而倡导过一种幸福完整的教育生活，就是为了能够最大程度地实现这种良好的生命状态。新教育人的笔下呈现的就是这种生命状态，而且新教育人是以自己的生命在言说这种生命状态。

3. 会议推动，掀起一波波实验浪潮

新教育元旦发展论坛、新教育开放周、新教育国际论坛、新教育年会、实验区工作会议……新教育每年固定的重要会议已经形成一种结构保障，成为推动新教育实验进程的机制性力量，掀起了一波波实验浪潮。

2012年7月13日至15日，全国新教育实验第十二届研讨会在山东临淄举行。来自全国各地的新教育专家，37个新教育实验区、1450所新教育实验学校及骨干教师，近1800名新教育代表参会。临淄年会以“缔造完美教室”为主题，是对新教育学校文化及课程建设的又一次思索和攀登。

2012年10月20日至22日，新教育国际高峰论坛在浙江宁波举行。此次论坛的主题是“教育的文化价值”,全国各地的400多名新教育代表以及来自美国、日本、澳大利亚等国家的教育研究者汇聚甬城,共同交流、探讨。佐藤学、本杰明·切瑞、加里·鲍里奇等世界级大师参会,让我们领略到了域外教育学者思想的精髓。

2012年12月1日,全国新教育实验区工作会议在安徽霍邱开幕。全国17个省市40个县区近200位新教育同仁,新教育研究院各研究所负责人,安徽霍邱教育系统代表参加了会议。安徽霍邱与河南焦作、河北石家庄(桥西区)、江苏海门、山西绛县四个新教育地方研究中心分享了实验成果,新阅读研究所、新父母研究所、新评价与考试研究所和新职业教育研究中心等新教育研究院下属部门介绍了工作推进情况。实验区工作会议作为一个交流和分享的平台,让我们共同探讨新教育实验的方向、分享彼此的经验与思考,推动实验区工作更富成效地开展。

2013年1月2日,新教育元旦发展论坛在苏州召开,新教育实验发起人朱永新先生以及朱永新先生的博士、硕士学生,新教育研究院相关人员等60余人出席活动。论坛回顾了新教育及新教育人一年来所取得的成绩,并对新的一年做出了展望。

2013年4月26日至28日,全国新教育海门开放周暨“研发卓越课程”专题研讨会举行,来自全国各省市的800多名代表参加,为这次新教育年会进行了预热。

二、共同合作,积极构建新教育实验培训网络

美国心理学家卡尔·维克对现在的世界有一个极其确切的比喻——以前的世界可以用一张地图来理解,而想搞清楚现代的世界却需要一个指南针。地图,只能在已知的世界里起作用,这样的世界是被前人走过然后制成图的,而指南针则是在你不确定自己所处何地,只知道大致方向的情况下大有帮助。我们的新教育实验没有地图,只有指南针,只有一个大致的方向。因此,新教育实验特别需要培训,需要实践得更早、思考得更深者传播新教育理念,推介新教育项目,互动合作,分享智慧。行之今日,新教育实验培训已经构成一个多维度、多层次的网络，成为推动新教育发展的重要力量。

1. 以会代训。这是新教育实验影响力最大的培训方式。每年的新教育年会、实验区工作会议、国际论坛等大型会议，皆有数百，甚至逾千的新教育人参与。这些会议在新教育实验的方向引领、理念传播、项目推广、榜样展示等方面都发挥了巨大的作用。与会的新教育人又成为新教育种子播撒至全国各地，借此，新教育实验不断深入，新教育实验区也不断增加。可以这样说，一次会议就是一次大规模、高效益的新教育培训。

2. 网络培训。新教育网络培训的平台是教育在线。2002 年 6 月 18 日，教育在线网站正式开张，迄今已经 13 年。从刚开始 20 多人在线，到今天，有近 20 万注册用户，总帖数达到 745 万多个。教育在线已经成为新教育人共同的精神家园。

2009 年 7 月成立了新教育实验网络师范学院，面向全国招生，向全国一切在职教师、基层教研员、其他教育研究者，以及立志于教育的在校师范生免费开放，寻找与新教育“尺码相同”的人。运行 4 年，新教育实验网络师范学院已经培养了 623 名种子教师，成为推广新教育的有生力量之一。

3. 联盟培训。2010 年，河南焦作实验区工作会议建立了全国新教育实验区区域联盟制度。新教育实验区区域联盟要在临近的新教育实验区轮流组织区域性的新教育开放活动，承担新教育实验的培训任务。

2012 年 11 月 17 日至 19 日，全国新教育海门开放周暨“缔造完美教室”观摩研讨会举行，来自全国各省市的 1500 多名新教育同仁参加了活动。

2013 年 2 月 20 日，河南焦作市举行种子教师“缔造完美教室”市级培训会，邀请河南修武县第二实验中学薛海波老师介绍了缔造完美教室的经验。

2013 年 4 月 1 日至 12 日，山西绛县小学举行了为期两周的第五届第三次新教育开放周活动。此次活动也是贵州凤冈、河南禹州、山西临猗、绛县四地新教育的交流活动。

2013 年 5 月 16 日，江苏南通市“学前教育区域特色”展示活动在海门举行。来自南通六县一市的教研员、园长、骨干教师和安徽合肥及江苏泗阳的教育同行约300多人参与观摩交流。

2013年5月15日至17日，山东莱芜市举行新教育实验开放周活动。莱芜市各区县、镇新教育实验管理和研究人员，全市所有初中、小学校长（或分管校长）及骨干教师等500余人参加会议。活动分设市实验小学、市实验中学、市实验学校三个现场。在这三天里，全体与会人员共同观摩了各校的完美教室缔造、大型经典诵读和特色课程展示，并深入课堂就理想课堂构建进行了互动研讨。

2013年5月20日至21日，贵州凤冈县第四届基础教育改革开放周暨贵州凤冈与重庆长寿教学经验交流活动在凤冈县举行。活动以"课程穿越生命、社团丰富生活"为主题。来自全县的实验学校的校长、教师，课题负责人和中心学校业务辅导员以及来自重庆长寿的课题负责人，共200余人参与了活动。

2013年5月23日至24日，河北石家庄市小学教学工作现场会暨新教育实验开放周活动在石家庄桥西区举行。全国新教育代表以及石家庄各县区教育同仁共计千余人参加了活动。

2013年6月9日，河南平顶山市新教育实验学校现场推进会在市十一中举行，会议确立了"找准切入点，做自己的新教育"实施理念，对平顶山市新教育实验工作进行了安排部署。来自各县区的新教育实验学校校长、教科室主任、骨干教师代表等60余人参加了推进会。

4. 机构培训。2013年3月，江苏海门市新教育培训中心正式启用。该培训中心是新教育阵营首个经属地人民政府批准成立的专职从事新教育培训的正科级事业单位。全国新教育人有了第一个具有事业法人资格的培训机构。3月份后的4个多月，海门市新教育培训中心共接待了来自河南安阳、焦作、河北石家庄、山东莱芜、日照、北京昌平、湖南湘乡、江苏南京等地14批近2000名新教育同仁，以现场观摩、跟岗考察、专题报告等多种形式，进行了建设学校文化、缔造完美教室、研发卓越课程、打造理想课堂、家校合作共建等项目的培训工作。

5. 讲师培训。新教育发展至今，已经形成了一个由新教育理事会及下属各部门的领导、专家，全国研究新教育的专家学者，全国各实验区的新教育研究人员和一线榜样教师等构成的数目可观的培训讲师团队。因新教育蓬勃发展的形势需要，他们经常赴各实验区校进行新教育培训。

2012年9月、11月、12月，卢志文院长先后在山东任城、吉林长春、甘肃庆阳做新教育专题报告，共计2700多人听取了报告。

2013年3月21日，李镇西博士应邀为江苏海门市高中400余名班主任进行完美教室项目培训。6月23日，李镇西博士在福建实验区为上千名教师做培训。

2013年4月16日至22日，山东日照邀请新父母研究所所长、著名儿童文学作家童喜喜，为父母和学生做了为期一周的“童喜喜亲子共读日照行公益讲座”，举办报告15场，7000多名学生和5000多名父母聆听了讲座。

2013年6月3日至4日，山东诸城实验区在龙源学校举行全市海量阅读推进活动，新父母研究所所长童喜喜为广大干部教师和学生父母分别做了专题公益报告。

2013年6月1日，新教育培训中心主任吴勇赴山东临沂为200多名校长、教师做《以专业的情怀做教师》的讲座。7月、9月至10月，又带队赴广西南宁做新教育实验培训。

2013年6月2日至6日，新父母研究所执行所长蓝玫赴河南焦作为200余名校长、教师做了题为“从生命出发”的新教育辅导报告。

6. 区内培训。在新教育发展的过程中，各实验区主动作为，经常组织实验区内部的各种新教育培训，加速新教育理念的传播和项目推进。

2012年10月12日，山东莱芜市举行“缔造完美教室”项目培训现场会，700余名教师参加了培训。

2012年12月21日，山东日照市实施新教育实验两周年。该市教科所分期分批开展了新教育实验理论与实践培训活动。一是深入区县、学校宣讲新教育。徐锡华所长先后到8个县区做新教育报告。二是邀请专家举办专题讲座。12月15日至17日，山东日照举办首届“新教育写作”专题培训班。16日，邀请《读写月报》主编李玉龙和作家童喜喜，为近700余名新教育管理和研究人员、校长、教师做专题讲座。三是推荐教师、父母、学生阅读书目。2013年3月22日至4月10日，山东日照市教科所开展了下基层跟班蹲点式新教育培训活动。4月11

日至12日，山东日照举行了新教育儿童课程专题培训活动，500余人参加。5月13日至15日，山东日照举办初中新教育实验高级研修班，800余人参加了研修班活动。

2012年12月12日至27日，山西绛县举行第五届小学开放周活动，通过走读理想课堂与完美教室工作室实验班级，采用"课程展示+课堂教学+成员研讨"的方式，交流展示各工作室成员的学习、研究与实践成果。

2012年12月27日，河北石家庄桥西区举行小学学校文化开放日活动，近400人参加了活动。

2013年5月7日，重庆长寿举行"新教育与学校课程改革"报告会，400余人参加。该区新教育读写绘项目负责人彭克利老师做了题为"儿童阶梯阅读——从'读写绘'走向'整本书共读'"和"在共同生活中逐渐形成班级文化"的报告，邀请李镇西博士作了题为"走进新教育"的专题报告。

2013年5月13日，山东诸城举行"班级仪式课程"观摩推介会，150多名新教育实验负责人和教师参加活动。

三、扎根田野，深入开展新教育实验项目研究

行动论是新教育重要的哲学基础。其价值取向是"只要行动，就有收获""只有坚持，才有奇迹"。新教育从一开始就以"六大行动"为抓手推动实验。2012年浙江宁波国际论坛上发展为"十大行动"，但是以项目支撑实验的理念始终没有改变。一年中，新教育人深入学校、深入课堂、深入教师和学生之中，扎扎实实地推进新教育实验项目研究。新教育实验的项目研究在横向上有两支力量在推动：

第一支力量是广大的实验区。

一年中，新教育又增加了河南平顶山、北京海淀、南京栖霞3个实验区，增加了23所实验学校；如今，新教育共有40个实验区，1764所实验学校，有125400多教师、186万多名学生参加了新教育实验。如今，新教育实验已经覆盖了北京、上海、江苏、浙江、山东、河北、河南、安徽、山西、甘肃、新疆、内蒙古、贵州、四川、湖南、湖北、福建、吉林、黑龙江、云南、广东、重庆等22个省、市、自治区。广大的实验区是新教育实验的基础性力量，是他们在基层一线践行新教育，深耕新教育。

一年来，浙江萧山、河南焦作、河北石家庄（桥西区）、山东日照、莱芜、山西绛县、江苏海门、甘肃庆阳等许多实验区以缔造完美教室、研发卓越课程等项目，突出重点、强化措施，有力地推动着区域新教育实验的进程。当然，除了实验区以外，各非实验区的实验学校以及实验个人显得特别不容易，但却又显得特别活跃，特别执着，特别优秀。

第二支力量是新教育理事会及研究院下属的各研究部门。

新教育研究会组织了全国各新教育实验区、校参与中国教育学会“十二五”重点课题《新教育实验促进师生成长的行动研究》的369个项目课题的申报、评审工作；组织了江苏海门实验区18所学校的新教育学校文化展示活动；参与了2012年山东临淄年会、浙江宁波国际论坛、安徽霍邱实验区工作会议、2013年浙江萧山年会等新教育重大活动的策划、筹备、组织工作。

新教育研究中心继续潜心于探索新教育课程，继续组织推动着新教育网络师范学校的正常运转，并为北京丰台二中附属新教育实验小学教师进行了为期近一年的岗前培训。2012年4月，组织了“研发卓越课程”年会主题论文研讨会。

新父母研究所在全国30多个城市建立了新教育萤火虫工作分站，面向父母组织讲座、读书会等各种形式的网上讲座170余场、线下活动310余场，其中，河南郑州分站荣获河南省图书馆颁发的“最佳公益团队”称号；面向教师开展新教育项目网络培训，共计开展了58次通识培训、16次主题培训、16次课程展示交流、30余次中队交流，服务于全国各地550余位新教育实验教师。

新阅读研究所继续推进着中国中学生基础阅读书目、中国企业家基础阅读书目的研究工作、中国小学生基础阅读书目的阅读分享课教学光盘制作工作；2012年11月24日—25日，与《学语文》杂志、重庆树人教育研究院合作，联合主办了第二届儿童阅读与语文创意教学观摩研讨会，3000多位代表参加会议。2013年初，新阅读研究所、新教育实验网络师范学院联合进行的阅读公益项目“中国中小学教师基础阅读书目”研制工作正式启动。2013年4月，新阅读研究所与新父母研究所合作的项目“中国父母基础阅读书目”研制工作正式启动。新阅读研究所在2012年12月10日获得腾讯网颁布的年度致敬阅读机构奖,是获奖机构中唯一的一个阅读推广机构。

新评价与考试研究所在全国十几个省市开展了宣传和推广新评价与考试的工作;为清华附小、北京十一学校、丰台二中、成都武侯实验中学等三十几所学校提供新评价讲座及实验服务。2013年3月16日至17日,与光明日报《考试》杂志社等单位联合主办了第二届“新教育·新评价·新考试”高峰论坛——2013中美素质教育合作交流暨中国素质教育科学论坛。

新职业教育研究中心将新教育实验的理论同中国职业教育具体实际相结合,深入研究,创造性地解决职业教育改革和发展中的问题。2012年10月26日,在第四届民办职业教育高峰论坛暨亚太技术与职业教育合作推进会上,新职业教育研究中心主任单强博士代朱永新先生作了题为“关于民办职业教育发展的几点想法”的报告。10月29日,单强主任应邀参加江苏省2012年高等职业院校人才培养工作状态数据采集暨人才培养质量工作会议,并作了题为“如何写好高职院校人才培养质量年度报告”的专题讲座。

新教育学校又添新成员。新教育学校是全面践行新教育理念和课程的实验基地学校。继内蒙古罕台新教育实验小学后,2012年9月,新教育研究院又在北京与朝阳教委合作建立了北京市新教育实验学校。北京市新教育实验学校为九年一贯制公办校,设计规模为小学24个教学班,初中12个教学班,2012年招收了小学一年级和初中一年级学生。这些新教育实验学校在新教育大家庭中有着重要的地位与特殊的意义,他们将在实验项目的深度推进上发挥排头兵的作用。

四、心怀悲悯,努力推进新教育实验公益行动

新教育实验是一场民间教育改革。新教育实验从一开始就具有悲天悯人的公益情怀,新教育人所从事的是公益的事业。

1. 因为使命,新教育得道多助。新教育实验因为其对国家、民族的一份使命,对孩子、老师的一份责任,获得了广泛的道义上的支持和经济上的资助。从

2006年1月21日，新教育1号义工营伟华女士捐出2万元作为给新教育的"见面礼"，到2010年2月获得企业家王海波资助200万元成立新教育基金会(即江苏昌明教育基金会)，新教育获得了社会有识之士的鼎力支持。而后，每年都获赠善款，助推新教育事业。2012年获赠善款及实物，折合人民币502万元，2013年仅上半年就获赠善款50.85万元。

2. 因为悲悯，新教育践行公益。新教育基金会所集善款，取之于义，用之于义。基金会所有获赠款项和资助项目明细都在教育在线公示，透明运作。2012年新教育基金会资助项目主要有新教育童书馆、完美教室、卓越课程项目。2012年主要资助了47所各类大中小型新教育童书馆，分布在全国各地新教育实验区(校)。资助的完美教室主要有46间。同时资助了一些课程项目，主要是活动闲暇类课程、文史类课程、数学类课程、经典课程等。

2012年9月1日，北京市新教育实验学校迎来建校的第一批学生。在开学典礼上，新教育基金会和校方举行新教育童书馆挂牌仪式暨新教育童书馆捐书仪式。

2012年9月7日，新教育基金会资助的"教育在线"网站，迎来了成立十周年庆，"教育在线"网站为此特地举行了赠书活动。

2012年10月8日至17日，新教育基金会完美教室项目组织贵州凤冈的十位教师到重庆市长寿区第一实验小学校跟班学习。

2012年10月10日至15日，在新教育研究院和基金会的支持下，《读写月报·新教育》杂志"新教育实验成果提炼提升项目"在四川成都举办了公益性的"新教育写作"专题研修班，来自全国15个新教育实验区、70多所新教育实验学校的近百位领导、教研员和一线教师参加了研修。

2013年4月20日，在新教育基金会、新教育研究院的大力支持下，教育在线组织部分骨干网友赴河南安阳县吕村镇举行"走进乡村学校公益培训"活动。

2013年5月27日，在新教育基金会资助下，贵州遵义凤冈县代表团一行到四川成都金堂县学习考察新教育实验工作。

多年来，新教育理事会在履行自己职责的过程中，逐渐形成了以下五个特点：

1.民主性。这是理事会在宏观决策层面的特征。新教育理事会作为新教育实验的宏观决策与咨询服务机构，每年举行一次理事会会议，讨论新教育的重要宏观问题，听取研究院、基金会以及支持新教育的经营机构——永鼎机构的年度工作总结，提出积极的建议；理事会实行集体领导，理事个人不直接干预各部门工作。这种民主性的决策机制，保障了新教育实验发展方向的稳定和发展进程的稳健。

2. 实践性。这是理事会在实验操作层面的特征。新教育实验是行动研究，在行动中研究行动，重行动而反对空谈。它不求无懈可击的理论体系，而是先行动起来，在实践中完善思考。它始终以营造书香校园、师生共写随笔等十大行动为途径，以事实说话，以故事言说。这种思维方式使得新教育实验一直植根于校园，扎根于师生的教育生活。

3.合作性。这是理事会在实验组织层面的特征。新教育实验是一项理想的事业，全国各实验区、实验学校，新教育理事会所属各部门，不管是专家学者，还是一线教师，全都汇聚在新教育的旗帜下，为新教育的理想所召唤、所凝聚。全国新教育人是一个共同体，共同体成员合作共进，共谋新教育发展大业。

4.前瞻性。这是理事会在方向把握层面的特征。新教育的"'新'就新在它是一种'理想的教育'，是对'旧教育'的批判和重构，或者说是对当下教育的改造和革新。这个'新'是在对当前教育发展的现实状况和社会发展的基本方向进行分析之后建立起来的，它将随着社会的进步和教育实践的不断发展而处于一种动态生成之中。""它是一种动态的、面向未来的教育。"

5. 国际性。这是理事会在事业格局层面的特征。虽然理事会成员中暂时还没有境外的专家学者，但是在其领导、推进新教育实验的过程中从没有把视野局限于国内。理事会成员中，不乏具有境外研修经历的学者。每年的新教育国际论坛，更是新教育与国际教育接轨的一个窗口，与国际教育对话的一个平台。新教育发起人朱永新先生的文集已经翻译成韩语、英语版，由此走向了世界。新教育致力于打造植根本土的新教育流派。"越是民族的，越是世界的"，新教育正在成为中国教育人与世界对话的一种代表性声音。

新教育实验已经成为中国教育变革的重要力量。这一年来，新教育人继续收获着额外的奖赏。2012 年 7 月，中央电视台、《人民日报》《光明日报》等多家媒体报道了山东临淄年会的盛况。2013 年年会，《中国青年报》《光明日报》等近十家媒体全程采访、报道着大会进程。2013 年 3 月 10 日，《中国教育报》发表朱永新先生的文章《回望阅读这一路》，报道新教育是如何改变教师的行走方式，改变孩子的生存状态，努力营造书香校园。7 月 3 日《光明日报》发表了朱永新先生的《柿红，新教育的颜色》，表达了新教育特有的影响力与魅力。2013 年 5 月 2 日，《中国教育报》刊登了我的文章《让每一间教室无限长大》，推介海门区域推进新教育“完美教室”项目的实践经验。2013 年 4 月，新教育研究院副院长、成都武侯实验中学李镇西校长 12 卷著作《李镇西教育作品》由光明日报出版社出版。在 2012 年中国教育报十大推动读书人物中有 3 人是新教育人，在河南最具成长力教师评选中多名新教育人榜上有名。

在当今这样的一个时代，只要稍微用心地思考，我们都能体会到教育的苦，时代的难。新教育人，就是这样的一些人，他们以自己的微薄之力，在教育变革、时代进步的潮流中，发出了自己的声音，贡献着自己的能量！

行走在路上

一、起点

行者，是理想主义的实践者，是行走田野的思想者。几年前，我写作《做新教育的行者》，想以富有个人色彩的和所处地域特征的行动诠释新教育的精神世界，想以不断跋涉的脚步涅槃为新教育的一道风景。在这行进的道路上，新教育研究会对我和研究会团队而言是一道别样的风景。

2007年2月2日，江苏省新教育研究专业委员会（下简称“新教育研究会”）经江苏省教育学会和江苏省民政厅正式批准。

在角色定位上，新教育研究会是江苏省教育学会领导下的二级学会，同时，由于新教育实验是全国性的研究活动，所以，研究会将与新教育研究院密切合作，发挥其“孵化器”功能，及时推广研究院对新教育的最新研究成果，并邀请研究院的研究员深度参与相关项目的研究，形成研究合力，共同推进新教育发展。新教育研究会的各种活动、研究进展、取得的成果也及时通过“教育在线”和新教育杂志与新教育同仁分享。

受朱永新先生的委托，由我负责筹建新教育研究会理事会，并把秘书处设在江苏海门教育局。为此，我们成立的筹备组，于2007年6月至7月，向江苏省内各新教育实验区与新教育实验学校发出了发展会员和推荐理事会成员的通知。之后，陆续收到回执。经过与新教育实验部分核心团队成员的多次磋商，初步确定了新教育研究会的理事会成员。与此同时，筹备组向江苏省内各新教育实验区和实验学校发出了优课评比和论文评比的通知，秘书处也陆续收到各地报来的录像课和优秀论文。

2007年11月16日，第一次研究会成立预备会在我的工作室召开了，我、储昌楼、李宜华、吴勇等围桌而坐，研究会的工作就这样以完全务实的姿态拉开。我们详细讨论了新教育研究会成立会的议程、论文评比的规则、数量和评委成员，优课评比的规则、得奖数及评委等。那段时间，紧张而忙碌。秘书处成员每天加班，编印了研究会会员手册、论文集、会务指南等，落实了会议中的优课评比安排，新教育论坛等重要工作，制作了理事聘书、论文和优课获奖证书等，海门新教育团队还为大家编印了《2007’海门新教育拾萃》，拍摄了海门新教育专题片，各实验区为论文和录像课的选送也做了大量工作。

2007年11月23日晚7时，江苏省教育学会新教育研究专业委员会预备会召开。我记得在第二天的成立大会上朱永新先生脱口成章，将多年来对新教育精神的思考第一次作了较为全面完整的阐述。

在这次大会上，也明确了新成立的研究会的主要工作内容：

1. 组织理事会议。定期召开理事长会议、常务理事会议和理事会议，研究新教育研究会的具体工作和行动策略等。及时总结全省各新教育实验区和实验学校的研究成果，及时推广实验的最新成果。不断壮大新教育研究会的力量，秘书处将继续接受会员申请，以让更多的一线老师加入到新教育实验的队伍中来。

2. 组织论文评比。组织每年一度的论文评比，以选送最优秀的论文参加江苏省教育学会的论文评比。2007年论文评比的主题是“理想课堂”，2008年新教育研究会的论文评比主题是“每月一事”。

3. 组织优课展示。每年组织优课展示或评比活动，把“理想课堂”的研究作为一个永恒的主题。对课堂教学的研究，决不能仅仅停留在技术方案上，要从价值观和教育思想的层面研究课堂教学，要把素质教育的要求和新课程的理念融入课堂教学，使理想课堂的建设始终处于动态生成和发展的过程中。

4. 组织主题论坛。主题论坛将作为新教育研究会展示和交流的重要平台，根据新教育实验“六大行动”的进展和“十大理想”构建，不断形成研讨的主题，并通过论坛，分享思想、经验、设想等，通过对话，碰撞智慧，生成智慧，不断加快新教育前进的步伐。

5. 组织成果分享。组织各种形成的成果分享活动，建立成果年度报告制度，要求参加新教育研究会的各实验区和实验学校于每年的12月31日前，向新教育研究会秘书处，以电子文档的方式，报送一年的新教育实验研究报告，并附一年的各种活动剪影和图片。研究会秘书处将编写简报,发送全省各实验区和实验学校交流。另外,将根据各实验区和实验学校研究进展的程度,确定一些专题性展示研讨活动,组织相关的学校一起参与交流、展示、研讨。

6. 组织项目联盟。理事会将通过项目联盟的方式,推动新教育实验区和实验校之间建立起相互协作的共同体,科学进行项目攻坚。比如,新教育儿童理想生活方式;新教育理想德育、新教育学校文化、新教育理想课堂、新教育书香校园等,以后根据研究进展,不断丰富项目内容。凡是对其中一个或几个项目,有志于进行深度研究的实验学校,通过填写项目联盟申请,确定项目联络人,采取轮值主席制的方式,推动项目联盟的活动,以及研究活动的深入展开。每次项目联盟的活动情况,以及形成的共识和成果,研究会秘书处将及时通过"教育在线"及简报的方式发送至各实验区和实验学校分享学习。

二、在路上(一)

对于我和我的团队而言,一块巨大的试验田正在眼前铺开。

教育科研是一切教育改革和实验活动的灵魂,而开展课题研究又是其中最富挑战性、最具操作性、最有推广性的实践活动。从 2008 年开始,研究会正式负责管理、研究、实施和推广朱永新先生主持的中国教育学会重点课题《新教育实验的研究》及其相关成果。当年 5 月,课题管理中心申报了全国教育规划课题,11 月《新教育实验与素质教育行动策略的研究》正式被批准为全国教育科学规划"十一五"教育部重点课题。该课题的系列成果被评为第四届全国教育科学研究优秀成果二等奖。2011 年,该课题的后续性研究《新教育实验促进师生成长的行动研究》又被确定为中国教育学会"十二五"重点课题,并顺利开题。我们迎来送往着各种开题和结题的大会,这些来自教学实践的结晶,正在汇聚成新教育宝贵的财富。

我知道,我们的团队承担着怎样的工作量,每年数百份论文汇聚到他们的桌前,由特级教师、各实验区负责人和名教师组成评审组,分学科对论文进行评审,从中选出优秀论文上报江苏省教育学会参评。我们说,新教育人有深入现场的田野精神,新教育实验者是一群不做官人和学人,而是做农人,把两条腿深深地扎到泥土里，而这些在幕后忙碌的身影，就是一群“颗粒归仓”的“农人”。

让研究会忙得不亦乐乎的是举办多层面、多学科的现场展示、论坛研讨。全国小学数学研讨会、江苏省初中教育论坛、新教育学校文化展示活动等等。让我们心潮澎湃的，绝不是四周的彩旗猎猎，而是那些来自生命的精彩展示，源自灵魂的智慧碰撞。

研究会的另一个发力点，就是促进“专业成长”，让每位教师体验幸福完整的教育生活。新教育研究会成立之初，决策者们就将其定位为一个研习共同体、一个研修共同体、一个研发共同体。研习共同体为教师提供了专业的阅读书目与地图，让老师们在反思自己阅读史的基础上绘制适合自己发展的阅读地图；研修共同体，为广大教师尤其是青年教师，围绕课堂教学提供了展示、磨砺、修炼、合作、互动的专业成长平台；研发共同体为教师从“教教材”到“用教材教”，做国家课程的二度开发者、地方和校本课程甚至班级课程的研发者，搭建了一个又一个富有挑战的项目平台。从研习到研修再到研发，形成了新教育人专业发展的独特路径，在这一路行走的过程中，各种形态的新教育共同体以及“教育在线”网站，成了教师专业发展的共同精神家园和成长舞台。

此外，我们还利用“教育在线”建立了实验学校课题管理信息平台，要求各个实验区都要建立课题信息专题贴，及时交流各个实验区和实验校的课题实验进展情况。到目前为止，已经整理了 20 个专题帖在信息平台上交流。课题管理中心还利用这一平台，为各个实验区提供了挂牌校的样牌和协议样本。并且通过这一平台，及时收集各个实验区和实验校的新教育实验年度计划和总结等。

行走，是新教育的生态。2008 年，山东威海、浙江嘉兴、平湖；2009 年，河南焦作、山东临淄、诸城；2010 年，河北石家庄、云南楚雄、重庆长寿；2011 年，四川北川、安徽霍邱、山东日照……在与全国各地实验区和实验校的互动中，研究会成为一个经验流通的有效管道。

三、在路上(二)

当然，江苏及至海门，是我们直接践行新教育的田野。

忘不了那些在教室里进行的静悄悄的革命。朱永新先生说：“‘教室’就是一副扁担，一头挑着课程，一头挑着生命。缔造完美教室，就是要让每一个生命真正地在教室中开出一朵花来。”记忆最深的是江苏省特级教师俞玉萍，她和她的“百合班”以10余年一贯的坚守成为缔造“完美教室”的领军人物，2010年俞玉萍成为海门市完美教室名品教育项目工作室领衔人，率领团队为全市班主任义务培训近十场，达2000余人次，并赴安徽、河南、山东等地的新教育实验区做培训，2011年该工作室升格为南通市级名师工作室，并在当年11月举行的全国新教育海门开放周活动中，以教室开放、活动展示、工作坊研讨等活动，与来自全国的400余名新教育同仁分享研究和实践成果。

“教给学生一生有用的东西”是新教育实验的核心理念之一，而开展“每月一事”项目是实现这个理念的重要方法。江苏海门实验区的“每月一事”在全国各新教育实验区（校）中最为显著。2008年3月举行的新教育行动“每月一事”项目现场推进会，提出了“每月一事”项目的基本操作流程，即“主题阅读、实践活动、展示交流、评价反思”。实验区所有学校每月围绕一个重点习惯，从面上发动，到具体行动，以及评价反思，都尽力做到位，形成了初步的实施模式。海门新教育在线，设置了“每月一事”方案交流区、案例交流区、反思交流区，定期举行网上优秀案例评比和年度“习惯养成示范班级”和“优秀小公民”的评选活动。“每月一事”项目的特色主要体现在从小处、从身边和孩子的实际出发，确定培养学生一生有用的十二个好习惯，通过广泛的主题阅读、主题实践、主题研究、主题随笔等形式开展活动，将公民教育、生命教育贯穿其中。1月，让我们学会吃饭；2月，让我们不闯红灯；3月，让我们一起去种树；4月，让我们去踏青；5月，让我们学会扫地；6月，让我们学唱一首歌；7月，让我们去玩球；8月，让我们笑着和别人打招呼；9月，让我们每天阅读十分钟；10月，让我们给爸爸妈妈写一封信；11月，让我们做一回演讲者；12月，让我们每天记录自己的生活。导引的故事和设计的活动亲切动人，绝无面目可憎之虞，然后再根据实际情况在更高的层面有序生成、不断完善。据此而集的成果《一生有用的十二个好习惯——新教育实验“每月一事”项目操作手册》于2009年7月出版，成为全国各实验区推动“每月一事”项目的重要蓝本。

只要行动就有收获，只有坚持才有奇迹，这就是新教育人行动哲学的高度概括。阅读，在海门 2005 年 9 月整体加入“新教育实验”后，一直坚持。2007 年，海门的“图书漂流”的读书活动已经延伸至初中。全市范围的“书香学生”“书香教师”“书香班级”评比如火如荼地展开。读书活动还辐射到了家庭、社区，父母被孩子读书的热情感染了，“亲子阅读”成了海门一道独特的风景线；社区阅读成了居民业余生活的首选。从 2007 年开始，海门将每年元月的第一个周末，确定为海门的“家庭教育日”，这在全国属首创。开展“书香家庭”评选活动，在全市积极营造和谐的亲子共读氛围；开展“亲子共读”专题讲座，指导亲子科学阅读……由学校到家庭再到社会，海门的每一寸土地上都弥漫着浓浓的书卷气息，空气中散发着清新的油墨芳香。甚至教育局下发文件，要求学校从地方课程中每周安排一节校本阅读课，并确保每天一小时让学生自由读书。

此外，启动“儿童写作课程”。2010 年 9 月，江苏省特级教师管建刚、高子阳，海门市“童化作文”名师工作室领衔人吴勇以及新教育研究会核心团队成员齐聚，进行了激烈而富有成效的碰撞，决定正式启动新教育儿童写作课程项目，建立项目专题帖。专题帖的总定位是找到新教育儿童写作课程的制高点，弥补结构化、系列化教材作文课程的不足，填补新教育实验在这方面的空白。会议决定充分整合管建刚、高子阳、吴勇等 3 个工作室的力量，在教育在线论坛上建立 9 个主题帖：“我的作文革命”、让儿童百分之百地喜欢写作、童化作文、中外写作著作的阅读、儿童写作的三大系统、课外写作课程创新设计、儿童写作课程点评、儿童整本书写作、写作教育故事。由吴勇撰著的《童化作文：浸润儿童心灵的作文教学》已出版，由高子阳、管建刚、吴勇共同打造的《写作教学“铿锵三人行”》发表在《教育研究与评论》。目前，新教育儿童写作课程的系统建构正在进行中，并将成为今后一段时间研究的重点。

新教育人，心中有理想，扎扎实实植根于田野之中，怀抱着一种合作的精神，努力作公益的事业，去成就我们的孩子，去成就我们的人生，去成就我们的教育，去成就我们的民族。这就是我们的共同使命，这就是新教育实验的本真追求。

而我们，新教育研究会，一直在路上。

新教育研究会:回眸与展望

自2007年11月江苏省教育学会新教育实验研究专业委员会成立以来,以科学发展观为指导,以国家、省市《中长期教育改革与发展规划纲要》为指南,依据新教育实验基本理念,不断深化新教育实验项目,探索与完善区域推进新教育实验的模式,努力使新教育实验成为推动素质教育的核心抓手。

一、以文化立魂为核心,构筑理想学校

新教育认为,一种成熟的学校文化,总是有一个明确的理念统摄着学校生活的一切领域,无论是学校管理、班级文化、教研风气,还是各种活动。所以,对于新教育研究会来说,首先要对新教育学校使命、愿景、价值观等有一种明晰的认识,然后使新教育学校共同体和其中每一个个体的生命都处于舒展的状态,趋向明亮与辉煌,朝着文化自觉的方向努力。

我们从师生行为文化自觉抓起,通过改变教师的行走方式,来改变学生的生存状态。推动学校建立与丰富自己的节日文化,使新教育实验学校的办学理念转化为新教育行动,使行动积淀为传统,让节日文化带给学生充满神奇的生活,在学生心中留下美丽的痕迹。不断丰富特色文化,积累与创造新教育学校的文化,使学校同时成为一个历史博物馆,一个珍品收藏所,成为美好事物的集散地,成为传奇故事曾经发生过的地点,使学校充满历史的厚度、文化的厚度,以及活生生的生活气息。

另一方面通过学校文化展示研讨活动,交流新教育研究成果,互相学习,共同提高。每年的3月、11月,利用新教育研究会秘书处所在地海门开展面向全国的新教育开放周活动,活动以构建理想学校、缔造完美教室、研发卓越课程、书写生命传奇为学校文化建设基本思路,在为期一周的时间里,与远道而来的新教育同仁一起观课、听学校文化建设故事、座谈交流,用叙事和活动的方式充分展示学校文化建设的成果,感受新教育实验的温暖和魔力。比如“研发卓越课程，缔造完美教室”，就是想通过开发班级课程的方式，寻找一种生长在教室里的文化，辅助孩子生命成长，帮助教师专业发展。

二、以共同编织为主线，缔造完美教室

缔造完美教室是新教育实验在研究过程中的一个新发展、新突破，是朱永新先生在新教育宁波国际论坛上提出的十大行动之一。以班级文化构建为总体目标，以共读共写共同生活为基本愿景，以晨诵、午读、暮省为基本生活方式，以完美人格成长为核心价值取向，最终将教室生活聚焦在乐观健康上，聚焦在生命创造上，聚焦在共同穿越的课程上。

新教育研究会成立的新教育“完美教室”工作室组织了多轮的培训工作，有1000多名班主任老师参加。工作室成员以一个个鲜活的案例、精致的细节，与老师们言说完美教室的基本主张。随后，我们要求所有新教育实验学校每个年级都设有完美教室的榜样班级，并以点带面，整体推动，力求一个不落下。因为我们坚信：在每一间的教室里，只要有那样一位老师，有一群孩子，有一个叫作新教育的卓越课程，那么，这间教室就具备了创造奇迹的所有条件。

2011年上半年，新教育实验区的许多学校的榜样班级都在一定范围内进行了完美教室榜样班级的展示。下半年，海门实验区以全国新教育实验开放周暨完美教室专题研讨活动的形式，向来自北京、上海、重庆等近20个新教育实验区的代表展示研究成果，还分6大工作坊进行了研讨交流，并形成了一定的共识。大家认为，完美教室价值系统的构建意在通过一系列表象的图腾来建构深刻的价值体系。这些活动为2012年的新教育年会提供了参照的样本。朱永新先生全程参加了开放周活动，他用“感动、感佩、感激”三组关键词表达自己的心情，同时给予高屋建瓴的引领。他用“课程、教室、生命”形象地阐述了教室之于师生成长的重要性，他说，“教室”是副扁担，一头挑着课程，一头挑着生命，开发卓越课程，缔造完美教室，书写生命传奇，生命的成长才是新教育的最高目标，新教育人为生命的绽放而存在。他又用“良知、孩子、日子”来高度概括缔造完美教室的行动策略，他说，决定一间教室好坏的不是教室本身的好坏，而是看谁站在教室里，因此，完美教室必须守住每一个教师的良知，关注到教室里的每一个孩子、每一个角落，守住每一个孩子的心灵，守住属于我们自己的每一个日子。

新教育研究会还为其他实验区提供完美教室的最新研究成果。例如为山东日照市新教育实验区进行专题培训活动，有晨诵课与整本书阅读课的展示，有《缔造完美教室，共享幸福生活》的讲述与面对面的交流探讨；还赴广西南宁、河南焦作、安徽霍邱、湖北随州等实验区进行缔造完美教室的专题培训。一个个完美教室的生动故事，展示了新教育实验师生的幸福教育生活，诠释着“完美教室”的丰富内涵。

三、以课堂变革为重心，开发卓越课程

新教育理想课堂建设以“让每一个学生成为热爱学习的天使”为基本价值观，新教育研究会以“活力课堂、智慧课堂”为理想追求，以实施与完善“学程导航”教学范式为研究路径，朝着新教育理想课堂倡导的知识、生活与生命深刻共鸣的境界努力。

2011 年新教育研究会举行了全国“学程导航”教学范式专题研讨会暨“学程导航”名品工作室教学展示活动。来自全国近十个省市的校长、教师观摩了涉及所有学段和学科的初中、小学 18 节课。“学程导航”首先是一种“以学定教、顺学而导”的理念和思想，其次才是一种课堂教学的基本框架。任何一门学科的课堂，都应该有一个基本框架，而且这个框架应该是开放的，始终是向着学生开放，向着课程资源开放。活动阐述了海门“学程导航”教学范式的思考、研究的主要内容，通过基本框架的落实，使每一位教师都能达到课堂教学的底线要求，帮助每一位学生都能主动经历与探索学习的过程，找到适合自己的学习方式，从而学会学习。通过创造性的劳动，探索各门学科理想的课堂教学模式，最终达到知识、生活与生命深刻共鸣的境界。

自 2010 年开始，新教育研究会以新教育儿童写作课程开发为主旨，以“童化作文”名师工作室为载体先后面向全省和全国新教育实验区主办了三届主题论坛。第一届论坛主题是“写作动力创设和蓄积”，我们邀请了中国写作学会副会长、福建师范大学文学院博士生导师潘新和教授、特级教师管建刚分别作了《言语生命动力学写作教学论》《班级周报——我的写作动力学实践》的报告，启动了新教育儿童习作课程研发的序幕；第二届论坛以“童年的梦想”为主题，选择了苏教版小学语文教材中想象类习作为内容，邀请了湖南教育报刊社主编黄耀红博士和特级教师张赛琴与工作室四位教师同课异构，由著名特级教师、江苏省小语会理事长袁浩先生进行现场点评，为与会者打开通往想象类习作教学的一扇窗；第三届论坛的主题是“习作教学的内容选择”，邀请上海师范大学语文教育研究所所长吴忠豪教授和江苏省小语会理事长袁浩先生做论坛主题报告，主要探讨课程标准修订版背景下的习作教学改革走向，同时邀请省内特级教师潘文斌和省外名师何捷做引领，带来“习作教学内容”在内涵上的澄清和“习作内容选择”在价值上的明晰。

近年来新教育研究会还举行了全国首届“学程导航·活力课堂”小学数学教学专题展示活动暨“学导式数学教学”名师工作室活动、全国小学科学教育与科学阅读专题研讨会等十多次大型活动。我们认为，理想课堂的建设需要一系列卓越的课程给予支撑，通过丰富而适切的课程内容，才能有效地改善学生的素质结构，促进学生全面而具个性的发展。

四、以师生成长为宗旨，书写生命传奇

在理事会的有效组织带领下，组织省内外各实验学校教师参加了每年的新教育年会，2009 年海门年会的主题是“书写教师生命的传奇”，2010 年石家庄桥西年会的主题是“文化，为学校立魂”，2011 年鄂尔多斯东胜年会的主题是“以人弘道，活出中国文化的根本精神”，2012 年淄博年会的主题是“缔造完美教室”；组织参加了新教育的两届国际高峰论坛，在常州召开的主题为“守望我们的田野”，在宁波召开的主题为“教育的文化价值”；在灌南主办了江苏省新教育阅读论坛。这些活动都给了我们深刻的认识和蓬勃的动力，思想获得了前所未有的提升与飞跃。

新教育研究会是全国新教育实验总课题组管理中心，负责新教育国家级课题的理论研究、框架构建，接受子课题申报并管理，组织开题论证、中期检查、结题鉴定等活动。全国教育科学“十一五”教育部规划课题《新教育实验与素质教育行动策略研究》共有 570 余项子课题，遍布全国各实验区、校。由新教育研究会完成的总课题结题报告及收集的相关佐证材料已上报全国教育科研规划办申请免检结题。思考没有停止，行动仍在继续，新教育研究会2011年负责申报的《新教育实验促进师生成长的行动研究》获批中国教育学会“十二五”教育科研重点课题。该课题由朱永新先生主持，江苏省教育学会受中国教育学会的委托，由副会长叶水涛先生、苏州大学教授陈国安先生、江苏大学出版社总编芮月英女士等组成的专家组进行了现场开题论证。目前该课题第一批研究项目申报工作已告一段落，共有200余项获批通过论证，开始了新一轮的研究。理事长许新海撰写的新教育实验课题成果《做新教育的行者》荣获江苏省教育科研成果一等奖，参与朱永新先生主持的《新教育实验的研究》课题成果荣获全国教育科研成果二等奖。

作为新教育实验的江浙沪区域联盟主席单位，新教育研究会先后安排专家到浙江萧山、河南焦作、安徽霍邱、四川北川等新教育实验区调研，组织团队赴安徽霍邱、河南焦作、山东日照、福建福州进行新教育项目培训，并接待来自山东日照、湖北随州、安徽五河、广西南宁、河南安阳等地的校长教师挂职培训。

新教育研究会鼓励实验教师建立自己或班级的博客与专题帖，创造性地开展工作，让优秀的教师与学生个体，成为学校的英雄与榜样，成为最有力的教育力量，成为学校叙事中的绝对主角。新教育研究会还以《新教育专刊》为阵地，充分发挥新教育在线的资源分享与互动引领功能，做好新教育实验在全国、省级媒体的宣传工作，不断提高新教育在省内外的影响力。

齐聚江海门户　共话教师发展

——全国新教育实验海门年会综述

2009年7月10日至13日，全国新教育实验第九届年会在江苏省海门市举行，主题是教师的“职业认同与专业发展”。来自全国23个新教育实验区，700多所实验学校的1300多名代表齐聚江海门户，共话教师发展。新教育实验发起人朱永新先生到会并作主题报告，江苏省教育厅厅长沈健先生和美国麻省州立大学教育管理学院院长严文蕃先生到会祝贺并作重要讲话，江苏省南通市副市长杨展里、南通市政协副主席季金虎、南通市教育局局长缪建新、海门市四套班子领导出席会议。代表们受到了海门市市委书记曹斌等领导的热情接待，海门市市长姜龙在开幕式上致热情洋溢的欢迎辞。年会吸引了国内多家媒体的目光，《人民日报》《光明日报》《新华日报》《中国青年报》《中国教育报》等10多家省级以上媒体派出20多名记者参与报道大会盛况。

此次年会内容十分丰富，有全国新教育实验展厅与媒体见面会、教育在线版主论坛与实验区工作会议、海门实验区主题汇报与主题展演、海门实验区9所实验学校现场展示活动、新教育研究中心专题引领活动、朱永新先生主题报告、表彰先进集体和个人与公益支教、授旗活动等等。整个年会准备充分，策划精细。海门市委、市政府高度重视，教育、公安、交通、城管、卫生、新闻等政府职能部门科学协调、密切配合、服务到位，使这次超千人的大会成功举办，并赢得各地代表的一片赞誉。特别是在教育在线上进行了文字、图片、视频等同步直播，确保了没有到会的全国各地新教育实验学校的老师们能通过网络同时分享到年会的全部精彩内容。

第一，新教育实验展厅，演绎成全国新教育博览会。为使这届年会能让全国各地的新教育实验区和实验学校充分展示过去一学年里各自的实验进展情况和收获，组委会特意在会议报到地点——海门市少年宫设置了14个新教育实验展厅，各实验区、实验学校精心准备各类展板、文本资料、电脑投影、视频播放等，各个展区争奇斗艳，美不胜收，立体化的展示方式和全方位的展示角度让本届研讨会成为了一次新教育“博览会”。海门作为本届年会的主办方，其展厅除设立50块展板外，还按“阶梯阅读”“每月一事”“新教育共同体”“学程导航”“达标创特”五大主题，陈列了各所小学的资料包，吸引了很多外地新教育代表的目光。代表们一报到很快就被各实验区各具特色的展厅所吸引，他们顾不上旅途辛苦，争先目睹兄弟实验区的成果展示。

在展厅现场，与会的多家媒体与新教育实验区和实验学校的校长、老师见面，共同探讨新教育话题。在媒体见面会上，新教育实验发起人朱永新先生与媒体记者畅谈新教育理念以及新教育与海门的缘分。朱永新先生说，“对新教育实验首次完整性的讲演在海门，新教育实验的管理中心在海门，新教育实验是海门实施素质教育的抓手，新教育实验在海门取得了历史性的突破，这都是本届新教育研讨会在海门举行的原因。”朱永新先生希望媒体记者进一步挖掘新教育在海门、在各实验区的发展情况，真实记录新教育前进的步伐。许多媒体记者都不是第一次报道新教育的活动，但当他们来到海门实验区的展厅时还是大吃一惊。一些记者表示，虽然新教育在全国的辐射范围较广，也取得了不少成绩，但从没有哪个地区的新教育推行得像海门这样彻底，并且在小学、初中、高中都取得了骄人的成绩。许多记者认为，新教育在海门的成功，证明了新教育实验可以大幅度提升一个地方的教育品质、提升学校的竞争力，从而提升一个地区的整体教育质量，培养符合现代社会发展需求的高素质人才。

第二，主题汇报与主题展演，呈现海门新教育蓬勃开展的盛况。大会开幕式后，海门市教育局向与会代表作了《新教育，在海门大地上穿行》的主题汇报，集中展示了海门新教育实验的五大品牌。其一，阶梯阅读，让海门的每一个孩子拥有相似的阅读背景。阶梯阅读，为海门的每一个儿童寻找到了此时此刻最适当的阅读书籍，为海门的每一位教师探求到了此时此刻最适合的指导方式，为海门的每一所学校营造起此时此刻最适宜的阅读情景。其二，每月一事，让海门的每一个孩子养成一生有用的好习惯。主题诵读、主题实践、主题展示、主题反思，将公民教育与生命教育贯穿其中，形成了“每月一事”操作手册——《一生有用的十二个好习惯》。其三，新教育共同体，让海门的每一个教师拥有共同的精神家园。校长俱乐部、区域共同体、项目共同体、海门新教育网站改变了海门教师的行走方式，形成并丰富了海门教师专业发展的基本路径。其四，学程导航，让海门的孩子赢得了自主的空间，在学程中生长；让海门的教师明确了教学导向，在导航中成长。构建了以“学”为中心的理想课堂基本范式，让每个教师深度卷入课程研发，改变教师课堂教学的行走方式。其五，达标特色，让每一所学校拥有不同的特色品牌。特色打造，让每所学校有特色，有品位；社团活动，让每个学生拥有丰富的校园生活；文化建设，让核心价值观成为引领学校发展的源动力。

海门新教育人为代表们献上了一场震撼人心的文化盛宴，独特的构思，别具匠心的创意，生动地展现了海门书香校园建设取得的丰硕成果。主题展演以童声合唱拉开序曲，然后分晨诵、午读、暮省三个篇章渐次展开。晨诵篇突出“经典伴我行”主旨，孩子们或吟或诵、载歌载舞，《百家古韵》《梅兰竹菊》《满江红》等一首首经典诗文如行云流水，流向每个人的心田。午读篇强调“让我飞翔的是本书”，孩子们以书本剧形式，将《连环画里的小老鼠》《鼹鼠的月亮河》《谁动了我的奶酪》中的场景真实还原，惟妙惟肖的表演不时赢得观众会心的微笑和热烈的掌声。暮省篇彰显“书写我的生命传奇”主题，小品《超级女教师》展示了新教育人蓬勃向上的精神面貌，在新教育这个磨砺成长的大熔炉里，教师们拥有了一个幸福完整的教育人生，找到了适合自身的职业修炼，构筑了适宜合理的知识结构，经历了化蛹成蝶的成长路径；诗朗诵《书写我们的生命传奇》道出了新教育人高度的职业认同和用青春、生命书写职业传奇的心灵呼唤，引起了现场代表们的强烈共鸣。展演在一群“海精灵”的优美舞姿中结束。曼妙的舞姿，撩起新教育人的无限遐思；飘逸的精灵，托出新教育的晴空一片。整场演出余味无穷，让人浮想联翩，感慨万端。

第三，九所展示学校，彰显海门新教育实验之精彩。7 月 11 日下午，海门市东洲中学、实验小学、海师附小、东洲小学、育才小学、通源小学、海南小学、实验学校小学部、东洲幼儿园等9所实验学校同时向与会代表展示各自在新教育实验中的探索成果，他们既有诵读开启、理想课堂展示、教师发展研讨等共同的板块，又有各自富有个性的主题内容。

东洲中学以校长滕玉英为首的6位市级以上学科带头人立体式演绎“走在理想教育的幸福之路上”，激情智慧课堂、诗意欣赏课堂、审美人生课堂、探究合作课堂、幽默风趣课堂、心灵成长课堂，都给与会代表留下了深刻的印象。学校“学科、环境、活动、心理”四大课程并举的素质教育模式，心理教育进课堂、国际教育交流校本特色，为东洲中学注入了不竭的动力。

实验小学“用品质点亮诗意人生”将主题诵读、主题报告、课堂展示、课程背景及互动、沙龙五个板块有机地衔接起来，20多名教师根据自己对“品质”“诗意”“教育人生”这三个关键词的理解，畅谈了怎样求“品”论“质”，怎样通过教育品质不断提升来点亮自己诗意教育人生的心路历程。

海师附小通过童话窗、童话壁、童话剧等不断创设浓郁的童话氛围，为孩子的学习与课余生活注入了童话色彩，丰富了孩子的精神营养，同时也成就了学校最鲜亮的特色。童话墙上，学生自编、自创、自绘的童话故事吸引了很多代表的目光，而学生的童话作品集也成为他们争相翻阅的材料。童话数学、童话美术、整书阅读、绘本阅读和童话故事创编等5堂课，将童话贯穿整个教学始终，学校处处都“绽放着童话的美丽”。

东洲小学的专题片《新教育·新生活·新生命》，形象地向代表们讲述了东洲小学17载不寻常的发展历程，在新教育的引领下，东小人以最恢弘的手笔，谱写了一曲中国教育的神话：短短4年一举通过省实验小学的验收，8年成为省内一流、科研特色鲜明的现代化实验小学。2004年，点燃了“新生活教育”行动之火，“让每一个师生热爱生命，让每一个师生热爱阅读，让每一个师生热爱运动，让每一个师生热爱艺术，让每一个师生热爱实践”。如今，通过新教育，走向新生活，创造新生命，成了东小永恒不变的主题。

育才小学，书香阅读与“每月一事”；通源小学，彰显生命教育活力；海南小学，一路登攀，绽放风采；实验学校小学部，“阳光教育”的绚烂和精彩；东洲幼儿园，携手经典释放童心。他们选择个性化的主题，用不同的表达方式，诠释着新教育的核心理念，把学校特色文化与新教育文化自然融合，把新教育教师专业发展模型与学校教师发展实际创造性地编织。让海门的新教育实验在呈现自己的地域特色的同时，又高度融入全国新教育实验，成为全国新教育实验的一个响亮音符，又是一个不可或缺的和声。

专家与代表们的互动点评让大家受益匪浅，是又一次难得的理念引领。江苏省教育科学规划办公室副研究员、博士张晓东认为，实验小学在新教育理念的引领下，确立了求“品”论“质”的学习精神，全面开展品质教育，在一系列探索活动的细节上，让大家看到了素质教育的踪迹。南通市教育科学研究中心副主任、江苏情境教育研究所副所长冯卫东强调，通源小学对新教育、新生命这一校本课程进行了本真的、有特色的、精深的研究，他们确立了“价值取向，生命第一”“支点选择，教师第一”“行为指向，儿童第一”“追求指向，幸福第一”的理念，这些理念一定能够引领师生过一种幸福完整的教育生活。全国著名教育专家、全国十杰教师、成都武侯中学校长李镇西博士认为在教师的专业成长道路上，教师要多读书、多积累、多反思，不要做一个杯子，要做一片湖泊。最好的培养是自己培养自己，因为自己最了解自己。这为教师专业发展廓清了认识，指明了努力方向。苏州大学教育学院副教授、博士后王海燕、新教育研究中心主任干国祥、教师发展项目主持人魏智渊、儿童课程项目主持人马玲、河南焦作市教育局局长张丙辰、苏州职业大学副教授孟丽华等专家，都对观摩的展示学校从不同视角作了精彩点评，并结合自身实际畅谈了对新教育实验的认识和理解。

第四，研究中心专业引领，推出新教育“十佳教室”。围绕年会主题，新教育研究中心教师专业发展项目主持人魏智渊就“教师专业阅读”“教师专业写作”“教师专业共同体”等方面阐释了书写教师职业生命的内涵，并针对两位教师的阅读史，结合教师专业发展的阅读地图，解读了阅读的“浪漫—精确—综合”三个相互衔接与渗透的时期。

新教育研究中心还特别推出了新教育实验“十佳教室”，这些教室里的孩子，情感丰富而真挚，思想由活泼而渐至成熟，乃至深邃；这些教室里的老师，从不失去教育的梦想与激情，同时他们也知道，激情与梦想，需要在漫长的岁月里守护，最终长成一棵树，开出一树花。这十个教室的故事，告诉大家，在儿童教育上，新教育实验有着一个清晰的完美蓝图，不管在儿童生命的哪一个季节，在哪个教室里，都可以有一树鲜花，芬芳四溢。

常丽华、紫藤物语、桃花仙子、快乐小荷……一个个活跃在新教育论坛上的名人，出现在新教育研讨会的讲台上。常丽华和她的30多个孩子，5年共读了500本左右的图书，许多书是与父母亲共读的。2007年，她又领着孩子们用唐诗宋词、用音乐图画穿越24个节气，在小小的教室里，她们一起走过了春夏秋冬，感受着诗词的温暖气息，触摸着一颗颗伟大的灵魂，在农历的天空下，她们唤醒了唐诗宋词，唤醒了中国文化，也唤醒了自己，成为我们民族元语言的守护者和传播者。史桂华带领她的一(12)班的54个远离父母的孩子，沉浸在讲故事、做游戏、演绘本的快乐里，尽情释放生命的灵性和勃发的创造力。倪颖娟带领她的二(1)班50个孩子，通过读写绘播撒幸福的种子，两年时间里，读了100多本绘本，开发与整合了多个儿童课程，如"母爱主题课程""春游课程""端午课程""立夏课程""清明课程""种植豆苗课程"等，并结合孩子们当下的生活，开发了丰富多彩的日记写绘课程和绘制了各种主题的手制小书。邵燕飞、敖双英、侯长缨、杜红芳、蔡晶、祁华忠、马继芬、杨红芬、于秋萍、崔晓梅，这些新教育人用生动鲜活的案例传递出这样一个强烈的信息：他们是新教育实验的实践者，也是新教育理念的受益者，新教育不仅仅让更多的孩子在书籍中找到了心灵鸡汤，插上了飞翔的翅膀，还成就了孩子的引路人——教师，他们在新教育实验的田野上播撒汗水，开掘智慧，不知不觉地从平凡走向了卓越。

新教育研究中心主任干国祥以"完美教室与完美教师"为题，以"汇聚""唤醒""编织""穿越"为主干，深度揭示了关注儿童精神世界的教育方法，提出了完美教师在职业认同上求道、在专业发展中为学的观点，要求新教育人应有"判天地之美、析万物之理"的气度和胸襟。整个讲演深刻精妙，博得阵阵掌声。

第五，主题报告，激励新教育人书写生命传奇。7月12日下午，新教育实验发起人朱永新先生以一贯儒雅的谈吐作了《书写教师的生命传奇》的主题报告，报告分为六个部分：教师的职业天命、生命叙事与元语言、生命叙事的体裁与风格、重建信任、危机与遭遇、像孔子一样做教师。朱永新先生从子贡倦于学“愿有所息”与仲尼“生无所息”的答复中，教导新教育人应该秉承儒家修身齐家，进而改良社会的传统，担起教师职业之天命；从洪堡特“每一种语言都包含着一种独特的世界观”的论述中，希望教师能成为民族语言的转译与承载者，成为中华文化自觉的传承者；从雷锋、张海迪、孔繁森、袁隆平等英雄的身上，告诉人们教师的生命应该是一首诗，不能失去崇高感，要永远超越与追求；寄望教师能让学生，也让自己，在跨越重重困难以及怀疑之后，仍然能够建立起对于世界，对于人类，对于自我，对于存在的根本信任乃至于信念。朱永新先生希望所有的教师能像孔子那样做教师，在危机前，选择挑战，选择坚持，自觉地将自己的生命与学生的生命编织在一起，把自己的生命汇入由孔子开创的伟大的传统之中，汇入正在形成的新教育传统之中，真正地摆脱种种虚无与倦怠，书写自己的职业传奇、生命传奇，过上一种幸福完整的教育生活。

第六，《海门宣言》，号召教师追随理想。闭幕式上，发表了新教育实验的第一个宣言——《新教育实验海门宣言》，号召新教育人秉承孔子、孟子“得天下英才而教育之”的理想，成为一个知行合一的理想追求者。以孔子为职业榜样，为人生典范，重新体认以儒家精神为主体的依然有生命力及超越意义的思想传统，把它们作为自己生命叙事的元语言；把自己的生命看成一首由自己书写的诗歌，一部精神的小说（传奇）；选择一种优美与崇高兼具的生命文风；无论如何，对世界抱以一种开放的信任，对生命抱以一种坚定的信念，对职业抱以一种深沉的敬畏；既让自己的生命恒久地处于诗与思的状态，又不断地修炼自己的职业技能，以努力达到在教育教学之事上左右逢源的自由之境；并最终把这一职业生涯锻铸成一部精致而隽永的历史……《海门宣言》让新教育人怦然心动，更加意识到作为一个教师的责任之重大，深感只有将生命与教育事业相交融才能真正担起育人之重任。

闭幕仪式上，新教育研究院院长卢志文先生作了题为《向着明亮那方》的研究院年度工作报告，从“源自理想，构建实验研究有效平台”“基于实践，诠释课程研究核心价值”“注重行动，秉持田野培训草根情怀”“拥抱大地，展现公益行动人文胸襟”四个方面总结了过去一年的工作。网络专家进行了“教育在线”改版演示，表彰了优秀实验区、学校和先进个人，进行了新实验区、学校的签约，年会会旗的交接……每个活动、每个细节，都展示了新教育的勃勃生机，预示着这一颗来自民间的种子将在中国的教育大地上扎下深根，开出鲜花，结出硕果。

3 天的时间，争奇斗艳的新教育实验区展览、震撼人心的海门实验区主题汇报和展演、精彩纷呈的海门 9 所学校主题展示与专家互动点评、充满智慧与挑战的新教育研究中心主题引领活动，富有诗意与理性的年会主报告……无不让每个与会的新教育人感动不已。更多的新教育人则通过电视网络直播了解了整个会议的进展和取得的成果，虽然远在千里之外，却因为共同的信仰有了相同的脉搏。

全国新教育第九届研讨会虽然结束了，但它在新教育和谐可持续发展的历史上，必将书上浓墨重彩的绚烂一页。拉上厚厚的大幕，新教育人将各自回到工作岗位，带着承诺与梦想，继续书写教师的生命传奇，也书写新教育的传奇。

带着这种承诺与梦想，愿所有新教育人联合起来，书写自己的职业传奇、生命传奇，也书写新教育的传奇，书写中国教育的传奇。

第二辑

区域推进：只要上路　就会遇到庆典

我们的庆典，是一场欢聚，是为了庆祝取得的成绩，更是为了开启一个新的明天。

我们的庆典，是一次汇聚，是为了精神上的彼此鼓舞，也是为了学术上的碰撞提升。

这样的行走和交流，大地上留下了一个个脚印，形成了一条条小路。这，就是我们在这片土地上用行动写下的教育篇章。

区域教育共同体建设形态及其价值

当今的中国基础教育界，正在兴起一场“教育共同体运动”。许许多多的人为了追寻共同的教育理想，自觉地组合在一起，通过持续不断的相互作用而改变着原有的行走方式，推动着基础教育的发展。比如，朱永新先生主持的全国教育科学规划重点课题“新教育实验”，倡导的就是一种“新教育共同体”的集体行动，在短短的几年内把全国属于不同组织机构、不同单位的130多万“新教育人”凝聚在一起，以教师专业发展为基点，围绕营造书香校园、师生共写随笔、聆听窗外声音、培养卓越口才、构筑理想课堂、建立数码社区等“六大行动”，利用“教育在线”这一共同的精神家园，形成了一种独特的教育研究范式。“新教育共同体”的建立，为教育行政部门研究区域教育共同体建设与发展提供了一种很好的范式。

2005年9月海门市教育局在整体加入“新教育实验”的同时，正式组建了区域教育共同体，就是在一个县级市的区域范围内，以新教育的基本理论为指导，以“为了师生的共同发展”为价值追求，以“分享合作，均衡发展”为基本要求，打破各自为政、自成一统的办学格局，整合校际优质教育资源，在一定的区域范围内，形成一个互动、合作、分享的教育互助组织、教育协作组织、教育发展组织，从而在区域内达到教育的均衡、持续、高效发展。六年的实践与探索，形成了多样化的区域教育共同体形态，成为全市教师专业发展、打造理想课堂、研发卓越课程、实施素质教育的重要平台，正成为促进海门教育区域优质均衡发展的比较有影响力的品牌。

一、区域教育共同体的愿景与使命

共同体是由某种共同的特质维持或形成的，其成员间因某种共识而达成协议的特定群体，其根本特征就是其同质性，这种同质性以共同的价值追求、伦理规范、生活方式等等社会因素为表征。实际上，共同体往往并非是一个具体明晰的实体，而只是人们意念想象的产物，或者说是学术研究中必要的虚构，往往通过他者的感觉和认识才能够表现出一种整体性来。教育共同体就是不同教育活动情境中的交往共同体，其规模、范围和性质依赖于教育的内容、目标和教育活动的组织形式和发生范围。它既可以指具有共同意志和共同行为特征的一群人，又可以表征不同主体的交往过程和交往方式。

作为社会成员，我们每个人每时每刻都生活在一些共同体中。在教育领域里，对“共同体”进行理论探索的渊源可追溯到杜威的学校概念。杜威认为“学校即社会”“教育即生活”，他曾说，人们因为有共同的东西而生活在一个共同体内：为了形成一个共同体或社会，他们必须共同具备的是目的、信仰、期望、知识——共同的了解——和志趣相投。在他看来，学校并不是专门去学习知识或技能的一个场所，而是一个社会组织；学校教育是一种人与人交往互动的社会活动，这种社会活动可以依“学习共同体”（learning community）的形式展开。博耶尔（Ernest L. Boyer）认为有效的学校教育首要的且最重要的要素是：在学校建立真正意义上的学习的共同体。为了真正地将学校建立成一个学习共同体，他指出，学校必须有共同的愿景，能够形成彼此交流的良好氛围，人人平等，有规则纪律约束，关心照顾学生，等等。日本东京大学佐藤学教授提出了学校作为“学习共同体”的构想。在他看来，21 世纪的学校是“学习共同体的学校”，作为学习共同体的学校不仅仅是学生互相学习成长的地方，也是教师们互相学习成长的地方，还是父母和市民们互相学习成长的地方。

为此，我们可以从“学习共同体”这一概念出发来寻求理解教育共同体建设的基本途径。进入 20 世纪 90 年代以后，随着信息通信技术和学习理论的发展，“学习共同体”思想在教育中的应用有了新的发展，并有了大量的实验研究，研究者不仅关注学校层面，而且关注社会层面的一切学习者如何构建能够促进自身发展的共同体环境。其中，“实践共同体”的研究从人类学的角度对人类的学习作了新的解读，认为学习是创造性社会实践活动中完整的一部分，是对不断变化的实践的理解和参与，是在社会世界中的存在方式，个体可以通过参与实践共同体获得自我的发展。有研究者认为：“教育共同体是指在同一种教育范式中的教育工作者群体，包括从事理论研究、模式建构、应用推广和教育教学实践的工作人员。”

美国著名科学哲学家库恩关于科学共同体，强调了三个方面：一是科学共同体之所以成为一个共同体是由于他们具有共同的研究目标，共同的学术观点，共同的概念、术语和行话，共同的交流方式，共同的文献资料和教材，共同的心理素质等。二是科学共同体的成员之所以具有以上特征，是由于他们在共同的社会历史阶段接受了共同的教育，受教材的范本影响。三是由于上述共同体，使共同体内外产生极大的差别。其内部在心理、趋向、实验选题、话语等各方面日益趋同，使知识呈常规增长；而在外部，在共同体之间，由于没有客体底板，交流就难以进行，甚至不可通约。约束共同体的范式是库恩的一个基本范畴，他曾经赋予它若干的理性含义，如指认识的模式，理论的结构，整理现象的方式、范例、示范性题解或支配科学共同体所共同使用的成规等等。有时，他将之等同于共同体所有成员的共同信念。

我们在充分理解学习共同体、教育共同体、实践共同体与科学共同体含义内核的基础上，建立了区域教育共同体，使其兼具了“学习”“教育”“实践”“科学”几大共同体的共同特征，区域教育共同体的基本愿景是促进共同体内成员在相互协同合作学习、研究、实践中共同发展，从而实现区域教育的优质均衡，基本使命与责任是促进每一位教师不断成长为教育专家，让每一位学生都得到高质量的教学权益，生命潜能得到充分的引爆，同时让父母和市民积极参与到教育的活动中来，成为教育成长的共同体一员。作为一项科研项目，本课题还致力于区域教育共同体的形态、结构体系和文化内涵建设研究，以及区域教育共同体的系统实践路径和运行模式研究，并进行区域教育共同体建设对区域内学校、教师、学生的影响和对促进区域教育均衡发展的评估研究。

二、区域教育共同体实践形态及其运作

区域教育共同体的建设，必须要有一套完善的结构体系，使之行动科学化。为此，应对城乡各学校的优势资源进行全面组合，构建各种不同组织形态的共同体，并在共同学习、共同研修中不断完善其运作模式。在实践中我们逐步形

成了以下六种共同体类型：一是市区学校协作发展共同体；二是城乡联动发展共同体；三是学科研修共同体；四是校长俱乐部；五是名师工作室；六是名品项目工作室。每一类共同体都有比较完整的组织架构，在运作的过程中不断探讨教育行政和基层学校分别在共同体形成中的角色定位，如何把行政的要求与学校教师的自愿有机结合，促进教育行政部分职能的转变，以及专业身份的确立，如何进一步提高基层学校与教师的主体参与热情与能力，探讨共同体内部合作分享机制的形成，项目推动与研发机制的确立，以及评价机制的建立与完善等。

1. 市区学校协作发展共同体，即在市区直属初中、小学高位发展层面上，打破学校界限，以项目合作研究为基本任务，如新教育实验的六大行动，以及儿童课程、教师专业发展课程、每月一事课程等，以特级教师或大市级学科带头人为核心，由相关骨干教师组成的项目研究共同体。这些来自不同学校的成员也是一个多元主体，由各个人的禀赋、知识和个性形成了一种多元结构。他们围绕一个或多个合作项目，探索多种可行的实践方式，获得最佳的实践路径，从而成为全市学校共同分享的教育资源。

2. 城乡联动发展共同体，即由一所城区初中或小学带动多所乡镇初中或小学的学校城乡联动发展共同体。通过城乡联动，开展了互助型项目、联校研修、双项挂职、资源共享等方面的工作。通过“联校研修”有计划地组织市区优秀教师、教育能手到共同体学校开展集体备课、现场课堂研修、专题讲座与互动研讨等活动。通过“双项挂职”，让各共同体学校尽可能多的派出教学业务骨干与区域内的教师建立师徒关系，积极开展备课、上课、教学反思及教研协作活动，努力构建起专业阅读、专业实践、专业写作等形式的专业发展共同体。在此基础上，开展共同体学校下乡支教和进城跟班学习的双项挂职活动。市区学校骨干教师、学科带头人定期到农村兼职授课，乡镇学校选配教师跟班学习。同时，建立“资源共享”平台，通过海门教师研修网，推动共同体的教师就计划、备课、上课、教研活动、专业阅读书籍、教学随笔、作业设计、试卷编制、课题研究、案例反思等进行广泛交流，从而全面提升乡镇学校教育发展水平。

3. 学科研修共同体，即以各学科教研员为核心，围绕全市中小学各学科建设的规划，组织海门市某学科的所有教师围绕学科建设的具体内容，以课堂为主阵地，以课题引领、专题研究、主题活动、项目合作等方式，在推动海门市学科建设水平的基础上，促进本学科教师专业水平的不断提高。各学科共同体的工作核心是围绕课堂效率的提高，探索理想课堂实施的路径，构建各学科的基本教学范式，以区域学科共同体的研修方式深度推进，强化区域化、校本化的落实，用有效的学科共同体管理机制确保课堂研究水平与教学质量的全面提升。

4. 校长俱乐部，即以小学、初中、高中等学段为单位，建立校长俱乐部，校长俱乐部以自由、开放、分享、合作为共同的价值取向，每月活动一次，旨在让俱乐部里的每一位校长都拥有自己独特的办学理念与风格，从经验型、管理型走向智慧型、文化型。主题沙龙、论坛、专题研修、学习考察是校长俱乐部活动的主要方式，思想碰撞是每次俱乐部活动的共同特点。校长俱乐部在分享经验的基础上，组织校长开展有关项目的合作研究。俱乐部选择校长们最迫切需要解决的问题作为合作研究项目，组织校长进行协同攻关。如共同构建学生学业多元评价体系，一起研究探讨即时性评价、展示性评价、竞技性评价、累积性评价、目标性评价、成果性评价、奖励性评价等各种评价类型，为学生建立综合素质成长档案。这样，在海门市上下可以迅速形成各校整体联动的良好氛围。

5. 名师工作室，即是以名师为品牌，以网络为载体，由名师联合一批有共同教育理想和追求的优秀教师，组织起来开展创新型教育教学研究的学术活动组织。工作室领衔人为工作室其他成员的导师，负责制订培养方案，使工作室成员在工作周期内达到培养目标。基础培养目标是工作室成员应在海门市优秀教师成长“五级梯队”（教坛新秀—骨干教师—学科带头人—省特级教师—名师）中相应提升一级或成为在某一方面学有专长、术有专攻的公认的知名教师。每个工作室每年都要组织市级以上专题研讨活动或举办教育论坛等，引领课改实验，指导一线教学，为课堂教学改革提供成功典型。还要主持一个市级以上研究课题，把网站办成一个动态工作站、成果辐射源和资源生成站。组建名师工作室，是为了建立起海门市中小学优秀教师间合作互动培养人才的新机制，充分发挥全市高水平教师的专业引领作用，使其成为培养全市优秀教师重要的发源地、优秀青年教师的集聚地和未来名师的孵化地，促进海门市教育事业更好更快地发展。

6. 名品项目工作室，即以教育项目为品牌，由项目负责人联合一批对某个项目有着共同研究兴趣与能力的优秀教师，组织起来开展项目研究的组织。工作室以名品教育项目负责人领衔，从海门市各层次的学校挑选同一项目优秀骨干教师为成员，旨在培育名品教育的领军人物，推动相关学校的教育名品建设，在全市发挥示范、带头和辐射作用，形成名品教育群体效应。工作室领衔人负责制订研究方案，使工作室成员在工作周期内清楚研究目标和教育名品发展方向。工作室以名品项目攻坚突破为主要任务，不断打造名品教育的层次，提升名品教育的影响力。组建名品教育项目工作室，旨在整合全市名品教育项目资源，为名品教育项目建设出谋划策、搭建平台，发挥其研究、示范、指导、引领、服务、辐射的作用，从而彰显海门名品教育的魅力，为更多的海门学子提供高品质的个性发展平台，同时，提升海门教育在全省、全国乃至国际的影响力和美誉度。

三、区域教育共同体的实践思考

区域教育共同体建设的实践与探索，取得了比较丰富的实践体会。

1. 区域教育共同体的建设，推动了区域教育的开放和共融。区域教育共同体体现出鲜明的“破壁”功能：它打通了学校之间的文化界限，分享校际之间的优质教育资源，交流校际之间的优秀管理理念；它突破学科之间的知识界限，一切着眼于学生的发展，一切着眼于教育理想的构筑，从单纯的“学科主义中心”走向复合的“课程中心”；它放大了教师的角色效应，从学校本位走向区域本位，从“学校教师”角色走向“区域教师”角色。

2. 区域教育共同体的建设，促进了共同体生活世界的改造。区域教育共同体建设的重要目的，就是要促进共同体生活世界的改造，包括共同体的学校生活、家庭生活、社会生活，乃至人类生活。希望共同体的每一位学生、教师、父母及其他教育工作者，都能从“生活世界改造”的视角重新理解和认识教育的实践形态，进而努力改变自己的生存状态、行走方式，过上一种幸福完整的教育生活。

3. 区域教育共同体的建设，体现了追求教育的普世价值。构建区域教育共同体，不是某些地区实施的区域内学校之间的“均贫富”，以削弱城镇学校的优质资源来“均衡”薄弱的农村学校，而是希冀“从知识的人本化和学习的人本化出发，引导教育圈中的每一个人发展个性，展示自我，在教育中将人提高到‘人’的高度，最终把人‘还原’为‘人’，达到人的‘自我实现’”。这种“为了人的发展”的精神追求，引导着区域教育共同体中的每所学校改进发展模式、每个教师改变行走方式、每个学生改善生存状态，都能生活在理想的教育境界中，都能生长在超越自我的行动体验中。

4. 区域教育共同体的建设，提升了区域教育的品质。区域教育共同体的建设和研究，其价值不在于追寻特定背景下特定区域内教育发展的特殊规律，而在于探索常态情境下，通过区域教育共同体的组织和实践，形成区域内教育均衡、协调、优质发展的基本范式和普遍规律，提升区域教育的品质，以此为辐射，达到更大区域范围教育结构的优化和教育质量的提升。

区域教育共同体的建设，在促进区域间教育均衡发展，实现“理念共享、资源共享、方法共享、成果共享”目标的同时，还有更上位的目标追求，那就是用素质教育的理念和项目来构建区域教育共同体的组织模式，更强调合作基础上的学校之间的互动与发展，强调共同体及其生活世界之改造，其核心价值不仅仅在于缩小学校之间的差距，还在于寻求学校在原有基础上更高位的、富有文化内涵和个性特色的发展。具体来说，区域教育共同体的建设最为根本的目的在于重新审视教育实践活动的结构、内容及其本质特征，反思教育生活世界的异化现象，为缺乏哲学思考的教育实践活动注入理论的素养，进而在批判现实教育世界种种弊端的过程中探寻构建理想教育的有效途径。区域教育共同体建设的起点在于教师教育行为方式的转变，终点却着眼于学生的素质发展，因为它所倡导的理念、精神与一系列的行动策略，都与素质教育的基本精神相一致，它符合素质教育的全体性、整体性、主体性和长效性的特征，所以，区域教育共同体还是素质教育研究的具体化和行动化、现实化，通过对区域教育共同体建设的研究，也引起了我们更加深入的思考。学校的原始形态就是共同体，学校是家庭延伸出来的，随着学校专业化、科层制的发展，人变得不重要了，所以要回到共同体，教育要回“家”，回归学校本来的面貌，这是共同体本义。学校合法的依据是共同生活、共同学习，共同体是学校的未来，从本质意义上讲，学校就是共同体，每所学校就是一个学习共同体，区域共同体就建立在学校共同体的基础上。共同体的成长是有规律的，原始形态的共同体是有着共同的价值追求、情感依赖的，有一个成长成功的体验，有一种幸福的感受。学校的本义是学，以学习为核心，学校是学习的地方，每所学校作为共同体连接起来，就变成了学习共同体的联盟，既有价值追求，又有情感依赖，既有外力作用，又有自然生长，这样才可能成为更好的区域共同体。可见，区域共同体建设需要行政推动与内生自觉有机结合，当然，也要解决共同体中“和而不同”的问题，防止共同体在发展人的同时又限制了人的发展，而是要充分彰显个人的自由、个性的发展。

在区域教育共同体的建设中，还需要探讨如何才能让共同体拥有一种审慎、明辨的生活，或者说，探讨如何才能让共同体中所有的人拥有一种幸福完整的生活。保护和帮助每一个孩子，使其在一个美好的生活世界里健康成长；保证每一位教师的职业和业余生活都充满幸福和快乐；让所有的父母深刻地理解生活的教育意义，并在教育的过程中重新认识生活；让每一位教育理论工作者都在“书斋”和“田野”之间自由快乐地行走；让每一位关心教育的人都有机会参与教育、畅所欲言，而不是冷漠、袖手旁观或忍气吞声；家庭学校化、学校家庭化、社会学习化，家庭、学校、教育一体化；终身教育的理念得到社会的普遍认同与实践。最终，可以让所有的共同体成员过一种幸福完整的教育生活。学校教育本来应该是教师和学生人生中共同度过的最美好、最有价值、最有意义的一段时光。这种生活不仅属于学生，也属于教师，是两者共同营造的。对于学生而言，学校教育的意义就是为其提供一种有别于家庭和社会的特殊生活，帮助其创造一个美好的未来。对于教师而言，作为其全部生活不可分割的重要组成部分，学校工作本来就是其生活的一种重要形式，就是其人生的一段特殊旅程。如果我们承认教育的生活意义、生命意义，那它就应该对寓于其中的每一个人具有一种人文的关怀，使其绽放出生命的色彩，甚至让所有关心教育发展、参与教育改革、与教育有关的人过一种哲学意义上的生活，过一种理想的生活。

区域教育共同体建设根植于海门教育的现实土壤，引领着海门教育的长远发展，因此从教育行政部门到学校，从校长到教师都对该课题表现出极大的参与和研究热情。市教育局和各学校都能在资金方面对该课题的运作给予充分的保证，特别是直属学校，能积极主动为各项目组的研讨交流活动提供教学现场和后勤服务。我们将不断创新区域教育共同体的组织形态与运行机制，目前又在着手组建若干教育管理集团，并将给予集团充分的办学自主权，在干部配备、教师流动、学生培养、教学管理等方面，做到理念共享、资源共享、方法共享、成果共享，加快实现城乡教育的高位、优质、均衡发展，并使之更具海门特色。还将充分发挥区域教育共同体成员独特的创造性，在追求核心价值观的同时，创造各具形态的共同体文化，形成共同体意义上的学习文化、合作文化、研修文化，让分享成为共同体发展的重要途径，从而使共同体理念深入到基层学校、每一位一线教师的心里，帮助每一所学校打造自己独特的文化，促进每一所学校都建设成为一个真正意义上的学习共同体，最终把整个海门教育建设成为一个真正的共同体。

区域推进公民教育行动策略研究

19 世纪末，欧洲公民教育思想得到了广泛的传播，培养合格的公民逐渐成为世界上许多国家的教育目标。进入 21 世纪，越来越多的国家把“公民课”作为国家基础课程之一引入中小学教育。在中国，随着 2001 年中共中央颁布了《公民道德建设实施纲要》，公民道德教育被提上议事日程，但是，比较完整意义上的公民教育在基础教育阶段并没有得到应有的重视。随着中国社会的变革与发展，未来中国社会需要怎样的公民，应该而且必须得到广大教育工作者的积极回应。《国家中长期教育改革和发展规划纲要（2010—2020）》已经明确提出，要“加强公民意识教育”“培养社会主义合格公民”。这为中国未来的公民教育明确了方向和目标，更增强了教育工作者大胆探索开展公民教育的信心。

江苏省海门市是全国新教育实验区，在新教育实验倡导人朱永新先生的指导下，自 2006 年起，以江苏省教育科学“十一五”规划课题《新公民教育行动研究》为抓手，在全市层面开展了区域推进公民教育行动，以培养全体儿童的公民素养为核心目标，以项目推动为主要载体，整合多种教育资源，改革学生评价方式。经过近五年的探索与实践，形成了区域推进公民教育的基本策略，取得了比较丰硕的实践研究成果。

一、颁布纲要，形成区域公民教育的运行机制

我们以为培养具有世界视野的现代公民，应该成为当前基础教育的重要任务。这既是积极实践科学发展观，建设和谐社会，促进物质文明、政治文明、精神文明全面协调可持续发展的重要载体，也是把公民最基本的素养根植于儿童的心灵，引领儿童融入社会发展的重要途径。

海门市教育局决定在全市区域推进公民教育，依托江苏省教育科学规划课题，组织专家团队，研究制定了“海门市新公民教育行动指导纲要”（以下简称《纲要》），用于指导在全市区域推进的公民教育行动。《纲要》确定的行动目标是全

面提升学生公民基本素养，首先着重培育学生的个人道德，帮助他们认识、接纳和尊重自己，从而接纳和尊重他人；继而帮助他们掌握各种生活技能及处理不同的人际关系；更重要的是让学生建立自己的价值系统，发展他们的道德判断能力，且能付诸实际，最终成为一个对自己、家庭、社会、国家负责任且具有世界视野的新公民。《纲要》的重点是良好习惯的养成教育，主要行动方略是规训，教育行动的核心价值观是“规则、尊重、责任、诚信、爱心”。教育行动的主要内容为“善待自己、善待他人、善待环境、遵守公共秩序、做世界的中国人”等五个方面。教育行动的途径：一是学校建立由校长、教导主任、少先队总辅导员、班主任、校外辅导员、社区相关工作人员等组成的公民教育指导小组。二是进行学科渗透，开设公民教育专题课，开发大主题公民教育综合实践活动，切实加强日常生活中的公民教育。三是整合校内外德育活动资源，开辟社会实践基地，营造校园公民教育实践场景。四是开办“新父母学校”，建设和完善“三结合”教育网络，积极引导父母参与到公民教育行动中来。五是结合师资队伍建设全面提高教师的公民素养，定期组织教师通过案例解读、现场观摩等形式提高教师组织与实施公民教育行动的能力。六是充分发挥“区域德育共同体”的团队研究力量，做好行动研究、经验分享、成果推广，保证公民教育行动的健康发展。七是推进学生行为评价改革，坚持形成性评价和终结性评价相结合，以形成性评价为主；单项评价与综合评价相结合，以综合性评价为主；定量评价与定性评价相结合，以定性评价为主；单元评价和多元评价相结合，以多元评价为主；自主评价与他人评价相结合，以自主评价为主的原则。八是教育局相关职能部门对学校的公民教育行动加强领导并形成有力的行政监督机制，及时宣传公民教育的经验与成果，向学校、社会发布公民教育新进展，推动全市的公民教育行动科学有序地向前发展。

二、项目推进，打造区域公民教育行动特色

区域推进公民教育不仅需要有效的运作机制，还需要用具体项目来凝聚区域内的学校朝着共同的目标前行。海门市把公民教育与学生的习惯养成紧密结合，在全市学校推进了朱永新先生倡导的新教育实验“每月一事”项目。这个项目，以“教给学生一生有用的东西”为基本理念，每个月重点让学生养成一种好习惯，并把公民教育贯穿其中。没有什么比习惯的力量更强大，也没有什么比改掉身上的坏习惯更难了。我们从生活中的最小的细节入手，以小见大，建构了一个以培养习惯为主的公民课程。如：从走路开始学会规则；从吃饭开始学会节俭；从微笑开始学会交往；从演说开始学会表达；从种棵树做起学会公益；从记日记做起学会自省等等。

在“每月一事”项目推进中，我们逐步形成了具有区域特色的项目推进模式：其一，主题的选择立足于学生一生有用的最重要的习惯。其二，主题的内容都是从一件小事展开，具体落实时，要求在更高的层面不断丰富完善。其三，主题的活动要通过广泛的主题阅读、主题实践、主题研究、主题随笔，甚至聆听、口才、网络等路径，把公民教育贯穿其中。在实践中，形成了“每月一事”项目的基本操作流程，即“主题阅读，主题实践，主题展示，主题反思”。海门新教育专题网站，设置了“每月一事”交流区，每月初项目核心组开发出主题引领性的课程，为各实验学校提供范式，各实验学校也及时交流师生在习惯养成中的做法、感悟和体会。此后，又开始了新的探索旅程，一是构建主题性校本诵读课程。各学校建立“晨诵午读”的长效机制，每月围绕一个重点习惯，开发并丰富诵读内容，真正让阅读成为孩子日常的生活方式，也使先行的阅读为孩子的习惯养成奠定扎实的知识背景。二是创设多元的实践情景。知行结合是习惯养成的重要环节，实践体验是生命成长中不可或缺的独特享受。各实验学校结合日常的学科文化、传统节日文化、主题教育文化、班级文化、社区文化等内容，创设情景，营造氛围，提供学生多样化的体验平台。同时进一步整合学校特色活动、综合实践活动等板块，使习惯养成教育与学校常规管理、主题活动等融为一体。三是注重反思性的评价。面对千差万别的生命个体，各实验学校优化操作流程，及时记录典型个案，组织起有效的反思会，不断提高习惯养成的针对性和实效性。

美德是习惯的结果；习惯是规训的结果，也是濡染的结果，还是引领的结果。相信新教育实验倡导的“每月一事”项目，通过大家的努力，一定能结出丰硕的成果。可以设想，若我国近3亿的少年儿童，人人都养成有礼貌、讲文明、爱科学、爱阅读、爱运动、爱艺术等好习惯，不仅将使他们个人终身受益，而且将使整个国家和民族的素质大大提高，将对全面提高中华民族的整体素质起到不可低估的作用。

三、展示研讨，培养塑造区域公民教育的榜样群体

习惯养成从某种意义上说，也是一种公民素养教育。2007 年 3 月，隆重举行了海门市小学“习惯养成教育”推进会。会议的主题是“养成良好习惯，提高公民素养”，参加会议的有来自各个学校的校长、分管德育工作的校长、少先队辅导员以及班主任的代表共 200 多人。与会的代表观摩了专题教育图片展示，班级主题教育活动等现场。三厂镇中心小学的 18 个班级向与会代表展示了“和礼貌用语交朋友”“我的书包我做主”“课间十分钟”“心存感激，学会感恩”“擦去身上小泥点”等主题教育活动。孩子们在多样的小主题的活动中体验了什么叫作好习惯，并且在积极自主的参与中形成了养成好习惯的强烈意识。在推进会上，何新局长作了“积极推进新公民教育行动，全面提升小学生素养”的主题报告，我在会上全面解读了《海门市新公民教育行动指导纲要》，并就海门的新公民教育行动作出了具体的安排。这次会议的召开拉开了海门公民教育行动的序幕。

2008 年 3 月，在海门师范附属小学召开“公民教育行动——每月一事项目推进”现场会。全校所有班级都向与会代表展示了各自的“植树 · 公益”主题活动资料包。资料包内有特色鲜明的班级图腾，有策划详尽的活动方案，有学生精心绘制的图画、编写的故事、创作的徽标、撰写的公益广告……还有植树时精彩的瞬间，更有他们对活动的反思以及对公益的认识。四(3)班同学还以“爱心安琪儿”的形象展开了一系列与主题有关的活动：到社区开展植绿护绿中队活动、将亲自栽种的盆花献给福利院的爷爷奶奶们、进行班级公益广告设计等。六(1)班同学则展示了他们到农林局采访、设计绿化调查表、了解全市绿化概况、种树、进行绿色辩论赛及绿色公益徽标设计评比等场景。从孩子们活跃的身影中折射出良好的公益情怀，与会代表也对阶梯式、螺旋推进“每月一事”项目有了感性认识。

2009年3月，在三星中心小学举行了海门市公民教育暨“习惯养成教育”现场研讨会。学校围绕“环保·公益”主题展示了四节公民教育观摩课：《拉起手，和环保同行！》《五彩绣乡　绿色行动》等。活动增强了学生的环保意识，激发了绣乡小公民保护环境的情感。优秀学校的介绍与活动后的研讨，帮助大家对公民教育课的基本范式以及习惯养成的基本路径有了新的思索。

在这几年的新公民教育行动中，我们还采取“心星访谈”的方式，寻找、发现、推介在新公民教育行动中涌现出的典型人、典型事。“访谈”是发现、推介的一种主要形式，“心星”是指要“用心”去寻访在新公民教育行动中涌现出来的那些“小新星”，在访谈中达到心灵的互动、心灵的碰撞、心灵的交流，是心与心的唤醒，从而引领儿童道德生命的健康成长。近两年教育局组织了新公民在行动“心星访谈”团队走进基层学校，先后走进了四甲小学寻访“军校好少年”、走进平山小学寻访“诗意好少年”、走进东洲小学开发区校区寻访“魅力好少年”、走进三阳小学寻访“感恩好少年”、走进育才小学寻访“绿色好少年”、走进海洪小学寻访“会生活的好少年”、走进临江小学寻访“有礼貌好少年”、走进三厂小学寻访“习惯养成好少年”、走进海门镇小学寻访“自信好少年”、走进麒麟小学寻访“责任好少年”、走进悦来小学寻访“拼搏好少年”。访谈中有数千名学生和近百名的老师进行了现场的心灵对话与交流，共同体会着生命的意义，分享着新教育行动的幸福生活，品味着和谐成长的快乐。“心星访谈”，把现代公民素质培养的具体要求通过儿童身边的小典型、小榜样直接展示出来，促进了儿童生命的健康成长。

四、整合资源，构筑区域公民教育实践基地

学校开展公民教育需要充分发挥社区资源的实践意义，海门市教育局对区域内的社会资源进行了系统整合，使许多社区资源成为区域内所有学校共同的公民教育实践基地。

海门市三星工业园区坐落于长江入海口的北岸，与大上海仅一江之隔。改革开放以来，这里因有全国最大的国际家纺城——“叠石桥绣品城’而闻名遐迩。近30年这里有众多的民营企业家，他们常年奔波在外，身影遍布世界各地。在他们的身上，有着一种让三星人引以为豪的创业精神，他们努力，他们诚信，他们智慧，他们勇敢，他们拼搏，他们坚持……而这些正是形成了三星特有的一种文化，一个地方教育资源。许多学校就以“参观绣品城，感受绣乡美”为主题开展综合实践活动，培养孩子“做世界的中国人”的公民意识。

海门市常乐镇是清末状元张謇的故里，他一生以“强毅力行”的精神，创办了370多所学校，留下众多精辟的教育论断，为近代教育事业的发展做出了宝贵贡献。常乐初中、小学均以“学謇弘謇”为办学特色，挖掘乡土文化，让学生在活动中体验张謇的精神，感恩美好的生活，丰厚“爱国爱家乡”的情缘，开展具有学校特色的新公民教育行动。常乐镇培育村是远近闻名的草莓之乡，带领村民走上共同富裕之路的党支部书记叶剑生是全国劳模，被称为现代张謇。孩子们在这一片沃土上，学习着一脉相承的张謇精神，感受着现代公民的坚持与信念。

海门地处南黄海岸边，南黄海汹涌的波涛磨炼了人，丰富的资源养育了人，南黄海人的血脉里浸润着大海的优秀品格，南黄海人的信念里生长着大海的金色希望，南黄海人以顽强的意志演绎着沧海桑田的人间神话，留下了无数可歌可泣的动人篇章。海门市东灶港小学把“追江赶海”作为校训，时刻激励广大师生要有勇立潮头的精神，脚踏实地、勤恳工作、认真学习；学校的校训撰写在教学大楼的外墙上：胸怀像大海一样宽广，知识像大海一样渊博，身体像大海一样刚健，创新像大海一样奔涌。整栋教学楼的楼顶呈波浪形，寓意学校事业发展像南黄海波涛一样一浪高过一浪；班级文化的构建也充分体现了海文化的丰富内涵，每个班都以海洋生物命名，打造了属于自己的班级图腾。学校将这些班级图腾悬挂于每个教室外，师生可时时处处受到鼓舞鞭策，使校园形成了浓郁的“海文化”氛围，滋润着学校师生的人文精神，丰富着师生的人文底蕴。

五、融合特色，丰厚区域公民教育的发展内涵

在区域推进公民教育的行动中，我们提倡目标引领下的多元性，积极鼓励学校把公民教育植根于源远流长的优秀中华民族文化传统中，特别是要结合学校特色和传统文化，不断丰富公民教育的内涵，促进学校教育品牌建设。海门市麒麟小学是“责任教育”特色学校，也是雅典残奥冠军、北京残奥会铜牌获得者李春花的母校。学校邀请她回校作“责任教育”的专题报告、与学生座谈。她还为学校题词：“自强不息，顽强拼搏，胸怀责任，为国争光”。这样的约会，在参与活动的每一个孩子们的心灵里留下永远的印痕，还丰厚了“责任教育”的内涵：责任是一种善良的心态，学校的每一个学生、教师及学生的父母都应有的心态；责任是一种自觉的行动，是个人自觉表现出来的行动；责任是一种博爱的境界。责任的源头是爱，是对自己、对他人、对集体、对自然、对社会的一份深沉的爱。学校通过文化濡染、课程研发、活动体验，将公民“责任”的种子埋进学生的心灵深处！

海门市实验小学是一所具有百年历史的名校，近几年来，学校在公民教育的行动中全面推进素质教育，推动校园CEO行动，逐步形成了“品质教育”新品牌；海门师范附属小学以“童话教育”为特色，引领师生共读中外、古今的童话名篇，让孩子们在“童话”的世界里不断受到真善美的启迪；东洲小学在“新生活教育”旗帜的引领下，将公民教育和生命教育紧密联系在一起，十分注重实践活动参与的全员性和参与性，他们创新的“小黄帽在行动”已成了校园里一道最亮丽的风景。从身边的小事做起，海门区域公民教育行动正积极地改变着每一个人的精神气象。无论走到海门市的哪一所学校，只要留心，都会感受得到公民教育行动带来的新变化、新景象。

六、多元激励，变革区域公民教育的评价方式

长期以来，德育的评价可以说是影响德育工作实效性的一个“瓶颈”问题，在区域推进公民教育行动的实践中，我们鼓励各个学校积极探索，以公民道德底线要求为基本目标，构建多元激励，多样评价的方式。

海门实验学校小学部，有一个“阳光灿烂”展示墙，这是学校在“阳光教育”特色理念下的一项评价改革，即“七彩阳光”评价制度。赤橙黄绿青蓝紫，七彩的阳光象征着光明、多彩、激情、公正、温暖……给人以向上的力量。“赤橙黄绿青蓝紫”七色阳光评价卡中的每一种颜色代表一个方面公民的人格素养。学校每个月都有一个特别的日子，那就是“发卡日”，每个班都会举行隆重的颁发仪式。每一位教师都要参与颁卡的行动。“仁爱少年——赤色阳光卡”“礼仪少年——紫色阳光卡”和“环保少年——绿色阳光卡”由班主任和品德教师颁发；“健美少年——橙色阳光卡”由体育教师颁发；“善学少年——黄色阳光卡”由各科教师颁发；“践行少年——青色阳光卡”由中队辅导员和科学教师颁发；“阅读少年——蓝色阳光卡”由语文教师颁发。一张张阳光卡记载着孩子们一份份辛勤耕耘的收获，印刻着孩子们一个个成功的足迹。“七彩阳光”评价卡，令儿童稚嫩的心日趋成熟，平凡的生活日趋绚丽，烦琐的思想日渐开化，闭塞的心扉日渐敞开……

海门师范附属小学是一所百年老校，在公民教育行动中不断拓展学校“金钥匙”文化，“小金娃”这个活泼可爱的形象就成了学校的形象标志，成了学校金钥匙文化的象征。学校将原来的《小公民道德评价表》更替为《小金娃在成长》评价手册，让“小金娃”这个形象在学生们的心目中鲜活起来，并引领学生的日常行动。《小金娃在成长》评价手册将评价的项目设计为三个方面的内容，即小金娃在学校、小金娃在家庭、小金娃在社区（社会）。每个版块都涉及学生的学习、行为、生活习惯这三方面的内容，并分别由老师、自己、父母和邻居评价。学校每个班级也会制定各自的习惯考核表，结合学校的“小金娃”评价体系，采用月评的方法，每月计算一次。到学期末的时候，所得星星最高的一位学生不仅可以获得“优秀小公民”的称号，还可以获得“行为规范示范生”这样的最高荣誉。这项评价改革不仅在市内产生广泛的影响，还被评为“南通市道德特色活动”。

海门市海南小学是全国小公民道德实验学校。在公民教育行动中，他们创造性地实施了《“小公民”品行发展评价表》，多层次、多角度、全方位地开展对学生进行日常行为规范养成教育的评价活动：一是评价内容全面。《“小公民”品行发展评价表》以“小学生守则”和公民教育行动要求为主要内容，同时整合了《小学生素质发展报告书》，分别从晨读、午诵、作业、值日、卫生等方面对学生每日品行进行量化考核和评价。二是评价主体的多元化。《“小公民”品行发展评价表》中的部分内容有学生的自我评价，引导学生在自我评价中认识自我，建立自信，逐步形成自己的道德认知；部分内容有学生干部对学生逐日量化评价，学生干部在老师的引领下，通过比较和评比，学会取人之长，补已之短，培养了孩子实事求是的工作态度。每个月的月底，班主任对《“小公民”品行发展评价表》进行汇总评价，班主任的评价客观公正，既能尊重保护学生的自尊心，又能给学生指出努力的方向。最后是父母（或长辈）评价，父母的督促支持是学生养成教育的有力保障，通过评价表的反馈，使得家校沟通效果明显，同时也给家庭教育提供了有益的指导和帮助。三是评价标准分层次。《“小公民”品行发展评价表》的评价内容针对学生不同年龄与德育要求，对不同阶段的学生采取不同的评价标准，给学生不同的评价和鼓励。四是评价时间及时。“小公民”品行发展评价活动是每天进行，便于及时发现问题、解决问题。每月底有班主任和父母举行一次评价汇总和反馈。每月月末各班根据学生的得星数评选出“合格小公民”“良好小公民”“优秀小公民”，并在每周一的升旗仪式上进行表彰。五是评价结果的可比性。《“小公民”品行发展评价表》详细地记录了每一个月评价的结果，每学期汇总每月的评选结果，凡累计三次或三次以上被评为“优秀小公民”的学生，将可参评学校“百佳小公民”并作为评选学校“三好学生”的必备条件之一。建立这样的评价机制，无论是学生自己，还是教师、父母，只要通过纵向比较，就能发现学生品行养成的进步情况，从而促使学生努力改正缺点，不断获得自我发展的内在动力，努力提高自我教育的能力。目前，海门区域内所有学校都建立了具有校本特色的评价机制，海门市教育局每年都要表彰全市的“优秀小公民”和“行为规范示范班”，通过不断变革评价机制，促进公民教育行动不断深化。好的评价机制对成长的中孩子来说本身就是一种教育力量，应充分发挥其引导和激励的作用。公民教育行动的实效性最终需要体现在一代新人的现实素质上。

公民意识教育是素质教育的有机组成部分，是传统德育的现代转型，由于各种历史原因，我们曾经放弃了公民意识教育，造成了德育失灵的严重后果。反观历史，任何负责任的民族、国家，在积极推进建设的同时都会高度重视公民意识教育。胡锦涛总书记在党的十七大报告中也明确提出：“加强公民意识教育，树立社会主义民主、法制、自由平等、公平正义理念。”相信，只要我们不断努力，一个有中国特色的理想的公民社会一定会到来。

理想学校从特色项目与特色学科开始

构筑理想学校就是要建设有特色、有文化、高品质的学校。朱永新先生认为，理想的学校需要有一个富有人格魅力、有远大理想的校长；有一支创新型的、有活力的教师队伍；有一批善于探索、具有良好习惯的学生；有一个面向所有学生的校本课程体系；有一个永远对学生开放的图书馆和计算机房。

新教育认为，一种成熟的学校文化，总是有一个明确的理念统摄着学校生活的一切领域。这个明确的理念就像一轮太阳，照射到学校生活的每一个角落，无论是学校管理、班级文化、教研风气，乃至于各种活动，都是这个灵魂的体现与实现，是朝向这个灵魂的一种努力。所以，对于海门的学校来说，首先要对学校使命、愿景、价值观等问题有一种明晰的认识，然后使学校共同体和其中每一个个体的生命都处于舒展的状态，趋向明亮与辉煌，朝着文化自觉的方向努力。

2011 年，海门理想学校建设首先将从常规管理的文化自觉抓起，重点抓教师的集体备课文化、校本教研文化和班级文化等，促进教师在教育教学工作中自觉变革、不断创新，通过改变自己的行走方式，来改变学生的生存状态。其次是推动学校建立与丰富自己的节日文化，使学校的办学理念转化为行动，使行动积淀为传统，让节日文化使学生的生活充满神奇，在学生心中留下美丽的痕迹。最后是不断丰富特色文化，积累与创造学校的文化，使学校同时成为一个历史博物馆，一个珍品收藏所，成为美好事物的集散地，成为传奇故事曾经发生过的地点。使学校充满历史的厚度、文化的厚度以及活生生的生活气息。

教育局将通过校长俱乐部与新教育研究会，进行专题研讨、系统研究如何让学校真正拥有灵魂，并通过学校文化展示研讨活动，推动理想学校建设，培育与打造更多的省内外有影响力的名学校。让每一所学校都努力形成自己的特色，为学生全面而具个性的发展提供理想的可能的教育生活。

从 2006 年起，我们启动了农村义务教育学校“达标创特”工程，提出五年内所有乡镇中小学必须达到“江苏省实验小学”和“江苏省示范初中”的办学标准，创建有特色的学校。在特色教育评估中注重掌握以下两个重要标准：

一是明确特色教育的本质内涵。对于一所学校来说，特色教育是学校在长期的办学实践中所形成的个性风貌和独特的教育风格，它包括培养目标、课程设置与内容、教学方法、管理风格、校园文化、教育教学组织运作形式等。特色教育一旦形成，就会表现出它的独特性、校本性、优质性和发展性等基本特征。

二是正确把握特色教育的关键要素，即要有独特的办学思想，要有独具特色的教师群体，要开发体现学校特色的校本课程，要形成突出的相对稳定的统领全局的特色项目，要形成独特的学校文化。

五年来，海门市在新教育理念的引领下，在一个县（市）的区域范围内，推动特色教育的形成与发展，逐步探索出一条以项目特色或学科特色为基点，以打造学校文化和核心理念为最终目标的特色教育发展之路。

一、特色教育的基点

1.选择高水平的特色项目

特色项目是学校在办学过程中在合理利用本校教师优势和潜能基础上形成的若干单项性特色，在同类学校中有明显的优势。选择一个理想的特色项目既是特色教育的表征，也是特色教育形成的基础。因此，创建特色教育，特色项目的选定十分重要，它既决定学校教育的发展方向与学生的发展方向，也决定学校最后能否形成特色。

我们在农村学校推动特色教育时，注重帮助学校仔细分析学校的传统文化、教师资源和社区资源等，从而找到一个合适的项目，把它作为发展特色教育的突破口。我们在选择的过程中遵循以下几个原则：

（1）“源于”且“高于”学校已有的传统特色项目，让绝大多数学生终生受益

学校特色项目的选定必须考虑能让绝大多数学生参与，那种只有少数学生介入的学校特色项目，层次再高，也只能培养部分特长学生，难以让大多数学生从中受益。我们努力培育面向全体学生的特色项目，不但有人人参与的特色课时（从地方课时中安排的用于特色教育活动的课时），还研发了相关的校本课程。

特色项目所要培养的是能让学生终身受益的基本素质。

例如:六匡小学早在1989年就是省级体育传统项目(乒乓)特色学校,在“达标创特”过程中,他们把“乒乓项目”提升为“乒乓文化”,不仅以中国的乒乓发展史和乒乓技巧为主要内容开发了校本课程,把著名乒乓球运动员的故事收集起来,设计了可爱的学校吉祥物“乒乒”“乓乓”,而且组建起班级乒乓球俱乐部,以学生崇拜的乒乓球运动员的名字作为俱乐部的名称,有自己的口号、旗帜、活动方案、辅导老师等,更重要的是,他们提炼出了“爱拼才会赢”的学校精神,将其作为学校文化的灵魂,统摄学校的工作,使学校呈现出朝气蓬勃的积极面貌。

同样,悦来小学的“排球文化”、瑞祥小学的“围棋文化”、国强小学的“书法教育”、天补初中的“戏剧教育”、海师附小的“童话教育”等,都是源于学校的传统项目。他们的特色项目在县内外、市内外乃至省内外已小有名气,在“创特”过程中更加注重提炼内涵,使之成为体现学校办学方向、彰显师生气质、具有旺盛生命力的学校文化。

(2)深刻挖掘和利用本校的独特资源

特色项目的确定必须从本校实际出发,发扬本校优良传统,充分考虑本校教师的专长和愿望,深刻挖掘和利用独特的社区资源。

例如:常乐初中和常乐小学都是由清末状元张謇一手创办的百年老校。两所学校积极弘扬张謇先生“强毅力行”的学校精神,着力打造“学謇弘謇”特色。在实施综合实践活动过程中,学校根据学生的年龄特点,整合了综合实践活动的四大板块,把信息技术与“知謇”“学謇”“弘謇”的主题综合实践活动结合起来,开发了系统的、完整的、富有学校特色的综合实践活动信息技术课程。

另外,三和初中、三和小学的“社区教育”,源于三和发达的经济、淳朴的民风和独特的人文资源,形成了以“社区·人文”“社区·产业”“社区·责任”为三条主线的社区教育课程体系。三星初中、三星小学的“绣品文化”,依托闻名国内外的叠石桥绣品城的优势资源;四甲初中、四甲小学的“军校教育”,借助了南京军区驻海门某部坐落在四甲镇的有利条件;余东初中、余东小学的“凤城文化”,乃因位于历史古镇凤城而起步;东灶港初中、东灶港小学的“海港文化”,凭借了濒临黄海的得天独厚的地理优势……丰富的社区人文、历史、地理资源为学校提供了丰富的校本研究资源，为学校特色文化建设提供了有利条件。各学校开发了大量的研究项目，形成"课程超市"，可供学生有选择性地学习。

（3）所选项目具备上升为学校整体特色的精神特质

选择一个能统领学校全局的特色项目是非常重要的。这个项目要能体现多门学科、多种能力的融合，要具备上升为学校整体特色的基本要素，而其中最重要的要素就是从"特色项目"中能提炼出个性化的教育思想或是精神特质，把它辐射到学校的整体层面和各个领域。

例如：麒麟小学的德育特色是"责任教育"，该校以知名校友、残奥冠军得主李春花自强不息的感人事迹为资源，把校训确定为"责任"，通过校本化、综合化的系列活动，让"自强不息、锲而不舍、顽强拼搏、认真负责"的"春花精神"深入全校学生的心田，激发广大学生对自己、对环境、对社会的责任意识。这一特色在全市新公民教育领域内独树一帜，成为海门小学德育的一大亮点。

另外，三阳初中和三阳小学的"感恩教育"源于台商薛氏兄弟为母校捐款造楼的感恩之举；万年小学的"砺志文化"源于社区名人、中国著名创业成功人士戴志康先生的奋斗经历；海门镇中心小学的"展示教育"，则源于该校南通市级"十五"课题"小学'展示教育'的研究"……这些特色文化正在内化成全体师生的共同价值取向和精神追求。而实验小学的"品质教育"、东洲小学的"新生活教育"、通源小学的"新生命教育"、平山小学和王浩小学的"童诗教育"、正余小学的"新父母教育"等都体现了他们在继承学校传统文化基础上的创新。

2.建设强势的特色学科

学科建设是学校发展的核心工程。很多学校在考虑特色建设时，不太重视把特色教育与学科建设融为一体。海门市在区域推进特色教育中，特别关注这一问题，取得了比较理想的效果。

例如：结合语文学科建设，我们帮助几所学校培育了生活语文、经典阅读、文学阅读、主题阅读、科学阅读、童化作文等特色；结合英语学科建设，我们帮助几所学校培育了快乐英语、激情英语特色；结合科学学科建设，我们帮助几所学校培育了科技教育、创造教育、绿色教育特色等等。以货隆初中的激情英语为例，他们从李阳疯狂英语中受到启发，提出创建激情英语特色的设想，一方面把激情全面引入英语课堂中，致力于激情英语课堂教学模式的研究；另一方面，建起了激情英语广场，鼓励学生每天到校后在激情广场上用英语自由对话，每月都要举行一场激情英语演讲活动，每年都要举行大型的英语节。在此基础上，他们又把“激情”引入学校的各项教育教学活动中，提出了创建激情教育的特色构想，让“激情”伴随师生的教育生活，成为影响学生未来人生的重要素质。

特色学科建设主要依赖于优秀的学科群体，学校通过特色学科建设可以不断放大这一学科群体的优势和影响力，开拓性地丰富学科学习内容，从而在全面提升学科教学质量的同时，培养学生的学习兴趣、个性特长及综合素质。同时，在学科特色建设过程中，我们还特别重视与学科相关的校本课程开发，从而在学科层面上使教育生活更加丰富和完整。

二、特色教育的目标

特色项目和特色学科的建设，最终是为了形成富有特色的学校文化和教育生活。

1.打造独特的学校文化

独特的学校文化是特色教育最本质的标志。学校文化建设的核心是让师生拥有共同的价值取向、行为规范与精神面貌。要创建特色教育，必须注重学校文化建设。

我们帮助一些条件比较成熟的学校从学校愿景、使命、核心价值观、办学目标、管理制度、行为方式、节日庆典、活动仪式、文化标识、建筑环境、特色发展等方面，进行系统分析、整体规划和设计，使学校成为一部立体的、多彩的、富有个性和吸引力的教科书，让文化成为一种重要的教育力量。

例如：东洲小学倡导的是新生活教育，学校的愿景是“让每一门课程都适合儿童，让每一位教师都能创造奇迹，让每一个学生都能成为爱学习的天使，让每一个教室都有奇迹创造，让每一个角落都有鲜花开放”等，学校提出了“我们热爱阅读、我们热爱运动、我们热爱艺术、我们热爱实践、我们热爱生命”的新生活教育行动口号，实施了文化语文课程、阶梯阅读课程、智慧数学课程、综合实践课程、生态艺术课程、球类游戏课程六大新生活教育主题性课程，每年都要开展新公民教育行动周、阅读文化周、艺术文化周、体育文化周、科学文化周、英语文化周等系列性的新生活教育文化周活动，从而使新生活教育文化特质不断内化为师生的自觉行动，成为一种持续的、恒久的、无所不在的精神文化。

2.让师生当下过一种幸福完整的教育生活

特色教育的目的一方面是为了培养学生全面而具个性的素质，以适应现代社会多样化发展对人才的需求，另一方面还要让师生当下的教育生活变得幸福完整。创建特色教育的过程，其实就是重构富有特色的教育生活的过程。生活过程就是儿童的生存与发展过程。只有个性潜能充分发展的教育才是完整的教育，特色教育为实现“过一种幸福完整的教育生活”创造了一种新的教育形态。

例如：平山小学的特色项目源于几位低年级语文老师辅导孩子的童谣作品见报，随后，学校成立了“好玩儿诗社”，聘请著名儿童诗作家圣野担任顾问，每年都举行隆重的校园诗书节。2007 年暑假，在多年实践的基础上，学校编辑出版了童诗校本教材《种太阳》，“好玩儿诗社”还被中国儿童诗网评为全国“十佳诗社”。随着特色内涵的不断丰富与提升，学校提炼出“让师生诗意地栖居，让生命灵动地跳跃”的办学理念，形成了十大诗意教育品牌。2008 年，学校被评为南通市首批特色教育学校。2010 年承办了第三届中国童诗年会，吸引一大批国内知名的儿童文学作家、诗人和童诗教育专家莅临海门，纷纷寄语学校童诗教育。这对于一所乡镇小学来说，无疑是办学史上最盛大的庆典。

我们在区域范围内通过诊断、指导、推进、评估等手段，从学校的项目特色、学科特色培育到特色文化的建构，使特色教育从外显走向内涵，从局部发展到整体，让城乡学生都能享受到优质的教育，有力地提升了区域教育的均衡化发展水平。通过“达标创特”，海门义务教育学校的整体办学水平提高了，每所学校都有了属于自己的“跑道”，每所学校都有了师生引以为荣的教育名品。走在大街上，你甚至能从某个学生或教师的谈吐中判断他(她)来自哪所学校。各校正在致力于把他们的特色品牌浸透到学校管理、学校教育、学校生活的方方面面，使之成为推动学生发展的强大力量。

让每一间教室无限长大

——区域推进“完美教室”项目的实践与思考

教育最终要惠及学生。每一位学生都是在特定的班级和教室里成长的，教室的力量，决定着学校真实的教育成效。2010年寒假，中国教育报曾向全国教师推荐《第56号教室的奇迹》这本书。在组织共读过程中，“第56号教室”作为一个具有象征意义的代码在海门得到传播。区域推进新教育“完美教室”项目旨在让每一个教室如“第56号教室”那样无限长大，创造无数个生命传奇。

一、愿景引领，形成共同朝向

两年多前，我们提出了新教育“完美教室”的美丽蓝图——

教室是图书馆，是阅览室；教室是实践场，是探究室；教室是操作间，是展览室；教室是信息资源库，是教师的办公室；教室是习惯养成地，是人格成长室；教室是共同生活所，是生命栖居室。

缔造完美教室就是以新教育实验的基本理念为宗旨，以激活、引发师生、父母的潜能为目的，从“无限相信每一个人”“无限相信每一个班级”“无限相信每一个行动”出发，尊重、满足、善待、成全每一个生命；让教室里的每个生命在穿越课程与岁月的过程中，一天天地丰盈、成长，不断朝向幸福与完整，走向优秀与卓越，让教室成为美好事物的核心地带。

二、项目研究，形成系统架构

满怀对新教育“完美教室”的憧憬与执着，“完美教室”工作室应运而生。

研究以班级文化构建为总体目标，以共读共写共同生活为共同愿景，倡导师生、亲子在共读共写、共同实践、共同运动、共同表演、共同旅行中，共同编织美好的教育生活。

我们以晨诵、午读、暮省为基本生活方式。每个班级都要有适合学生需要的晨诵与午读课程，并精心组织好每天的晨诵、午读活动，用心守住每一个日子。

同时建有自己的班级博客或论坛专题帖，使之成为师生和父母相互编织的精神家园。通过“每月一事”项目，贯穿公民教育与生命教育，把“规则、尊重、责任、诚信、爱心”等基本价值观融注其中，建立完善的人格道德教育系统（即自律道德系统+他律契约系统），并把教室生活聚焦在乐观健康上，聚焦在生命创造上，聚焦在共同穿越的课程上。这一过程中，我们关注每一个学生的健康成长，特别是外地务工子女、留守儿童、随班就读学生、残疾儿童等，创造丰富的教育资源，提供多层次的教育需要，让不同的学生获得不同的发展。

三、典型引路，形成鲜明主张

“完美教室”工作室组织了多轮培训，以一个个鲜活的案例、精致的细节，不断与老师们言说完美教室的基本主张。

我们主张要有完美教室的“价值系统”，让文化为教室立魂。个性化的班名、班徽，鲜明的班风、学风等一定是师生共同参与确定的；班级愿景、班级公约也一定是经过认真解读内化于心，并在日后的共同生活中积极维护外化于行的；我们主张要有“雷夫+克拉克”的教室风格，有卓越的班级课程体系，让知识经历重新发现的过程，有诸多优秀的细节文化组合成的共同行为方式；我们主张要有师生乃至父母共同经营的班级博客或通讯平台，师生与父母保持密切的交流与沟通，有周期性的师生与父母共同的活动；我们主张拥有班级自己的仪式、节日和庆典，并使之作用于每一个人的心灵；我们主张要建设班级的社团组织与多样化的评价体系，使班级所有成员有美好的共同朝向与积极的生命状态，每一个班级成员都能成为最优秀的自己。

四、展示研讨，形成文化风景

新教育主张，应该用榜样激励新的榜样，以故事引发新的故事，让细节推动新的细节。我们以为：生命叙事展示是呈现榜样故事、榜样细节的最好方式。

这两年我们以缔造完美教室为主题举行了多次全国新教育开放周活动。2011 年 11 月 26 日朱永新先生也亲临海门，兴致勃勃地观看了完美教室展示，并向与会的新教育人发表了热情洋溢的讲话。他说，在海门推开任何一所学校任何一间教室的大门，你都可以看到精彩，海门新教育人为新教育做出了卓越的贡献,海门是新教育的重镇。接着,他用“课程、教室、生命”形象地阐述了教室之于师生成长的重要性,他说,“教室”是一副扁担,一头挑着课程,一头挑着生命,开发卓越课程,缔造完美教室,书写生命传奇,生命的成长才是新教育的最高目标,新教育人为生命的绽放而存在。朱永新先生指出,作为教师,关起教室你就是国王,国王在自己的王国里可以大有作为。他殷切地希望全体新教育人,为着新教育的美好明天,为着师生的共同成长,一起坚守教室,从教室出发,创造生命的奇迹。

此次活动还组织了完美教室价值系统、共同生活、卓越课程、课堂文化、节日庆典、班级博客等六大主题工作坊。工作坊交流时认为,完美教室价值系统的构建旨在通过一系列表象的图腾来诠释深刻的价值体系。班级的节日庆典,是生命的朝向,是师生共同生活的精彩演绎,因此要有鲜明的主题。班级的社团活动是生命的个性体验,班级社团是孩子自由的舞台,是共同的密码。完美教室的共同生活,包含营造共同的班级文化,编制共同的生活语言、心灵密码,拥有真诚的共同行动,朝向美好的共同愿望。班级数码社区的建设,贵在行动,贵在坚持,贵在沟通,把它共同营建成习惯养成、自我实现、心灵归宿的共同家园。完美教室课堂文化的打造,要坚持以学定教的原则,努力追求知识、生活与生命深刻共鸣的理想境界。

五、且行且思,形成幸福之源

缔造完美教室的管理铁律是:底线+榜样,每所学校要提出建设完美教室的底线标准,并通过榜样班级的培育与打造,发挥其积极的引领作用。在缔造“完美教室”的过程中,海门新教育人且行且思,形成了《完美教室——中国百合班的故事》和《一间可以长大的教室》两部研究专著。我们试图借助这样一个小水滴,折射出新教育实验无穷的光芒和美好的愿景。在教室里,信任儿童是教育幸福的种子;理解儿童是教育幸福的萌芽;阅读经典是师生精神富有与精神成长的不竭源泉;创造美好的当下生活是师生幸福生活的奥秘;传播幸福是个人价值的最高体现。

如何理解“完美教室”?如何实践“完美教室”?我们认为,这是一个没有标准答案的问题。因为每一个教室都属于他们自己，属于与这个教室密切关联的生命成长共同体，完美教室会因为各种元素的差异而丰富多彩，各具特色，必然形成匠心独具的哲学考量。“完美教室”是传统意义上教学场所的无限扩容，又是现实生活的适当微缩。它将与这个教室相关的全体教师、学生和父母都涵盖在内，组成一个成长共同体，尊重生命、热爱自然、崇尚阅读、朝向未来。这是一间可以无限长大的教室。

好习惯是这样养成的

全美最佳教师奖得主克拉克认为，优秀不是天生的，优秀是教出来的，提倡从孩子的一点一滴、一举一动中培养。新教育的“每月一事”，关注学生细节，教给孩子一生有用的好习惯。在项目开展中，有三个方面值得注意。

一、守住日常　强调体验

优秀习惯的培养不是一朝一夕就能奏效的，它需要在平时的体验中逐渐培养而成。

海门的“每月一事”，坚持一月一主题，同一主题在不同的年段中各有侧重，这样，几年下来，就能固化成习惯。在“每月一事”项目推进中，已逐步形成了具有区域特色的“每月一事”四大板块：主题阅读、主题实践、主题展示、主题反思。

2010 年 4 月，海师附小围绕“踏青（自然）”主题，主题阅读就安排了清明踏青知识介绍、春天清明诗文、春游踏青话养生等内容。主题实践，安排六年级学生进行“远足”，强调在体验中培植坚持、合作、守纪等良好品质，在“不到长城非好汉”“不到终点不罢休”“加油，胜利在招手”等沿途标语的激励下，同学们一鼓作气步行十多里路，抵达目的地。主题展示进行了“优秀大厨奖”“意志顽强勇士奖”“环保卫士奖”“最佳合作奖”等评奖，分享和交流了各活动小组的情况及经验。主题反思环节，每个参加远足活动的同学都对自己在此次活动中的表现进行认真地梳理和总结反思，并进行班级交流。

二、关注细节　注重内化

细节决定成败。就像《优秀是教出来的》一书中写的那样，细节是教育的最佳契机和途径，好习惯需要在细节中发现、培育、呵护。

实验小学围绕“规则”主题，将“规则”意识的养成更多地与行为细节结合起来打造。比如要让学生养成走路靠右的习惯，学校就让学生自制“小脚丫”即时贴，并把它们粘贴到所有楼梯的台阶上。这样，学生看到自己贴的“小脚丫”，就会格外小心谨慎，按图而行。同时，学校“风铃女孩”还在校园里及时捕捉守规则学生，发现典型就送上一张“文明优雅从你我做起”的标志，并拍摄下来，在“实小风铃”电视专题片中给予表扬。这样，多途径抓细节，重内化，促成了好习惯的快速形成。

三、突显主题　重视熏陶

“每月一事”项目实施过程中，要结合重大活动，突显主题，充分利用生动的德育资源熏陶感染学生。

比如结合建国60周年庆祝活动，奏响爱国主义教育主旋律，让学生做有根的人。海门学校开展了多姿多彩的爱国主题活动，东洲小学开发区校区的“七彩画笔绘祖国”等活动开展得如火如荼；育才小学分年段设计“爱国”主题教育方案，高年段开展了共读一本书、书本剧比赛、演讲比赛、参观城市展览馆、古诗接力赛、童心颂祖国、“父母告诉我”等一系列活动。

比如结合玉树地震赈灾活动，开展生命教育，让学生做善良的人。新生命教育特色学校通源小学，惊闻玉树地震消息后，马上意识到这是对学生进行生命教育的绝好的德育资源，很快形成方案，行动起来。让学生上网搜集玉树地震中感人的故事，进行班级交流；开展网上“点一盏红烛”活动，鼓励幸存者坚强地生活下去，祈祷逝者灵魂安息；高年级学生给玉树小朋友写信；开展地震逃生演练……活动的宗旨是教育学生不但要珍爱自己的生命，还要珍爱他人的生命。

比如上海世博会给了学校进行新公民教育的绝佳时机，海门学校用足用好世博资源，让学生做现代中国人。“眼中的世博”“手中的世博”“口中的世博”“脑中的世博”等主题活动，让世博走进了每个学生的心坎，“世博小论坛”“每日小播报”“我的世博之行”“我是世博小导游”让海门的孩子成了“世博”小专家。

课堂以变革追寻理想

“让每一个学生成为热爱学习的天使”是海门理想课堂的基本价值观，以“活力课堂、智慧课堂”为理想追求，以实施与完善“学程导航”教学范式为研究路径，我们朝着新教育理想课堂倡导的知识、生活与生命深刻共鸣的境界努力。

一、定方圆，基本思路显威力

第一，进一步明晰课堂教学基本常规底线要求，确保学生在课堂中自主学习的时间，在课堂中提供给学生更多的展示学习过程与成果、发表个人见解与质疑问难的机会。市局将建立双周一次的教学常规视导制度，全面提高教学管理常态化水平。第二，深度研究学生自主合作探究学习策略和教师导学策略，各学科都将提出更加具体明确的基于学科特征的课堂自主学习策略和导学策略指导意见，以提高全市初中、小学课堂教学变革的整体水平。第三，强化备课、上课和作业三大环节管理的研究，教师研修中心将组织区域学科共同体每月开展一次集体备课活动，并细化二次备课要求，强化随堂听课、巡课管理，抓实作业布置、批改与讲评等重要环节。利用教师研修网，各学科均要建立分层作业资源库，做到在减轻学生过重的课业负担的同时，提高课堂与作业的效率。第四，充分发挥“学程导航”工作室在课堂教学变革中的攻坚与引领作用，该工作室将凝聚更多的骨干教师，研制出比较系统的课前、课中、课后的导学案，并定期组织学科单元式、课堂案例式专项研修、专题展示和推广研讨活动，以不断推动海门市理想课堂的建设工程。同时，培育更多的学科研究项目，凝聚更多的教师全身心地投入到教育教学改革的热潮中。

二、走出去，不远千里觅真经

2010 年 1 月，白雪皑皑的齐鲁大地迎来了海门新教育骨干团队初中校长一行 39 人。

在朱台中学，初三(1)班王丽萍老师执教的《小石潭记》的展示环节给正余初中校长赵宝林留下了深刻的影响，学生们纷纷抢上黑板，展示自己的预习情况，有展示词语的，有展示句子的，有展示主题思想的，然后学生点评、交流，教师只作适时点拨、归纳和小结。整个课堂师生都处于高度的紧张之中，思考、合作、探究、点评、检测、小结，师生在课堂中收获获知、成长的快乐。能仁中学毛晓华校长对诸城实验中学的课堂展示也赞不绝口，她在巡课式听课中，没有发现一个课堂"看客"，教师一个问题提出，就有多个小组学生抢答，她感叹，这样的课堂，才是真正高效的课堂！

阳春三月，海门小学校长又赶赴山东临淄新教育实验区考察学习。回来以后，不少校长马上召集全体教师，分享自己的学习体会，把取得的真经传授给教师。

三、请进来，精彩展示找差距

2010年3月底，海门的讲台上来了山东教师。早上8点还不到，海门中学、海南中学、育才中学、海南小学、实验小学等活动点都已经座无虚席，连走道里都坐满了人，有的教师干脆在门口站着听。山东的老师们向海门展示了初中语文、数学、英语、物理、化学、思品与历史等学科课堂教学，小学则由山东老师与海门老师同台执教，展示了语文、数学、英语等学科。山东的专家们还为海门教师作了关于理想课堂建设的精彩讲座。

三厂初中徐俊杰老师在与山东路丽娟老师交流时，震撼于她的教学境界。路老师介绍，在《告别依赖　走向自立》设计中，本来还设计了一个环节，就是从"人的自立"再联想到"国家的自立"，因为对这个设计到底是"升华"还是"狗尾"拿不准，实际操作中就没敢贸然使用。路老师感慨，教育的追求是无止境的，教育不能不说是一门遗憾的艺术。徐老师感慨于路老师的感慨，认为正因为有这样的体会，路老师的教学实施水平才能达到如此精致的境界。

山东教师的课堂"放样"，给了海门教师反思自我、建设理想课堂的动力。

四、深推进，学程导航显威力

海门的"学程导航"教学范式也给来海门交流的全国新教育团队留下了深刻的影响。

2010年是海门课堂教学深度变革年，小学着力构建"活力课堂"，初中着力构建“智慧课堂”。教育局、研修中心专门联合下发《关于进一步加强理想课堂建设的指导意见》的文件，明确以科学发展观和新课程、新教育理念为指导，对“学程导航”教学范式的核心理念、基本模块、实施原则、推进要求、课堂评价、保障机制作了全面细致的解读。

海门的“学程导航”教学范式经过两年的构建，已初步形成了“理想课堂”的有效教学框架。2010年研修中心将推进重点确定在预习设计和检测反馈上。各校和各学科共同体经常就此进行碰撞研讨，比如，各学科是否都需要预习？不同学段、不同学科、不同课型、不同内容预习要求是否一样？低年段语言、词汇积累少，如何指导有效预习？怎样检测预习？多次研讨后形成了预习设计必须个性化，体现年段、学科特点的共识。为了使每位教师都能熟悉“学程导航”范式的操作路径，研修员在培育典型的基础上，组织市区学校学科骨干到乡镇学校示范放样、优课展示，从而确保了区域理想课堂建设水平的均衡化。

课堂是师生共同生活的生命场所，倾力打造理想课堂，不仅是教育的需要，也是师生生命的需求。这是一条无止境的路。探索无止境，变革无止境，理想永远在前方。

课程研发以儿童为原点

理想课堂的建设需要一系列卓越的课程给予支撑，新课程改革让一线教师拥有了较大的课程权力，各学校要大力开展人格课程、书香课程、学科课程、科学课程、社团课程、社会课程的研究与开发，并不断提高课程实施水平。

所以，只有把学科建设重点定位在卓越课程的研发与高水平实施上，开展高中、初中、小学、幼儿园课程建设的一体化研究，才能通过丰富而适切的课程内容，改善学生的素质结构，促进学生全面而具个性的发展。对初中、小学书香课程、社团课程建设与实施水平作专项调研与评估，同时，加强地方课程建设，特别是对张謇文化、绣品文化、江海文化等资源的开发和利用，让海门地方资源成为教育课程的有机部分。在此基础上，我们针对这些面向儿童的课程，做出了一系列探索，无限相信书籍的力量，倾情用一身书卷味，唤醒儿童的阅读需要；倾力用一路书香，温润儿童的精神成长。

比如，学期初，各班读书计划会相继出台。翻阅实验小学四(1)班小青虫书友会制订的《展开梦的翅膀》的书香计划，计划的第一部分“梦开始的地方”是这样表述的：《小青虫的梦》是一个美丽的故事，那只向往音乐的小青虫终于在执着的追求中变成了一只美丽的蝴蝶，她与音乐一起翩然起舞。每一个孩子都是那爱做梦的小青虫，小青虫书友会希望每个孩子通过阅读，都能在自己的梦里变成最美的蝴蝶。第二部分“给梦插上翅膀”有晨诵美文、午读经典、快乐“‘悦’读”等阅读挑战行动。而第三部分“梦里芳香四溢”就是收集获奖作品、整理班级文集、展示读书成果，一起感受书籍的力量。计划是成功的预言，“阅读，而不是别的，可以给我比一个人生命更多的生命”，埃及人阿巴斯·阿卡德把阅读看成是一个人个体生命的扩展。的确，把最美好的世界献给孩子，是海门新教育人共同的追求。

比如，早晨的校园，韵味十足的童谣、流传千古的诗词、意蕴优美的词句、朗朗的英语美文交融相汇，合成一串跌宕起伏的音符，玩味其间，能感觉到孩子的灵魂、精神因诗歌而获得充分的舒展。

在主题性晨诵课程的开发与研究上，将节日文化与农历时节相结合，将学校“每月一事”与班级活动相结合，将《好书伴我成长》与《古诗七十首》相结合，整理出优秀且适合不同年级的晨诵内容，按照从“粉红”到“天蓝”的彩色阶梯，带领学生体验、感悟、吟诵、玩味。与黎明共舞的晨诵生活，已成为开启校园生活的一种仪式，正逐步丰盈着儿童当下的生命。而别具一格的“生日送诗”“流动诗苑”“诗王擂台赛”的设立，一日一诵、一周一查、双周一比、一月一思机制的建立，进一步调动了教师参与课程研发的热情，激发了学生的诵读兴趣，他们如辛勤的蜜蜂，积累着，收获着。

比如，午读成为日常生活。“为每个孩子寻找最适合的阅读书籍，为每个教师呈现最适当的指导方法，为每所学校营建最适宜的阅读环境”是海门新教育人在经典阅读、主题阅读、学科阅读和师生共读中的不变追求。为此，海门一方面建立制度：每天午读时间，不许任何人、任何事占用；共读书教师要在开学前或学生读书前读完；各年级在每学期开学前要对共读书进行研讨，形成阅读手册；鼓励创造性地用好共读书籍等。不断完善的午读课程，形成了多个系列。主题系列有爱国主题、生命主题、生态主题、世博主题等；经典作品系列有绘本、童话与小说等。海门骨干教师团队自主开发的阅读手册《好书伴我成长》中既有各年级必读书目的阅读指导，还有不少空间留给喜欢个性化阅读的孩子们。实验小学的好书推荐会上，各年级书友队以精美的PPT、灵动的背景音乐、激情或是委婉的叙说激起现场每一个人对某部文学作品的渴望。台上台下的师生不仅沉浸在对那些经久不衰的经典作品的回味中，更折服于孩子们解析经典作品的特有灵性与智慧。

有位大教育家说得好，要培养一个人，设计一个人的个性，就努力帮助他从小学建立起自己的“小藏书箱”，建立起他独特的读书体系。第22届科普活动周的开幕式上，海门请来了德国著名科普作家雷纳·科特，他不仅给孩子们带来了精彩的科普知识和有趣的小实验，还掀起了阅读《什么是什么》（德国少年儿童百科知识）等科普类图书的热潮。科技特色学校还把凡尔纳、海因莱因等创作的经典科幻作品推荐给学生，为孩子们打开想象的空间，满足孩子们对自然和未来的好奇心。

圣诞节前后，市区学校举行的英语文化节把英语学科阅读推向高潮。海南小学第四届英语节上就有巧手秀英语（制作英语贺卡、小报等）、英语歌曲大家唱、班级疯狂英语单词接龙、英文电影欣赏和英语的美文诵读表演等内容，英语节成了孩子们的狂欢节。

本着让学生感受数学魅力，发展数学思想，培养学生数学阅读兴趣，不断完善"书香校园"建设行动的宗旨，数学阅读活动也在广泛开展。通源小学的第二届文化节活动，拉开了数学学科阅读的帷幕。活动期间，每周开设一节"数学阅读课"，进行《小学生数学报》《走进数学王国》等专题阅读，引领孩子们深度卷入数学小故事、数学小论文、数学日记画、数学巧思妙解的创作中。

反思随笔曾是暮省的主要方式，显然这很难让每一个学生都喜爱。新教育的田野意识让教师们创造了低年级读写绘、中年级日记画、高年级读书卡等多种暮省方式。育才小学的班级文集，如《每一片叶子都很美》《太阳花，给点阳光就灿烂》《小眼看世界》《我心飞扬》等，东洲小学王敏老师从一年级第二学期开始，就把孩子们的随笔日记精心编辑成《小荷尖尖》报，至今已有 90 多期，细读那些散发着油墨芳香的图文，你不得不感叹教室桌椅空白处能创造出各种奇迹。

有个二年级的孩子晨诵了《海水》这首童诗："海水海水我问你：你为什么这样蓝？海水笑着来回答：我的怀里抱着天。海水海水我问你：你为什么这样咸？海水笑着来回答：因为渔民流了汗。"暮省时她就创作了一首《小草》："小草小草我问你：你为什么这样碧绿？小草笑着来回答：春姑娘帮我穿上了新衣。小草小草我问你：你为什么变得这样金黄？小草笑着来回答：秋姑娘给我换上了新袍。"南通市童诗教育特色学校平山中心小学已有 500 多首童诗发表在各类报刊，2009 年《"好玩儿"诗报》还被评为全国校内报刊一等奖。

很多新教育人对海门年会上展演的书本剧记忆犹新。书本剧表演是学生在充分阅读的基础上，通过对文本的重新解构、创造，并融入各种艺术元素而形成的一种独具魅力的暮省方式。而让每个孩子在小学阶段至少参演六个经典书本剧，已成为海门学校文化建设的重要内容，学校读书节活动之一必是书本剧展演。余东中心小学甚至推出了“每周一演”，校园的舞台每周都会向爱演书本剧的学生开放。

2010 年 4 月 23 日，海门隆重启动全市新教育阅读节开幕式。期间，书香教师代表的讲述中内涵最丰富的是儿童课程，舞台中最靓丽的是儿童课程，赢得掌声最多的还是儿童课程。“世界读书日”虽然只有一天，但它的意义在于使每一天都成为“读书日”。每年两次的校园读书节活动成了海门校园里最美的风景，“淘书乐”充盈了班级图书角；作家进校园，点燃了孩子们阅读、创作的激情；低年级的童谣大赛、中年级的书本剧展演、高年级的经典诗文联诵一浪高过一浪；个性读书卡、日记画、手抄报展板吸引着孩子们的眼球；各种阅读挑战行动后的颁奖典礼成了孩子们盼望自豪的节日。

实验小学的“实小风铃”电视专题节目、海师附小的“童话林”、东洲小学的“满天星”阅读指导手册、实验学校的“童化作文”等儿童课程品牌，在广袤的儿童课程天幕中闪烁着瑰丽的光彩。

追寻新教育的梦想，师生用阅读改变着自己的行走方式，点亮自己的精彩人生，改变着孩子们的生活状态，用纷呈的课程开启了孩子们的智慧人生。

师德师风为生命传奇之基

以“教书育人、爱岗敬业，严谨治学、勇于创新”作为教师的师德规范，把“责任、尊重、诚信、善良”等作为教师的基本职业操守，引导教师爱岗敬业、教书育人，这是让教师生命书写为传奇的基础。通过加强校风、教风、学风建设，将师德教育与人文素养提升纳入教师学习内容，构建和谐向上的学校文化，倡导爱岗敬业的社会责任、严谨笃学的治学态度、奋发进取的创业精神和淡泊名利的道德情操，由此就会形成“学高为师、身正为范”的风尚。

在工作中，海门新教育实验区通过教师研修中心不断完善海门市教师研修网，形成优质高效、实时分享、促进区域教师专业发展的自主研修平台。丰富教师研修资源，建立全员参与、专家引领、团队合作的教师学习共同体，构建校内校外、网上网下多种研修模式有机结合的融教学、研究、培训为一体的教师继续教育的学习网络。完善区域推进校本研修的制度，推进以“反思”为核心的校本研修文化建设，不断提高校本研修的质效，使之成为教师乐此不疲的成长方式。以市教师研修中心为主引进国内外优质教师教育机构的培训项目，拓宽教师学历提升和相应的专题培训渠道，落实项目、形成特色、树立品牌，形成教师教育的多元渠道。

同时，以海门市名师工作室建设为平台，致力于教师的高端发展和学科的创新建设，使其成为全市优秀教师重要的发源地、集聚地和未来名师的孵化地，充分发挥名师工作室对全市的培训与辐射功能。通过校本研修、在职进修、岗位练兵、专业考核、大型教科研活动以及选送优秀人才参加国家、省级培训等途径，加强骨干教师队伍、名师梯队和干部队伍建设，形成有益于人才培养和脱颖而出的活力机制。

不断完善共同体学校联动、协作机制，充分发挥学科共同体在促进教师专业成长方面的积极作用。各学校不断完善教师读书会组织和教师研修制度，研修中心以“阅读指导种子计划”鼓励教师建立自己或班级的博客与专题贴，奉献更多的时间与精力，创造性地开展工作。从宣传上进一步加大对新教育实验的教育宣传力度，整合报刊、电视、网络等教育宣传资源，办好每月一期的新教育简报，充分发挥新教育在线的资源分享与互动引领功能，不断提高影响力。

在这样的努力下，海门新教育人将教师职业视为生命叙事的主体部分，努力让这叙事的每一季、每一天都开出花来。

一、专业阅读，让教师的视野更广阔

促进教师专业发展的逻辑起点是专业阅读。在专业阅读方面，海门新教育人强调“四个一”。

第一，构筑一个组织载体。许多学校成立了读书俱乐部，实验小学“品质讲坛”、海师附小“1+5”教师读书社、东洲小学“文化讲坛”、海南小学“登攀者学社”、三厂镇中心小学“未来教育家俱乐部”、平山中心小学“超越者俱乐部”等，他们在引领教师专业阅读方面发挥了积极作用。

第二，搭建一些活动平台。读书讲坛、读书沙龙、好书推介、专家讲座让教师尽情享受读书的快乐、接受书香的滋润。特别是今年推出的“名师讲堂”，每月邀请一位顶级大师为全市教师做讲座，让教师聆听窗外声音，开眼智慧看世界。

第三，确定一批共读书目。组织校长共读苏霍姆林斯基的《帕夫雷什中学》和杜威的《民主主义与教育》，并结合管理实践撰写读书笔记，让校长们睿智起来。组织全市教师学习《从优秀到卓越》《给教师的建议》《优秀是教出来的》《第56号教室的奇迹》。《中国教师报》在2009年11月18日以《“美国最好的老师”给我们的启示》为题刊登了海门教师所写的读《第56号教室的奇迹》的一组体会文章。

第四，建立一套管理机制。每所学校建立了一套读书管理机制，领导小组由一把手校长亲自挂帅，有阅读计划、推进措施、评价奖励作保障。

阅读，点亮了教师的心灯，激活了教师的生命激情，“活在当下”成了海门新教育人的共同职业密码。

二、专业写作，让教师的思维更灵动

海门新教育人清醒地知道，如果教育生活只是一堆碎片，那么教师的发展极限至多是匠师，唯有一边工作，一边梳理，一边反省，才能让思维更灵动，视野更开阔，境界更高远。

三厂镇中心小学的顾冬梅老师在阅读反思中不断开启新的生命旅程，她在博客中写道："发自内心地想读，想让自己提升，带来的必定是不自觉的用心思考。我用文字记录自己的所行所动，所思所感，多少个深夜，我就着灯光披着一天的疲惫在电脑上猛敲键盘，当文字如行云流水般流泻于指尖时，我的心就会变得温润无比，所有的腰酸背痛都融化在我真诚的片言只语之中。我在博客上记下《在农历的天空下》的阅读感悟，写《番茄太阳》课堂留给我的思考，写孩子赠予我的感动，写生活带给我的启示……家人将一张张刊有我文字的报刊小心收藏，儿子总是先于我翻阅海门教育周刊，寻找老妈的名字，一旦找到就会喊上爷爷奶奶一起开心地阅读。读书反思改变了我的职业行走方式，我的课堂日渐纯熟与灵动，连我的家庭成员也悄然与读写联谊。"

海门新教育人在阅读中不做书橱，而是结合专业阅读强调理解与反思，将读、思、写统一起来；不做搬运工，而是结合理想课堂建设强调实践与反思，把做、思、写结合起来；不做书呆子，而是结合教育案例，强调研究与反思，把研、思、写结合起来。"三结合"反思让教师远离了平淡、庸常与倦怠。

三、专业发展共同体，让教师对教育的理解更深刻

海门新教育人深知，一个思想遭遇一个思想，就会产生奇妙的变化，专业发展共同体，让教师站在同伴的肩膀上攀行，让教师对教育的理解更深刻。

海门以国家级课题《区域教育共同体建设的实践与研究》为主导，构建多种形式的专业发展共同体，市区学校协作发展共同体、城乡联动发展共同体、学科项目共同体、校长俱乐部、名师工作室。教师专业发展需要引领与榜样，海门的十大"名师工作室"正致力于通过名师效应，让更多的教师脱颖而出，让更多的教师生命叙事更精彩。

"祝禧文化语文工作室"举行"辩课进校园"活动，工作室主持人、特级教师祝禧与青年教师黄华共同执教《哪吒闹海》，不同的教学设计和课堂组织形式，给专家组和与会教师提供了鲜活的辩课案例。辩课中大家你一言我一语，主题在研讨中不断生成，不断深入；思想在碰撞中不断提升，不断深刻，借用《小学语文教师》副主编朱文君的话来说，本次辩课那是真辩，辩出了智慧，辩出了思想。

在这样的努力下，教师在这生命叙事的每一年、每一个学期、每一季、每个星期、每一天，都开出一朵朵花来。优秀的师生个体，成为学校的英雄与榜样，成为最有力的教育力量，成为学校叙事中的绝对主角。教师不仅把教育作为自己的职业，更把教育作为自己终身追求的事业、志业，全身心地投入其中。把教育作为自己故事的主旨，并用生命最大段的篇幅来展开与书写，自然成就了不凡篇章。

卓越德育的推动方式

培养德才兼备的学生，是卓越德育的核心。新教育的基本理念之一是“教给学生一生有用的东西”。学校在育人过程中，不仅要让学生掌握知识、技能，更要让学生具有高尚的道德品质，成为一个德才兼备的人。我们要把社会主义核心价值观体系融入教育的全过程，把中国传统文化的根本精神传授给学生，要让学生从内心明白“德”乃立身之本，正确规划好自己的人生，在育心与育德的结合中开拓心灵，提高素质，健全人格，成为举止文明、能力突出、学会做人、懂得担当、敢于承受的建设者与接班人。

教师节表彰活动中，海门市曾经推出两组榜样：上天入海的崔维成、崔维兵兄弟，感天动地的杨国兴、周江疆父子。在海门教育的历史上，他们是可遇而不可求的。崔氏兄弟一门寒士，两榜英才，一个九天揽月显神通，一个深海探潜求突破。他们凭借着对科学事业的无比热爱，在持之以恒地探索和前进的过程中，以坚持到底的勇气和气魄，不断攀登着科学的高峰，领悟着科学的真谛。他们在才艺的精进中欣赏沿途风光，更品味和传播攀登过程中的感悟和智慧——对科学精神之领悟，谱写的是科学与科学精神的赞歌。杨国兴、周江疆父子用公益和慈善演绎着生命的精彩，用舍生取义的一瞬定格了生命，书写了崇高与伟大的品格。这对父子精神上的富足，不断释放着道德的正能量，用更多善行去消除偏见、弥合社会裂痕，用勇于负责、敢于担当的品质，诠释了社会主义核心价值体系的内涵与责任，树立了一个道德的标杆。

研发特色鲜明的课程，是卓越德育的重点。“为了学校”“在学校中”“基于学校”的课程研发，是学校课程文化积淀与建设中的一个重要指导思想。课程的研发，要坚持全面性，促进学生全面发展；要坚持全体性，面向全体学生；要坚持主体性，尊重学生的个性发展；要坚持可持续性，自觉遵循教育教学规律和学生身心成长规律。

新教育认为，完美教室中的课程，应该包括两大部分：一是对现行的国家课程的新教育式改造，即以理想课堂的三重境界，提升对教材的阐释，增强阐释、解读、批判、创造的能力；二是依据儿童不同阶段的年龄特点，依据地方的文化与资源，依据师生的特殊历史，在新教育实验道德发展人格阶段理论的指导下，在有关智力背景、两套大纲等理论的指导下，创造若干个教室课程，让教室生活充满生机。

在学科课程上，开发经济学课程、旅游课程、电影课程、舞台剧课程等形式多样、生动活泼、整合多个学科的课程。大力度推进社会实践、社团活动课程，开发丰富的社团项目，开展主题式的德育活动，举办多彩的节日活动。以区域共同体的方式组建课程研发小组，围绕公德、责任、诚信、规则、尊重、宽容、理解、理想、感恩、低碳、劳动、生命等主题，形成资源共享的课程资源包。充分挖掘父母与社会的力量，整合未成年人成长指导中心、乡村少年宫、校外辅导站、儿童快乐家园等各种资源，不断拓展丰富社团活动的时间与空间，深度挖掘父母学校的资源优势，研发家教课程，让学校、家庭、社会真正形成一个立体联动的教育网络。

培育普惠公益的情怀，是卓越德育的支点。新教育认为，要成为一个本真意义上的教师，是一个漫长的历程，必须经过漫长的修炼，它意味着你必须一天天地认同这个职业，把自己的思想编织到学生的成长中去，这意味着你日渐拥有一份对于职业、学生以及自身的信任、信念乃至信仰，从而勇敢地担当起这一职业赋予自己的责任。

教师职业的尊严与价值，正体现于教师的创造与超越，取决于每个教育者对自己生命及其意义的体悟，对自己使命的认识。书写生命的教育，每一个环节都能把一种卓越的理念和坚定的信仰以及追求目标的决心加以融会贯通，不存在侥幸的突破和从天而降的奇迹，唯一与卓越密切相关的是，选定适合的目标和路径，坚定地走下去！

因此，卓越的教师应该具有高尚的师德和高度的学生生命意识，充分尊重学生的内在本性，让每个学生的心灵更为自由；了解学生生命特征，懂得唤醒学生自我发展的内在动力；创造一个有助于学生生命舒展、涌动、创造的环境，使知识回归生命的意义，使每个学生在知识中寻找自我价值，尊重学生在学习过程中的独特生命体验。也应该确立教学的生命意识，让课堂焕发生命活力，教学不仅仅是一种“告诉”，更重要的是提供“知识生命体”的情境，让学生在情境之中主动地实践、体验、理解、体悟，形成涵养他们生命体悟的底蕴，依靠生命活动去发展其自身的素质。更应该具备自我生命发展的意识，成为主动探究、积极反思、终身学习的“育人”专家。各校既要组织好向全市教书育人楷模与最美乡村教师学习的活动，也要发现本校的最美教师，树立学校的育人楷模，发挥榜样的示范引领作用。

德之不立，才将焉附？

未成年人的心灵净化和道德铸就是人生起步的根本任务，也是人生成才的关键。加强和改进未成年人的思想道德建设，意义重大，任务艰巨，形势逼人，时不我待。教育系统作为未成年人思想道德建设的主阵地、主战场，我们要以高度的责任感、使命感，做好这项关系国家兴衰和民族福祉的工作。工作重点为以下三个方面：

一是以主题教育活动为载体，形成公民道德素养。充分发挥中小学校主渠道、主阵地、主课堂作用，针对青少年学生身心成长的特点和规律，深入推进"日行一善，月习一德"公民道德养成教育，把社会主义核心价值观关于公民基本道德素养的要求细化成若干主题，每月围绕一个主题，开展形式多样的教育活动，使学生潜移默化地受到熏陶，养成良好的道德行为。按照新教育"每月一事"主题教育活动的操作模式与实践路径，在多学科中渗透主题教育，在日常生活中加强主题教育，在综合实践活动中凸显主题教育。激发广大未成年人寻善源、存善心、发善言、行善事，培养和教育学生向善、从善、行善的文明素养。逐步实现由"日行一善"到"时时行善"，由"月习一德"而将美德转化为习惯，最终实现"善行一生"。

二是以德育网络建设为依托，形成联动教育合力。积极推动学校、家庭、社区三位一体的德育网络建设，起到"一所学校教育一批学生，一个孩子带动一个家庭"的社会效应，达到全社会参与，全方位育人的目的，推动全民道德水平的提高。动员社会各界力量，创新思路，立足校外和校内两块阵地，实施发展性和预防性心理健康教育，提高学生适应社会环境的能力。注重加强与其他部门的合作，开展一系列符合未成年人实际和成长规律的教育活动。充分利用"五老"资源、共青团组织、志愿者队伍，加强对未成年人的思想引领和服务；充分发挥法制副校长、校外辅导员的教育作用；积极配合市文明办做好"乡村学校少年宫"

建设。通过部门联动，形成合力，将未成年人思想道德建设工作不断推向深入。

三是以健全工作机制为抓手，形成创建工作常态。一要强化责任机制，强化对未成年人思想道德建设的统筹、协调与领导，分工负责，明确责任。二要完善督查机制，通过专项督查、定期检查、明察暗访、突击排查等方式，开展多轮次督查整改，特别是校园周边环境专项整治，有力推动创建任务的落实。三要建立保障机制，多种渠道筹集资金，保障未成年人思想道德工作经费的落实。四要加强学生校外活动中心和课外活动场所的建设与管理，完善评价体系，加强师德师风建设，不断提升德育队伍素质。

当前，从国家层面看，我们正处于战略关键期、转型碰撞期、特殊敏感期，也是危险高发期和寻找驱动力的时期。要建成更高水平的小康社会，加快推进教育现代化是阔步迈向现代化的必然要求。面对创新发展新使命、宏观形势新变化、区域竞争新挑战、人民群众新期盼，我们尤其要把“立德树人”作为教育工作的根本任务。

把立德树人作为教育的根本任务，说到底是培养什么人、怎样培养人的问题。

第一，“立德树人”指明了教育的方向就是“树人”，要坚持育人为本，通过合适的教育来发展人、培养人、塑造人。因此，我们要坚持正确的人才观，以树人为己任。努力营造全体员工、全方位、全过程育人的工作机制与良好氛围，努力做到课程育人、文化育人、实践育人、礼仪育人、网络育人、制度育人、环境育人、管理育人、服务育人、合力育人，开创立德树人工作新局面。

第二，“立德树人”指出了教育的途径就是“立德”，要坚持德育为先，通过正面的教育来引导人、感化人、激励人。德与才作为人才要素的两个基本方面，不是平行的、并列的，德更具有统率和支配作用。因而学生成长的首要前提是成人，是人的思想道德素质的不断提高。以往在“立德”的实践探索中，我们形成了“每月一事”“完美教室”“学校文化”等海门特色和海门元素。今后，我们更要适应新形势，以开放的眼界和胸襟，研究世界的发展变化，中国的发展变化和教育的发展变化。

第三，“立德树人”指定了教育的内容就是要在传授基础知识、基本技能的同时，突出社会主义核心价值体系，从而规范人、要求人、提高人。党的十八大报告强调："要深入开展社会主义核心价值体系学习教育，用社会主义核心价值体系引领社会思潮、凝聚社会共识。"社会主义核心价值体系"倡导富强、民主、文明、和谐，倡导自由、平等、公正、法治，倡导爱国、敬业、诚信、友善"。因此，我们必须做好教育引导，把社会主义核心价值体系中的这些要点、要素贯穿在学生日常思想工作、思品与政治课、各科教学以及校园文化与常态管理中，指导学生树立正确的价值观、是非观、感恩观、劳动观、法制观，热爱真善美，痛恨假丑恶，以培养学生健全、完美的人格。

"立德树人"不是什么新名词，但是，这是我们教育人的价值追求。用立德树人的标准和要求来观照，必须建设以下"五个教育"。

立德树人的海门教育应该追求"实力教育"。教育的实力，不仅仅是漂亮的建筑、新颖的设施，也不仅仅是考试的分数、录取的比例，教育的实力主要是培养的人真正是德智体美全面发展的人，主要是人民的满意度。海门要由教育强市迈向教育名市，就要减少教育的负面议论，增加和放大教育的特色亮点；就要减少薄弱学校，增加和提升强校名校的数量和品位；就要减少低水平教师，增加名师优师的比例。说到底，实力教育就是优质学校、优质教师、优质教育，就是高质量的教育。但当前教育质量弱化为教学质量，教学质量蜕变为考试成绩；考试名次成为评价学校的重要依据，考试成绩成为衡量学生的神圣砝码。因此，我们在重视教学质量的同时，更重要的是要以学生为本，着眼学生全面发展、终身发展，让学生学会做人、学会学习、学会生存、学会创造，达到这样的教育目标才是真正的实力教育。

立德树人的海门教育应该追求"活力教育"。"活"的反义词是"死"，活力就是旺盛的生命力。当前教育的一个重要弊端就是"死"——死读书、读死书、读书死。我们教育工作者的一个重要使命就是要让师生活在当下、活出精彩、活出教育的滋味。怎样才能使我们的教育充满生气、充满活力？我以为最重要的是要遵循规律。一是要遵循人的成长规律，实施素质教育，奠基学生未来。要坚持把遵循人的成长规律贯穿教育全过程，紧紧围绕培养德智体美全面发展的社会主义建设者和接班人这一目标，面向全体学生，注重社会责任感、创新精神和实践能力的培养，为每个孩子都能成为“合格公民、有用人才、幸福个人”打下扎实基础。二是遵循教育发展规律，反对死揪蛮干，提高教育质量，致力学有所教，学有优教。三是遵循社会进步规律，完善惠民政策，增进民生幸福。前一阶段，我们通过一系列措施支持和扶植民办幼儿园发展，使广大普通的百姓得到了学前教育的普惠，《中国教育报》(2013年1月13日)在一版做了专题报道，得到了广泛的好评。这说明把海门教育做活是完全可能和可行的。

立德树人的海门教育应该追求“魅力教育”。教育本是一场马拉松，要让教育充满魅力，充满吸引力和感染力，就要让教育处处有惊喜，让百姓时时受感动。这不仅要求我们对教育充满敬畏敬意，而且要求我们对教育充满大爱情怀和理想追求。新教育理想课堂倡导挖掘知识的伟大魅力，在我们的精心经营下，要让校园、让教室，成为每个孩子来了就不想走的地方，走了还时时怀念牵挂的地方。如此，教育就充满了无限的魅力。人是教育的主体，只有以人为依归，教育的魅力才能迸发。因此，我们一定要有生命关怀的理念和意识。这种关怀，既是对学生自然生命的关怀，也是对学生精神生命的关怀；既是对学生未来生命的关怀，也是对学生当下生命的关怀；既是对学生群体生命的关怀，也是对学生个体生命的关怀。

立德树人的海门教育应该追求“美丽教育”。党的十八大报告首次提出“努力建设美丽中国”，这句话让人倍感亲切、心情振奋。美丽中国需要美丽教育，美丽教育成就美丽人生和美丽生命。首先，美丽教育应当是惠民的教育。义务教育的全免费，中职教育的免学费，都不该成为终点，我们应再接再厉，在每个学段都进行更进一步的惠民改革，对家庭经济困难的学生、特殊学生给予最大限度的帮助，废止择校赞助等不合理收费。其次，美丽教育应当是公平的教育。我们应当有一种大视野和大教育观，让城乡之间、区域之间、校际之间保持公平发展，让每一位学生都享受均衡、优质的教育资源。再次，美丽教育应当是创新的教育。全面实施素质教育，培养学生社会责任感、创新精神和实践能力，教给学生一生有用的东西，让学生不仅乐学，更善敏行创造。当然，美丽教育需要卓越的校长、最美的教师来成就。

立德树人的海门教育应该追求“幸福教育”。新教育的一个基本理念和理想是“过一种幸福而完整的教育生活”。幸福是一种体验。通过教育,学生体验的是快乐、愉悦,还是疲惫、苦恼?这是判断幸福教育的基本要求。没有比确保孩子的体质健康更重要的教育质量目标了,一切的情感、态度、价值观,一切的知识、能力、方法等,如果失去身体这一基本载体,就变得毫无意义。我们要认真分析影响学生体质健康的因素,进而全方位渗透改革措施,改变教育方法,这是促进学生健康幸福的系统工程。生活在优美、和谐的学校氛围里,会使师生体验到人生乐趣与生活完美,保持健康心态,营建美好生活。同时还能减轻师生压力,使他们心情放松、淡化,摆脱心理困境,从而促使其潜能、创造力和个性得到充分施展。

实力教育、活力教育、魅力教育、美丽教育、幸福教育,是教育建设的题中应有之义,也要求我们重新认识当前社会对教育的要求,树立“立德树人”的理念,进一步理解教育的本质和意义,努力使学生全面发展,满足新时期社会对教育的新要求。

德之不立,才将焉附?在育人过程中,要坚持把德育放在首位,让学生真正明白“德”乃立身之本。要把社会主义核心价值观体系融入教育的全过程,把中国传统文化的精华和世界优秀文化作为宝贵精神资源,进行卓越德育课程的研发。以学生喜闻乐见的方式实施德育,提高学生道德素养,培养理想远大、懂得奋斗、品德高尚、敢于担当的建设者与接班人。让我们同心同德,同力同向,求真务实,攻坚克难,为办好人民满意的教育而努力奋斗!

“新体育百分百”实践研究

体育是教育的重要组成部分。全国亿万学生阳光体育运动从启动至今已经过去六载，许多的地区和学校也从阳光体育运动当初的彷徨、迷茫和犹豫中走出，正以不同的方式行走在阳光体育运动实践的道路上。随着党的十八届三中全会的胜利召开，《中共中央关于全面深化改革若干重大问题的决定》提出：强化体育课和课外锻炼，促进青少年身心健康、体魄强健。阳光体育运动也从当初的浅滩试水转入深水探索，承担着新的历史责任，面对新的历史使命和机遇，需要全体学校体育人相互真诚的分享、反思、讨论阳光体育运动六年的成长经验与果实。汲取精华，纠正错误，扬长避短，开启阳光体育运动新征程。本文以海门市中小学“新体育百分百”实践为主要研究对象，细致、系统地阐述“新体育百分百”的内涵、结构、目标、条件、行动策略以及实践成效，为推动阳光体育运动的深层发展提供一种全新的视角。同时，作为新教育实验中新生命教育行动的核心组成部分，试图通过这一项目研究，形成比较系统的新体育实践经验与成果。

在海门市中小学“新体育百分百”实践研究中，我们主要使用了以下几种办法：一是行动研究法：以实践、研究、总结的方法，因地制宜地进行创造性探索。二是文献资料法：查阅相关的理论和资料，较全面地研究本课题的研究现状以及研究成果。三是实地考察法：以现场考察等形式，把握“体育百分百”的创造性推进举措以及效果。四是总结归纳法：归纳总结“体育百分百”的实践策略，使之系统化、理论化，并上升为经验的一种方法。

在理论上，我们的依据主要如下：

从含义来说，“新体育百分百”是由市教育主管部门主导并在全市中小学推行的阳光体育运动的行动策略，其有五个内涵：①义务教育阶段学生每天锻炼时间（含在校和在家）不少于100分钟，高中不少于60分钟；②100%的学校运动场地器材达标；③100%的学生参与体育锻炼；④100%的学生掌握 1 至 2 项运动技能；⑤100%的学生达到《国家学生体质健康标准》测试“合格”以上的等级。

从结构来说，“新体育百分百”内部结构如图 1 所示。其中，“运动参与”既是“新体育百分百”的核心，也是实现“体能与技能目标”的主要方式，主要包括：跳绳、踢毽、跳橡皮筋，球类俱乐部和闲暇体育三项。

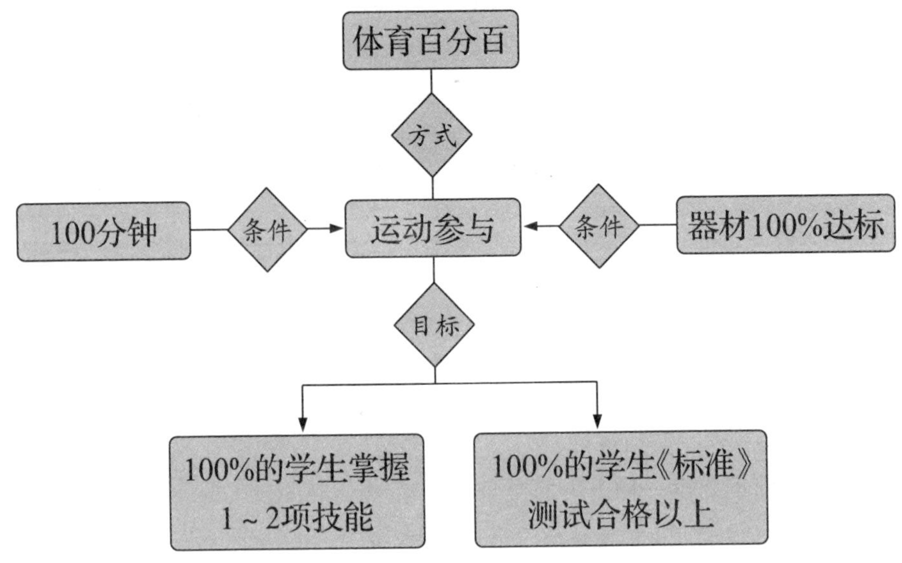

图 1：“体育百分百”内部结构图

从目标来说，我们从 2010 年起，用 5 年左右的时间，全市中小学 100%的学生能掌握 1 至 2 项技能和 100%的学生《标准》测试达合格以上标准。

对整个实施过程的分析，我们首先保证立体检测驱动“新体育百分百”正确行走。“立体监测”是整个“新体育百分百”的黏合剂，也是确保“新体育百分百”顺畅、高效运行的推进剂。

“立体”就是时间、空间、内容和对象的四位一体。

从时间方面，每年的 9 月、12 月、3 月、6 月对全市范围内所有中小学进行四次体能与技能监测。9 月和 12 月，3 月和 6 月基本是第一、第二学期的开学和放假时间，通过测试可以有效地检验一所学校一个学期、一个学年体育课、课外活动实施的成效，是推定一所学校阳光体育运动实施效益的一种方式。

从空间方面，涉及全县所有的中小学。

从内容方面，根据各年龄段学生的身心特点，确定不同的监测项目，监测项目分三类：体质类、技能类和健康项目类（见表1），体质类监测项目包括速度、力量、柔韧、爆发力、耐力等反映学生体质的核心项目；技能类监测项目与全市的球类俱乐部建设等紧密集合，健康类项目包括视力、身高和体重。

从对象方面，监测对象的选取为全县所有中小学，其中各校每一个年级各抽取一个班级进行测试，每次抽测学生约占全市总学生数的15%。

表1：海门市中小学体能与技能监测项目一览表

年级	监测项目		
	体能项目（必测）	技能项目 （选测其中一项）	健康项目（必测）
小学	①坐位体前屈 ②1min跳绳 ③跑 25米*2往返跑（1、2年级）； 50米跑（3、4年级）； 50米跑*8（5、6年级）	①原地拍球 ②足球踢准 ③乒乓球垫球	①视力 ②身高 ③体重
初中	①坐位体前屈 ②立定跳远 ③50米 ④800米（女）、1000米（男）	体育中考项目	①视力 ②身高 ③体重
高中	①坐位体前屈 ②立定跳远 ③50米 ④800米（女）、1000米（男）	选项教学内容	①视力 ②身高 ③体重

注：体质类和身高、体重评分标准参照《国家学生体质健康测试标准》，技能类标准自定。

“监测”则是一种双重的评估，其中，“测”是对“体能与技能”结果的评价，借助“测”看看学生的体质状态和技能水平的结果究竟如何；“监”是对“体能与技能”形成的生态过程的监控，看看学校针对结果有没有干预措施，执行效果又是

如何。“监测”既指向结果，又指向其实现过程。(具体的运行组织结构如图2所示)

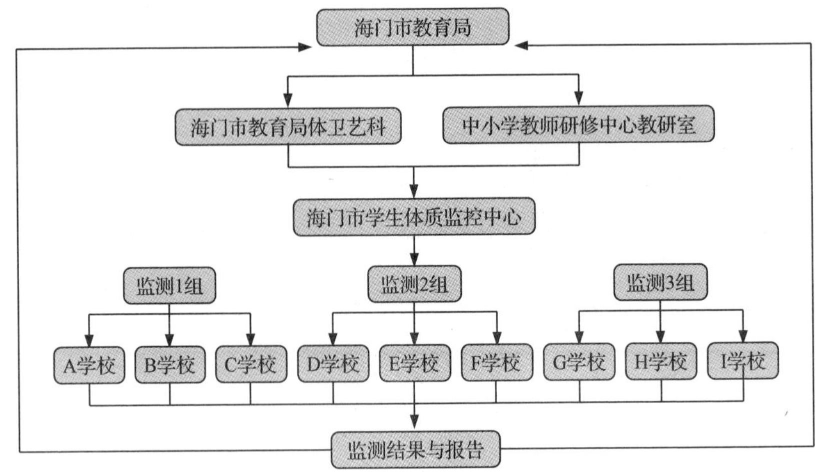

图2:海门市中小学生体能与技能监测组织结构示意图

因此,“立体监测”通过持续的数据追踪、精确的问题诊断,以及严格的数据反馈和结果公告制度,把“目标”与“过程”完整统一,注重“目标”对“过程”的导向与干预,实现对“体育百分百”的持续推动。

其次,我们以刚性条件保障“新体育百分百”顺畅运行。

运动时间和场地器材是学生体育锻炼的基本条件,也是“新体育百分百”顺畅运行的前提条件,但在目前的各项有关阳光体育运动的文件中这两个内容的表述并不明确,因此,“新体育百分百”对此做出了详细的规定,为学校体育运动的扎实推进提供保障。

第一确保体育时间。海门市教育局从规定各年级体育课、体锻课和课外活动时间的具体安排方式入手,每一学期开始,每一所学校向教育局体育科报送三表:课表、作息时间表、课外活动安排表,任何单位不得违反,这三份表是市政府教育督导组督导的依据。明确体育锻炼时间的构成,义务教育阶段学生每天锻炼时间(含在校和在家)不少于100分钟,高中每天在校锻炼时间不少于60分钟,从运动时间的约束着手,为“体育百分百”的落实提供足够的空间。

表2：每周锻炼时间构成

年　级	体育课（周）	体锻课（周）	大课间（日）	在家（日）	每天平均锻炼时间
1～2年级	4节	1节	40分钟（上下午各20分钟）	20分钟	≥100分钟
3～6年级	3节	2节	40分钟（上下午各20分钟）	20分钟	≥100分钟
7～9年级	3节	2节	30分钟	30分钟	≥100分钟
高一～高三年级	2节	自定	30分钟	30分钟	≥60分钟

第二确保场地器材。以实施农村中小学“六有”工程和“四项配套”工程为契机，制定了适度提高的学校体育设施设备建设标准，并借助行政力量，强势推进，使每一所学校的体育设施设备都基本达到省级体育器材配置合格标准。目前，海门市学校的体育硬件的均衡化水平较高，实用性、实效性较强，包括村小在内各校都有符合条件的设施设备，确保了每一个学生都能正常按照课程标准正常开展体育活动。政府部门积极支持、鼓励体育传统学校、重点项目学校等建设较高标准的体育场馆设施。10%左右的学校已经建起了体育馆和游泳馆，有近10所学校的体育场馆已经列入规划，正在处于筹备建设阶段。全市正掀起中小学操场塑胶化的高潮，仅2013年暑假全市中小学一次性修建20片塑胶操场。据统计，从2010年起，我市每年投入学校体育设施设备建设的资金不低于2500万元，充足的资金投入为学校体育工作扎实有效的开展提供了良好的保障。

从操作方式上，我们以品牌项目支撑“新体育百分百”的深入开展。

“新体育百分百”的不断前行，除了“体质监测”的驱动与调控、“运动时间”和“场地器材”的条件保障，更为重要的就是学生“运动参与”的方式，这是实现“双百”目标的重要途径。市教育局以实用、便捷、兴趣等为基本原则，以行政推动、项目引领的方式在全市推进“跳绳、踢毽和跳橡皮筋”“球类俱乐部”和“闲暇体育”三大品牌项目，并成为“体育百分百”中学生运动参与的基本框架，也是“体育百分百”不断向前的有力保障。

从操作方式上，我们让跳绳、踢毽和跳橡皮筋等传统项目旧貌换新颜。

跳绳、踢毽和跳橡皮筋是传统的运动项目，随着新兴体育项目的兴起与发展，这类项目正在远离学生的锻炼视野，但这些运动项目的经济性、实效性、便捷性以及趣味性，使其存在的价值不能被低估，为此市教育局专门组织骨干教师对这类传统项目进行开发与创新，确定一批项目为全市课外活动必选项目。跳绳系列包括单摇、双摇、集体跳长绳、8字穿梭跳和花式跳绳；踢毽系列包括盘踢、跳踢、磕踢和花式踢毽；跳橡皮筋系列包括“节节高”和花式跳橡皮筋。具体的执行安排由各学校自主落实，学校也可以在这些必选项目的基础上进行二度开发和创新，在全校推广和普及。

学校每学期组织各种跳绳、踢毽和跳橡皮筋比赛。教育局搭建平台，每年12月份举办全市花样跳绳、踢毽和跳橡皮筋比赛，比赛以花式跳绳为主，单项技术比赛为辅，为学生们提供展现自身才华的舞台。

从操作方式上，我们让球类俱乐部成为激活校园运动生命的“达·芬奇密码”。

球类项目一直是学生运动兴趣的集聚区，但由于缺乏科学的组织和必要的技能指导，学生的运动往往显得杂乱无序，市教育局意识到了存在的问题，提出了“让每一个学生参加一支球队”的体育锻炼新追求，在全市中小学推动各种球类俱乐部建设，强化球类俱乐部的组织、管理和技能指导。各学校根据自身的办学条件因地制宜地组建排球、篮球、足球、羽毛球、乒乓球、手球等球类俱乐部，球类俱乐部不分班级和年级，学生根据自己的兴趣爱好报名参加俱乐部，各俱乐部成员可以为自己聘任教练、为自己的球队命名、设计队旗、提出自己球队的口号（一些规模较大的学校一个俱乐部可以组建多支球类），参加俱乐部组织的各类活动（球类俱乐部组建示意图如图3所示）。学校每学期组织球类俱乐部联赛、市教育局也启动全市的各项目球类俱乐部联赛，保证全校每一个学生一学期至少能有一次机会代表自己的球队参加比赛，以培养学生的自信心、进取心和合作精神，锻炼他们的意志力。目前，全市中小学共组织篮球、排球、足球、羽毛球、乒乓球市级俱乐部联赛100余次，先后有30000多人次参加市级比赛。

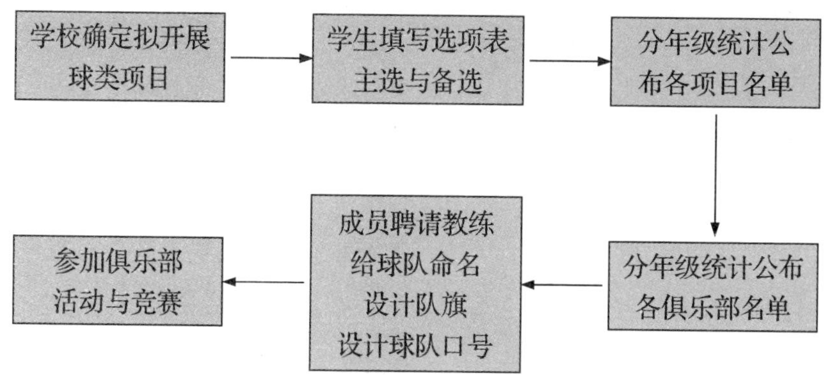

图 3:球类俱乐部组建示意图

从操作方式上，我们把“闲暇体育——校内外一体”相结合，让体育成为生活的方式。

学校体育从校内走向校外，走出校园，走向终身是不可回避的历史必然。这里“闲暇体育”主要是指双休日学校体育场地器材向学生开放，学生们自主到校参与体育锻炼。目前，双休日是学生体育锻炼的真空，没有了学校、老师的管理束缚，学生有了更加自由的支配的权利。许多学生选择上网、看电视、玩游戏，还有一些被迫走进各类辅导班。不健康的闲暇生活正在污染学生的生活方式，让学生在青少年时期就形成一种健康的生活方式无疑会令学生受益终身。为此，市教育局提出了“双休日运动场地向学生开放”的倡议。双休日学校场地器材向学生开放的基本组织框架如下：

参与原则：自主参与

参与对象：学生、家长、亲朋好友

参与地点：就读学校运动场

运动时间：周六、周日上、下午

运动内容：①自主活动②兴趣项目培训（有指导教师）

运动器材：自带或向学校借取

运动管理：学校安排值班人员

学生参与运动完全是以自愿为主，但是，许多时候不仅学生来了，而且他的父母亲或者爷爷奶奶也来了，每一次参与就像是一次亲子运动，尤其是市区家庭参与率更高。在运动中，学生们可以自主选择自己喜爱的运动项目，例如打一场篮球、踢一场足球或者进行羽毛球、乒乓球练习，有些学校聘请有特长的教师担任教练，提供了免费的运动项目培训，例如，武术、跆拳道、街舞、乒乓球等，一些本来要去参加社会培训班的学生纷纷参加了学校的免费运动项目培训，让原本相对寂静的假日校园热闹非凡。一些开始犹豫不决或者坚决不参与的学生，慢慢地尝到参与的甜头，不仅早早地把作业做完，还邀请父母一起参与，不仅解决了交通安全问题，还增加了与父母交流、沟通的机会。闲暇体育正在逐步成为学生假日的生活方式。据不完全统计，在刚刚过去的一个学期有数十万人次参与了该项活动。

从实施效果看，第一，学生体质水平呈现上升趋势。

表3:海门市2010年—2013年度学生体能与技能调研统计

年级	时间	项目①		项目②		项目③		项目④		四项均分
		男	女	男	女	男	女	男	女	
一年级	2010	86.29	85.8	53.77	63.43	59.99	64.59	95.73	96.29	75.74
	2011	85.17	84.71	55.34	65.12	64.41	68.95	97.89	99.05	77.58
	2012	81.43	82.17	57.72	68.63	67.11	67.34	98.81	99.53	77.84
	2013	89.78	91.11	59.14	70.12	75.82	75.63	99.87	99.98	82.68
二年级	2010	86.74	86.99	69.13	76.35	76.27	78.07	93.85	94.29	82.71
	2011	85	83.97	72.67	78.44	76.49	78.99	99.17	99.75	84.31
	2012	83.91	85.33	72.15	79.85	75.89	75.55	99.68	99.17	83.94
	2013	90.45	91.46	72.77	79.48	82.88	82.61	99.94	99.87	87.43
三年级	2010	86.54	87.83	72.21	75.84	70.95	72.53	62.7	65.71	74.29
	2011	82.12	84.28	69.74	75.02	68.06	67.52	72.4	69.4	73.57
	2012	82.94	85.93	72.78	75.25	72.01	73.38	78.46	79.3	77.51
	2013	87.94	91.06	72.72	75.92	78.68	79.29	86.89	86.77	82.41
四年级	2010	85.38	87.57	70.98	80.22	75.8	77.39	69.99	71.78	77.39
	2011	82.86	85.39	71.41	78.12	73.74	77.87	92.97	77.82	80.02
	2012	82.59	85	73.08	80.52	78.48	80.55	81.82	80.29	80.29
	2013	87.5	89.84	73.48	80.65	83.73	85.18	87.98	88.87	84.65
五年级	2010	84.13	88.9	74.32	80.1	71.89	70.45	79.06	81.54	78.8
	2011	82.33	85.42	74.57	79.28	70.6	69.2	82.39	84.41	78.53
	2012	80.24	87	74.92	80.7	73.31	71.62	84.74	87.17	79.96
	2013	85.74	91.15	75.17	81.28	78.08	75.73	89.51	91.12	83.47

年级	时间	项目①		项目②		项目③		项目④		四项均分
		男	女	男	女	男	女	男	女	
六年级	2010	83.14	89.51	79.09	80.03	74.96	73.27	78.27	78.93	79.65
	2011	82.16	87.76	78.52	80.02	74.14	70.99	85.18	84.56	80.42
	2012	81.52	88.73	79.19	82.03	79.94	75.81	82.89	84.88	81.87
	2013	86.57	92.31	79.52	81.72	82.76	77.54	89.34	90.12	84.99
七年级	2010	60.95	61.46	65.25	67.4	71.2	57.63	50.04	58.89	61.6
	2011	63.15	65.33	72.79	70.86	71.6	56.47	60.11	63.48	65.47
	2012	76.64	67.08	74.55	70.1	75.49	61.29	67.96	69.31	70.3
	2013	79.13	67.94	75.7	71.32	79.71	66.3	74.35	78.18	74.08
八年级	2010	63.23	56.59	69.17	69.26	74.46	63.64	67.18	73.06	67.07
	2011	66.57	59.51	73.69	70.67	73.55	61.96	69.96	74.35	68.78
	2012	76.15	67.41	73.92	80.91	77.64	65.73	71.47	76.54	73.72
	2013	78.4	69.26	74.79	80.04	80.41	66.96	80.94	81.3	76.51
九年级	2010	64.66	68.98	74.08	81.49	74.18	59.34	65.54	73.34	70.2
	2011	67.12	70.34	74.97	79.58	75.48	56.91	69.83	74.82	71.13
	2012	70.13	70.24	76.04	81.25	77.25	65.21	72.97	76.13	73.65
	2013	72.33	72.04	77.74	83.15	79.22	70.14	76.37	78.23	76.15
高一	2010	73.74	80.13	67.57	57.1	80.39	63.79	53.33	66.05	67.76
	2011	77.51	82.14	68.49	68.85	80.86	66.71	65.13	67.74	72.18
	2012	77.05	82.13	68.74	73.11	81.21	69.77	64.42	70.82	73.41
	2013	78.24	83.11	72.36	73.23	82.46	71.85	70.64	74.56	75.81
高二	2010	76.05	80.54	68.69	50.72	73.52	50.4	54.69	54.73	63.67
	2011	75.9	78.2	70.62	69.38	78.68	56.69	65.72	68.38	70.45
	2012	76.01	81.2	66.36	66.01	79.34	56.08	71.01	66.53	70.32
	2013	77.15	83.04	71.43	68.98	81.68	59.55	73.55	72.45	73.48
高三	2010	70.74	74.06	68.89	69.02	70.15	49.48	49.09	63.83	64.41
	2011	69.35	75.3	70.58	60.33	78.5	52.49	60.13	61.38	66.01
	2012	71.74	76.46	72.51	60.43	73.14	60.56	69.63	73.66	69.77
	2013	72.68	78.68	73.11	62.35	73.14	65.33	70.55	75.68	71.44

注：表3中类别项目对应表1中的各体能类项目，小学阶段项目④对应表1中的技能项目。

从纵向看，通过2010、2011、2012、2013年度学生体能与技能调研统计结果（见表3）可以看出，无论是单项成绩还是总成绩均呈现明显增长态势。特别是一直备受社会诟病的耐久跑能力也呈现出可喜的增长趋势。这样的结果显然与学生参与运动有密切的关系。结果说明，“体育百分百”对学生体质增长具有明显的作用。

从横向看，大市级教育主管部门的学生体质抽测的排名结果：2010 年列第 7，2011 年、2012 年、2013 年分列第 5、第 3、第 2 名，不断提升的学生体质综合排名也在表明全市中小学学生的体质正处于上升通道，并且在同类县市中正愈发具有竞争力，这显然与“新体育百分百”的普及与推广，以及所产生的效益是不可分割的。

从实施效果的第二点看，学生运动技能水平日渐提高。

随着球类俱乐部以及跳绳、踢毽项目的推广与普及，学生的运动技能水平突飞猛进，其中，大批学校已经成为球类俱乐部建设的典范。2011 年起海门市举办国际足球邀请赛，邀请韩国、日本、泰国等国际青少年球队来华参赛，海南小学足球俱乐部连续三年参赛，2011 年问鼎 U11 冠军；2012 年摘取 U11 亚军、U13 冠军；2013 年获 U11、U13 季军。全市一批中小学的乒乓球、篮球、排球、手球、羽毛球等球类俱乐部项目在省、大市运动竞赛中捷报频传，屡获冠军。从 2011 年起，海门市连续三年代表大市参加省级阳光体育运动会，两次获得冠军、一次获得亚军。运动成绩的取得与运动项目的广泛普及密不可分，与学生运动技能的成长与成熟息息相关，体现了“新体育百分百”的强力效益。

我们用“新体育百分百”整合了阳光体育运动的“目标、条件和方式”，采用区域行政推动，项目主导的方式，系统构建了阳光体育运动的推进策略。目标明确、路径清晰，方式新颖、对学生体质与运动技能的提高具有显著作用，是学生阳光体育运动的一次有益的、成功的探索。实践表明，基层教育主管部门要切实转变工作方式，实现从空洞的宏观指导向切实可行的实践操作指导转变，从为学校“指路”向为学校“铺路”、带领学校“走路”转变，把责任、使命的担当转变为有形的、可执行的方案，减少基层一线学校探索的弯路和错路，提高推进的效率。对基层学校而言，在基层教育主管部门设计的框架基础上，不断地研究、实践、充实和完善本校的阳光体育运动内容与形式，逐渐呈现既有区域共性，又有学校个性特点的阳光体育运动面貌，上、下联动，敢于作为，才能共同推动阳光体育运动向更高层次发展。

提升“五力”书写卓越传奇

书写精彩传奇，不仅需要干正确的事，而且需要正确地干事。

什么是卓越？

卓越就是比别人更为执着；卓越就是比别人敢于创新；卓越就是比别人更富于梦想；卓越就是比别人有更高的期望；卓越就是比别人更加充满激情！比别人高出一点点，别人就会嫉妒你；比别人高出一大截，别人才会仰慕你。只有对所从事的事业历经不断学习、创新、积淀的过程，才可能在别人的眼中绽放出耀眼的光芒，才可能创造出奇迹。从优秀走向卓越的美好瞬间，背后都包含着艰难的涅槃、艰辛的磨炼和艰苦的登攀过程，而这一切恰恰应该是海门教育的幸福之旅。

怎样的教育才算是卓越呢？一句话：必须有卓越的质量。卓越的质量依靠的是卓越的校长、卓越的教师、卓越的课程、卓越的管理等支撑的，最终是要培养出一批批卓越的学生。这些都必须通过以下“五力”的提升与突破。

一、课堂变革的教研力。基础教育已进入由全面普及提高转向以强化内涵发展和提升教育教学质量为重点的新阶段，教学改革已成为课程改革的重心，而教学改革的一个重要抓手就是课堂变革。教研力就是教师的“教学力”、校长的“办学力”、学校的“发展力”、区域的“教育生长力”。要以先行之见求先见之明，以先见之明得先见之行，始终走在教学改革的最前沿，引领课堂变革，把理念和行动融入教学过程。

二、学校发展的文化力。文化是有力量的，一所学校，即便是拥有良好的文化元素，也并不等于它就一定拥有了良好的文化力。学校文化建设的关键并不在于文化形式本身，而在于努力提升学校文化力，真正使文化成为展示学校独特形象、凝聚学校成员心志、推动学校创造性发展的巨大能源。以缔造完美教室为抓手，深度推进学校文化建设，努力让文化为每一所学校注入发展的活力。

从完美教室价值系统的建构、班级课程的研发、课堂文化的打造、共同生活的营建、节日庆典与社团活动的组织、班级博客建设等方面全面推进完美教室建设，让教室成为学校文化的核心地带，成为学生健康成长的精神家园。

三、科学研究的生产力。干事创业既要“善谋”，也要“敏行”。“善谋”是“敏行”的前提和条件，若要“善谋”，必须“眼界宽、思路宽、胸襟宽”。只有眼界宽，才能把握大势、把握全局、把握规律；只有思路宽，才能站得高、看得远、想得深；只有胸襟宽，才能凝心聚力、风清气顺、和谐奋进。事实上“善谋”“敏行”都来源于科学规划与战略思考，都发力于科研的含量。必须改进教育科研的方式方法，树立“问题即课题、行动即研究、成长即成果”的科研理念，坚持教育科研贴近课堂、贴近实际、贴近生活的“三贴近”原则，不断增加教育科研对提高教师队伍整体水平和教育质量的贡献率。

四、团队行动的执行力。一个团队的执行力决定着一个组织转变发展方式的成败。没有执行力，就没有竞争力。执行力不是简单的完成任务，而是在解决困难的行动中提高自己，在创造性的工作中实现自我。教育是过程的艺术，需要精细管理，需要关注细节，最根本的是校长与教师的执行力。在我们的教育教学常规管理中，有时候并不缺乏战略，而缺少的是精益求精的执行；不缺乏制度，而缺少的是对规章条款的不折不扣的执行。学校的执行力应落脚在教育教学管理上，特别是教学常规管理制度的落实上，这是保证教学工作高效有序运行的基本保证。海门教育成功的重要秘诀是团队行动，以及一个个团队坚定的执行力与创新的行动力。无论是高中学科教学工作室每周研制出来的一体化讲义，双休日任务驱动型自主学习单，还是各名师工作室、名品项目工作室开展的一个个扎实有效的项目研究，以及各所学校各种形态的共同体组织的高效运作，都充分证明了团队执行力的巨大效应。

五、辐射引领的影响力。以海门为例。随着海门教育品牌的逐步打响，来海门考察学习、挂职锻炼、专题培训的省内外教育同行络绎不绝。这种影响力要进一步放大，既要立足海门，还要走出海门，通过省内、省际、国际等合作办学新模式，为海门市教育的深层次发展开通新的渠道，对促进省际范围内的教育均衡发展提供有益的尝试与经验，促使海门教育国际化进程稳步推进。这种影响力既传播了美好，又强烈激发起自信，激发人们不断创造美好。

卓越的教育管理者应该培育第5级经理人所具备的优良品质、谦逊的性格、锲而不舍的精神。在激发变革、改进、创新时，始终把发扬核心意识作为出发点，要把教师引领到适应核心价值、目标和“执着追求，永不放弃”的价值观，以及加强对个人的尊重，树立社会责任感和一种深深的信仰。

以此“五力”，伴随着强化事在人为、事由人兴、事随人成的责任感，进取为先、创新争先、素质领先的使命感，路径多元、举措多样、结果多赢的成就感，就能引爆潜能，让教育立于卓越的高山之巅。

协力名师成为团队领头雁

百年大计，教育为本，教育大计，教师为要。有好的老师，才能有好的教育。新教育实验正是让教师专业成为起点。近几年来海门教育正是紧紧抓住教师队伍建设这一关键，大力推进“四大工程”建设，即铸魂工程、领雁工程、名师工程、夯基工程，取得了令人瞩目的成绩。站在新的起点，海门教育人开始了教师队伍建设的新征程。

一花独放不是春。如何把名师的效益最大化？如何让名师在自己成名的新起点上继续腾飞？考虑名师队伍不断壮大、名品教育项目不断成熟的优势，我们着手组建了名师工作室和名品教育项目工作室，利用名师、名品项目的优质资源，把具有发展潜质的中青年骨干教师集中起来培养，变单一的、自然的名师成长为团体的、合作的共同体成长模式，实现名师、名品的社会效益最大化，促进整个教师群体的成长。

海门市2009年11月组建了十个名师工作室、2010年11月组建了五个名品教育项目工作室。通过两年来的运行，名师、名品项目工作室作为一种专业研修共同体，成了海门市促进骨干教师群体发展的新模式。

我们的定位与目标是——

“名师工作室”是由名师联合一批有共同教育理想和追求的优秀教师，组织起来开展创新型教育教学研究的学术活动组织，是集教学、研究、培训于一体的研修共同体。组建名师工作室，旨在创设一种相互支持和相互协作的学习环境，打造一流的专业团队，创建学科教育的特色和品牌，形成合作互动培养人才的新机制。

“名品教育项目工作室”是以“特色引领发展，品牌成就事业”为理念，以教育项目为品牌，由项目负责人联合一批有共同志向与专长的优秀教师组成，集教研、科研、培训于一体的旨在培养教学骨干、特长学生的教学研训组织。组建名品教育项目工作室，旨在培育名品教育的领军人物，推动相关学校的教育名品建设，在市内外发挥示范、带头和辐射作用，形成名品教育群体效应，从而彰显海门名品教育的魅力，提升海门教育的影响力和美誉度。

我们的行动策略是——

专家引领 聘请知名专家、特级教师等为工作室顾问，定期为工作室作讲座，进行教学诊断，为工作室成员架设从理论到实践的桥梁。通过专家引领，不仅开拓了工作室成员的视野，而且促进了工作室成员深入思考，更新观念、解决教学中遇到的各种问题，从而更好地促进教师专业化发展。如“童化作文”工作室聘请中国写作学会副会长、福建师大潘新和教授、浙江省小语会副会长、著名特级教师周一贯先生等担任工作室顾问，通过定期邀请讲学、主动登门请教、研讨活动点评、指导撰写书稿等形式，使儿童写作课程研究在理论上有“高地”，在实践上有“阵地”，在学术上有“领地”。

专业阅读 教师专业阅读是促进教师专业发展的内在动力。有了理论的支撑，教师才能站得高、看得远、走得稳。各工作室把读书放在首要位置，以改善成员的心智模式，提升专业素养。围绕共同愿景、研修项目，选择相应书目，进行共同阅读，除此之外，工作室为每位成员订一到两本专业杂志，进行自主阅读，还要求每位成员每学期自读两本教育教学专著，每月组织一次读书心得交流会，分享阅读心得。通过专业阅读，不断推动教师的自主研修。如文化语文工作室提出了让工作室成为一个学习共同体的口号。首先是阅读“文化语文”已有的一些主张、追求和论著。《祝禧讲语文》《意象构建——读出文学的真美》等成为每个成员必读书目。其次是共读共赏。针对学科特点和发展需求，共读一本书。每月一次的成员集中，第一件事情就是交流阅读情况。再次是个性化阅读。除了共读共赏外还要求每一个成员都有自己的兴趣爱好，有自己的阅读倾向。

观摩学习 组织成员观摩名师、观摩同伴、观摩同行的课堂，学会用批判和审视的目光，看待课堂教学行为中体现的思想、观念，并做出理性的判断和选择，形成勤于学习、善于思考、勇于实践的思想意识。如“审美人生教育”工作室给予每一个成员外出学习的机会，例如委派贺敏敏、丁惠参加“全国美术现场评优课”活动，实景观摩的收获对他们的成长一定能起到不可估量的作用，而她们回来后将学习的心得、购置的光盘和资料，进一步辐射到了每一个成员。工作室成员还集体去美丽的西塘参加艺术实践活动，采风、写生大大提高了成员的创作激情。2010 年 7 月集体参观上海博物馆，领略稀有艺术品的独特魅力。

研讨展示 课堂教学能力是教师专业水平最直观的表现。各工作室定期开展课堂教学示范课、研究课、观摩课、展示课的展示活动，让每个成员置身课堂教学研究，在不断实践、不断发现、不断改进中前进。同时组织研讨，在民主平等的交流对话中，提高反思能力，找出改进教学问题的解决方法，不断地提升自己的教学技能和专业素养。2011 年海门市的每个工作室均开展了市级以上教育教学展示活动，导学式教学工作室举办了“全国首届学程导航活力课堂小学数学教学专题展示活动”、文化语文工作室举办了凤凰语文校园行活动和江苏省第八届名校名师小学语文主题观摩研讨活动、童诗工作室举办了“第四次”童诗教学范式构建专题研讨会、学程导航工作室举办了全国学程导航教学范式研讨活动、本真音乐工作室举办了南通市小学歌唱教学基本范式构建研讨活动、童话作文工作室举办了儿童视野下的想象作文专题研讨会、智慧管理工作室举办了第二届全国初中名校创新发展研讨会等等。每一次活动，全体成员从备课开始全身心投入，在解读教材中碰撞思想，在备课中达成共识，在互动研讨中提升。这些活动，让工作室成员在教育教学研讨实践中不断超越，逐渐形成各自的教学风格和特色。

课题研究 每个工作室以课题为抓手，深入推进工作室的研究项目。各工作室围绕自己的教育主张，加大研究力度，形成课题群，采取项目攻坚的方式，高质量完成晨诵课程、午读课程、暮省课程、每月一事课程、科学阅读课程、完美教室课程的研发，带头开展学程导航研究，形成各个学段各门学科的学程导航基本教学框架。如导学式数学教学工作室主持人承担的江苏省教学研究（第八期）重点课题《区域实施“学程导航”教学范式的实践研究》于 2011 年 3 月成功开题，该工作室成员还承担了南通市教学研究（第八期）重点课题《小学数学“个性化教学"的实践研究》、南通市教育教学重点课题《小学阶段学生数学思维的阶梯训练》、省级课题《运用信息技术，引领儿童学会数学地思维》等课题研究。

团队建设　工作室作为一个专业共同体，具有共同的价值取向，有浓厚的学习、研究的氛围，形成一种立足实践、开放合作、积极向上的教研文化。这种积极进取的学习型组织也塑造着每一位教师，他们相互影响，相互促进，不断学习，不断反思，不断超越自己，充分发挥各自的创造力。他们高度重视工作室的组织文化建设，形成共同的价值观，提升凝聚力，加强与研修中心研修员的密切合作与沟通，加强工作室内部考核管理，优胜劣汰，奖优罚懒，加强工作室平台建设与档案管理，确保简报、论坛、博客、微博等有专人负责，或者分工协作，凝聚更多的尺码相同的教师，共同前行。

我们的管理机制是——

设置机构　成立海门市中小学名师名品项目工作室领导小组，下设办公室。"名师名品项目工作室"办公室负责名师名品项目工作室的成立、运行、评估、考核、保障等管理工作；各有关学校可据此成立相应的领导小组，在海门市中小学教师研修中心的指导下，协管名师名品项目工作室的相关工作。

考核评价　名师名品项目工作室原则上以三年为一个工作周期。在每个工作周期中按有关的评估标准，通过查阅资料、调查访谈、成果检验等考核方式，对名师名品项目工作室进行工作周期内每年一次的过程性评价和一个工作周期末的终结性评价，并实行过程性评价淘汰制，考核不合格则摘牌停止运行。优秀名师名品项目工作室领衔人员优先晋升高一级职称和专业荣誉称号，优先推荐为省、市教育系统高层次培养人才，优秀名师名品项目工作室成员优先晋升高一层次的骨干教师。每个工作周期结束后，考核合格的名师名品项目工作室须进行新一轮的申报工作。名师名品项目工作室成员的考核主要由其领衔人负责，主要从思想品德、理论提高、管理能力、教育教学能力、研究能力等方面考察是否达到培养目标，考核不合格者则调整出名师名品项目工作室。同时按有关程序吸收符合条件、有发展潜力的新成员进入工作室。

制度保障　要使工作室的能动性得到最大程度的激发，促进学习、研修、培训、提高一体化,真正成为一个充满生机与活力的研修共同体,还要靠一整套行之有效的制度作为保障。名师名品项目工作室领衔人所在学校须为其创造良好条件,提供活动场所,配备相应的办公用品。名师名品项目工作室成员所在学校要加强对本校成员的支持和管理,促进他们成长。名师名品项目工作室领衔人所在学校如有教师申报担任该领衔人工作室成员,在同等条件下可优先受聘。名师名品项目工作室建设工作纳入对学校教师队伍建设的考核内容。经费上海门市计划每年每个名师工作室补贴 8 万元工作经费,其中市财政补贴 5 万元,所在单位筹措 3 万元。主要用于工作室的各项业务活动。经评估考核,市教育局对工作实绩显著的名师工作室及其成员,给予表彰奖励。

名师工作室与名品教育项目工作室平台的搭建,凝聚了一大批优秀的教师,放大了名师团队的影响,加速了优秀教师群体的成长,有力地提升了海门教育的发展品质。

初中教育提升五招

1998年12月，江苏省教育委员会曾在海门举行了初中教育工作会议，这次会议对近十年江苏初中教育发展产生了重大影响。海门市的初中教育乘着这股改革之风，大踏步向前，通过区域规划调整，一系列的教育装备建设工程，使海门初中学校城乡办学条件基本接近，均衡化水平得到全面提升，呈现了又好又快的发展态势。特别是进入“十一五”以后，海门市初中教育的发展重点定位在内涵发展、特色发展、优质发展上，并以项目驱动为主要抓手，以制度创新与专业服务为支撑，全面提升初中教育的发展内涵，逐步形成了“区域建设现代化，优质教育均衡化，质效管理精致化，学校发展特色化”的海门初中教育特色。

第一招，达标创特，提升初中学校的发展品质。“达标”即达到“江苏省示范初中”的办学标准，“创特”即创建特色学校。

至2005年底，海门市有9所初中通过了江苏省教育厅组织的“江苏省示范初中”的评估验收，并呈现出良好的发展态势。2006年起，海门市启动了农村中小学“达标创特”工程，教育局明确提出了三年内所有乡镇初中必须达到“江苏省示范初中”的办学标准，并创建特色学校的目标，旨在以此为载体全面提高农村初中教育的整体办学水平，进一步强化素质教育，提高教育质量，深化教育改革，促进教育公平，大力推进海门市初中教育事业在新的起点上又好又快地发展，促进城乡初中教育的优质均衡发展。

整个“达标创特”工程的实施，从年初专家诊断、规划制订、动员会，到过程中专业团队的多次策划、视导、磨课、专题引领，以及学校师生的全面投入，用整一年的时间，整体提升一批初中学校的办学品质。同时，通过项目、学科、文化等多条路径，把每一所创建学校培育成富有特色的学校。如东灶港初中的海洋文化特色、三星初中的励志创业特色、正余初中的文学阅读特色、货隆初中的激情英语特色、育才中学的发展教育特色等等。评价机制的改革与创新，大大改变了初中学校“校校一面”的局面，激发了各初中学校的发展活力，丰富了初中教育的发展内涵，改变了学校的发展模式。目前，全市所有初中均成为“达标”和“特色”学校，并由学校特色建设向文化发展转型。

通过这几年的实践，我们深深体会到“达标创特”工作，创新了推动区域初中教育整体发展的机制，它以“达标”为实现区域教育基本均衡的制度化取向，以“创特”为实现学校特色发展、区域高位发展的个性化取向，使政府办学与学校发展形成了一种共同的愿景和使命，使政策支持与专业支撑交相辉映，使海门初中教育呈现了在高位均衡引领下的自主发展、内涵发展、特色发展的喜人景象。全市各初中学校通过“达标创特”的创建过程，管理水平、教科研水平、教师专业素养、学生素质等均得到了全面的提升，全市初步形成了教育思想先进、管理水平较高、办学质量优良的初中教育体系，取得了软硬件建设的双丰收，有效促进了初中教育优质健康发展。

第二招，校长俱乐部，提升初中校长的教育思想。“领导学校，首先是教育思想的领导，其次才是行政上的领导”。这是苏霍姆林斯基在多年从事校长的实践经验中提炼概括出来的一个十分重要的观点，也是校长管理学校的客观规律的反映。

2006年海门市成立了初中校长俱乐部。校长俱乐部一个重要的使命，就是促进每一位校长成为有个性、有思想的校长。为此，我们努力把俱乐部办成思想者的精神家园，构建了开放、灵活、自由的运作机制，以分享、合作为共同价值取向，每月活动一次为基本制度，项目研讨、沙龙、论坛为主要方式，思想碰撞为重要环节。每次活动都到一所不同的学校，有自由论坛的机会、有共同的话题、有与专家的对话、有合作研究的项目交流、有集体的反思等等，旨在让俱乐部里的每一位校长都拥有自己独特的办学理念与风格，从经验型、管理型校长走向智慧型、文化型校长。至今初中校长俱乐部开展了20次活动。通过这一载体，校长们从教育思想、管理实践、精神信念等方面保持协调共进，为教育均衡发展提供思想与决策上的支持和保障。

我们十分重视对校长的专题培训，海门市教育局已连续八年利用暑假组织一把手校长先后赴江苏教育学院、华东师范大学、国家教育行政学院、江苏省委党校、东北师大、浙江大学、石家庄机械化步兵学院等高等院校进行封闭式培训，每期一个专题。有“科学之旅”“经济之旅”“文化之旅”“艺术之旅”“军事之旅”等，每次围绕专题邀请知名教授专家作系列报告，组织考察体验，进行反思研讨，大大开阔了校长们的管理视野，丰富了校长们的教育思想。另外，实施了城乡校长结对帮扶制和乡镇校长挂职锻炼制。在结对帮扶期间，市区学校校长每月至少要有一次赴帮扶学校指导工作，对帮扶学校存在的问题作出“诊断”，制订出“矫正”方案。同时，教育局下发了试行挂职锻炼工作文件，共有60多名乡镇初中的正副校长赴城区4所初中进行挂职锻炼。用了两年的时间，让所有乡镇初中的领导到市区相应的直属初中挂职学习一次，通过现场指导与学习交流制度，提升了乡镇初中校长的办学思想，提高了他们的管理能力，为全市初中校长队伍建设注入新的活力，促进了乡镇初中管理内涵全面提升。

第三招，区域教育共同体，提升初中教师的专业素养。2005年9月，海门市教育局在广泛调研的基础上，决定以区域的方式整体加入“新教育实验”。新教育实验是以教师发展为基点，让新教育共同体成员过一种幸福完整的教育生活为目的的实验。

在新教育实验倡导的教师专业发展思想引领下，以江苏省教育科学规划“十一五”课题“区域教育共同体建设与发展研究”为依托，构建起一种新型校际合作的横向与纵向双轨制教育发展平台。即在市区直属初中高位发展层面上，打破学校界限，以学科建设为任务，以特级教师或大市级学科带头人为核心，由相关学科老师组成的教学共同体。更重要的是在城乡学校联动的层面上，由教研员牵头，建立一所城区初中带动多所乡镇初中的联合体。通过整体联动，开展互助型项目，全面提升乡镇初中教育发展水平。2009年，此课题正式升格为全国教育科学规划教育部立项课题。用课题带动行政管理机制创新，成了海门教育发展的一大亮点。

海门初中学段构建了多种形式的专业发展共同体，市区学校协作发展共同体、城乡联动发展共同体、学科项目共同体、校长俱乐部、名师工作室等，建立了专门的管理制度与捆绑式考核机制。各个共同体活动以项目推进的方式展开，主要开展了以下六大项目：一是围绕习惯养成的“每月一事”项目；二是围绕理想课堂的“学程导航”项目；三是围绕书香校园的“阶梯阅读”项目；四是围绕公民道德的“新公民教育”项目；五是围绕艺术素养的“艺术鉴赏”项目；六是围绕阳光体育的“球类俱乐部”项目。在共同体的活动中，分享经验、分工协作，通过多年的努力，形成了项目实施的基本模式，研发了一系列富有地方特色的课程，如7 ~ 9年级的名著导读与诗词诵读课程、初中英语赏读课程、初中艺术鉴赏课程等等，构建了具有海门区域特色的“学程导航”课堂教学范式。共同体组织以分享合作为宗旨，以学科建设为重点，以师生共同发展为中心，以实践反思为方式，优化区域教育资源，强化区域教育共同体的管理模式和运作方式的研究，从而摸索出了一条区域教育高位均衡发展的新路径，建构起区域教育的新平衡。如今，区域教育共同体已经成为海门区域深入推进课程改革，全面实施素质教育，促进区域教育内涵发展的有力载体。

第四招，阶梯阅读，提升初中学生的精神气象。新教育实验的一个基本理念是“让师生与人类崇高精神对话”，书籍是人类宝贵的精神财富，也是点亮学生的精神明灯。关注初中学生的心灵成长与精神发育应该从阅读开始。

2006年，海门初中全面启动“书香校园”工程，出台了“海门市书香少年计划”，提出重构初中学生的阅读生活，改变初中学生的生存状态，以“阶梯阅读”的构建为主抓手，全面指向为每一个初中学生寻找到此时此刻最适当的阅读书籍，为每一位初中教师探求到此时此刻最适合的指导方式，为每一所初中学校营建起此时此地最适宜的阅读情境，并在阅读的高效性、问题的针对性和学习生活的改变上，放大阅读的功能，让师生行进在幸福而完整的阅读引桥中。

推进策略有：一是提出底线+榜样的管理铁律。市局每年出台阅读推荐书目，提出每月阅读一本书的底线要求，倡导学生每天阅读一小时，确保师生人人都能每天在校共读20分钟。要求各个学校制订具体的阅读底线要求，培养和推出榜样教师，发挥示范引领作用。二是不断完善阅读机制，特别是“晨诵午读暮省”“师生共读共写”和“阅读挑战”机制，提高“阶梯阅读”的针对性，形成阅读引领成长的完善体系。三是抬高主题阅读研究的标杆，各区域共同体组织核心团队，深度开展文学阅读、科学阅读、主题文化阅读等方面的路径研究，把阅读与学科课程、社团活动、特色发展等有机结合，不断整合阅读资源，丰富阅读的内涵。四是加强阅读活动的常态化建设，新教育“阅读节”正成为各学校的基本节日制度，以区域共同体为单位组织了“我的阅读故事”系列征文、经典诗文诵读电视大赛等活动，以提供更多阅读活动的展示与交流平台。热爱阅读，以阅读撬动初中素质教育的变革正逐渐成为海门初中学校的共同价值取向。

第五招，学程导航，提升初中课堂的实施质效。理想课堂是不断焕发生命活力的课堂，是智慧不断生长的课堂，理想课堂的最高境界是实现知识、生活与生命的深刻共鸣。初中课堂真正要实现从低效到有效，从有效走向高效，必须深度变革传统的以教师为中心的课堂模式，全面构筑起以学生为中心的课堂，使教学活动真正从教师的“教”为主转移到学生的“学”为主。学生是整个教学活动的中心，教师只是教学活动的组织者和指导者。

2007年是海门市课堂效率年，经过一段时间的摸索，决定在全市初中全面推进“学程导航·智慧课堂”教学范式，希望通过深度研究，在教学的有效性上实现新的突破。具体策略有：一是加强对共同体学校重点学科研究与实践的反思、总结，集中学科团队深度研讨，结合专题研究活动，构建各学科的基本教学范式，并认真研究范式的实施路径与着力点，确保推进的有序性和实效性。二是明确逐层、分段推进的路径。既以大型现场会的方式分学科全面推进，教研员、共同体学校教学骨干示范引领，解读各科范式，明晰方向，有效指导；又以区域学科共同体的研修方式深度推进，加强区域化、校本化的落实。三是强化分段过关程序，深化“以学定教”的教学思想。一方面改变备课的基本流程，从三维目标、教学资源、学程预设、导航策略、作业设计、调整反思等环节来构建“学程导航”的基本备课范式，为课堂实施奠定基础；另一方面改变课堂的组织和管理方式，明确“学程导航”的课堂基本组织流程：目标导向、任务驱动、自主学习、合作探究、展示导学、检测反思，重点突出自学、展示、小组合作环节研究，引导教师积极参与教学改革，确保课堂教与学的行为方式得到根本性的改变。

我们还用有效的课堂管理机制来促进课堂效率的全面提升。精心研制课堂六度评价要求,从参与度、亲和度、整合度、自由度、练习度、拓展度六个方面评价课堂。要求各校建立严格的课堂教学考评反思制度,每日一反思,每周一小评,每月一总评,强势推进课堂变革行动,确保每节课教师的讲授时间不超过三分之一,确保每节课每个学生都能全身心投入,找不到不学习的孩子。教育局架构起了"学程导航"经典课例三级培训机制,组织专题的推进会,进行范式引领、同课异构研讨活动,选择部分试点学校先行实验,深入研究学生的学习、研究教材的使用、研究学程的导航方式,以形成可以推广的经验。组织起市级、区域共同体级与学校级三个层次的学科经典案例库,通过案例示范,学习研修,实战过关,反思提升,形成常态,培训覆盖面达到了100%。各学校也根据自身的实际,加大了校本研修的力度,大胆探索,创新实践,让"以学定教"的教学思想具体化、流程化、模式化。用机制和模式的扎实推进来保证学生学习主体性的充分发挥,真正实现"让每一位学生成为学习的主人"的美好愿景,全面提升初中学校的课堂教学质量与效率。

为不断丰富初中学生的校园生活,我们还在全市初中学校大力推进了社团活动、大课间活动、节日文化活动等,为初中学生提供了多样化的展示和发展平台,促进学生全面而具个性地发展。当然,我们认为管理体制和评价体制改革滞后仍然是制约初中教育优质发展的瓶颈,目前初中学生的生存状态并不理想,初中教育发展的空间还很大,还有待继续努力。

研发卓越课程　构筑理想课堂

寻找到新教育新的“生长点”，破解新教育继续前进的“密码”；把新教育与海门教育深度融合，以新教育来统领未来海门教育的持续发展，把新教育作为进一步提升海门教育品质的有力支撑，是我们的努力方向。

一、海门新教育实验的简要回顾

海门新教育实验缘起于2003年3月31日，朱永新先生应邀在海门作的一场学术报告。2005年9月，海门整体加入新教育实验。十年来，新教育引领了海门教育的发展，海门教育蕴含着鲜明的新教育基因；十年来，海门教育也促进了新教育的发展，新教育带有明显的海门元素。一路上，我们怀揣着新教育的理想，不断行动，不断思考，不断创新，共同见证了海门教育的奇迹。

营造书香校园，让每一个师生丰富精神的底色。我们无限相信书籍的力量。2006年起组织的图书漂流行动，让乡村孩子享受到了“我读书，我成长”的快乐；阶梯阅读项目的研究营建起共读共写共同生活的常态；家庭教育日的设立、萤火虫亲子共读公益项目海门分站的活动成了海门一条独特的风景线；每年组织的新教育阅读节以及多样的阅读推广行动为“书香童年及少年计划”搭建了丰富的展示平台。我们坚信：阅读即生活，阅读即生命，阅读即探索，阅读即审美，阅读必定丰盈师生的精神家园。

推动公民教育，让每一个学生形成良好的人格素养。围绕省教育科学“十一五”规划课题“新公民教育行动的研究”，出台了《海门市新公民教育行动指导纲要》。以“每月一事”项目为抓手，在全市推进新公民教育行动研究。先后多次召开新公民教育行动推进会及专题研讨会，形成了“每月一事”项目的基本操作流程，即“主题阅读，实践活动，展示交流，评价反思”，为全市中小学及全国新教育实验区（校）提供了可供借鉴的范式，成为江苏省和南通市文明办推广的典型。

构筑理想课堂，让每一节课堂焕发生命的活力。2009年始，以“让每一个学生成为热爱学习的天使”为价值取向，以推进“学程导航”教学范式为基本路径，加大了构筑理想课堂的力度，致力于打造幼儿园的“兴趣课堂”，小学的“活力课堂”，初中的“智慧课堂”，高中的“高效课堂”，职高的“技能课堂”等，在观课、研课中夯实了有效教学基本框架底线，形成了一批课堂教学改革成果，在研究与实践中展现了海门课堂教学研究的勃勃生机。

探索共同体建设，让每一位教师获得成长的平台。2005年9月，启动了区域教育研究共同体建设，逐步形成了区域教育共同体的五种形态：市直学校协作发展共同体、城乡联动发展共同体、学科发展共同体、校长俱乐部、名师（名品项目）工作室，打破了校际间壁垒，浓厚了区域研究的氛围，发挥了特级教师、骨干教师在区域层面上的引领作用。各学校的研习共同体更是丰富多样，为教师的专业成长搭建了校本化的平台。如今，城乡联动发展共同体已经发展为教育管理集团。

启动特色发展，让每一所学校拥有不同的跑道。特色教育的出发点和归宿是提高育人质量。为此，我们努力打破百校一面的格局，追求学校的特色化和学生的个性化发展。用五年时间推动了“达标创特”工程，全面提高了农村教育的整体办学水平，促进了城乡教育的优质均衡发展。如今，高中的特色化、多样化发展已全面启动。幼儿园的特色建设也在全面推进。

推进文化立魂，让每一所学校怀有独特的气质。全市各中小学的特色创建渐渐演变成了文化再造的生动实践。以学校愿景、价值观重构为核心的学校文化顶层设计得到全面启动，分期分批进行的学校文化展示活动生动演绎了各学校特有的文化气质，发挥了文化的价值引领作用，彰显了学校的精气神，践行了新教育“月映千川”的文化建设理念。

缔造完美教室，让每一间教室成为幸福的源泉。近两年从完美教室价值系统的建构、课堂文化的打造、共同生活的营建、班本课程的研发、节日庆典与社团活动的组织、班级博客建设等方面，全面推进缔造完美教室行动，举行了两次全国新教育实验开放周暨完美教室专题研讨活动。“完美教室”工作室成员致力于班级文化的内涵研究，对全市班主任进行了全员培训，推出了以俞玉萍、倪颖娟、徐东萍、刘九华、殷卫娟、刘宇禹等为代表的榜样教师。

研发卓越课程，让每一位学生享受适切的课程。“教室是根扁担，一头挑着课程，一头挑着生命。”海门中学、东洲中学、东洲小学等学校先行探索课程研发，改造了学生的教育生活。全市层面自觉的课程研发始于2010年起的缔造完美教室行动。今年作为中小学课程研发年，举办了全国新教育实验海门开放周暨“研发卓越课程”专题研讨会。平山小学、麒麟小学、余东小学、中南国际小学等13所学校展示的新教育特色课程受到来自全国各地新教育同仁的广泛好评。

十年新教育历程，海门教育人实现了生命的拔节。十年中，先后有石鑫、何仁毅、丁建强、张炳华、祝禧、卞惠石、滕玉英、吴建英、俞玉萍、陈铁梅、王丽、黄卫华等12人被评为江苏省特级教师。我被《中国教育报》评为2010年全国推动读书十大人物。俞玉萍老师被评为新教育“完美教室缔造者”。倪颖娟、殷卫娟的班级先后被评为新教育“十佳教室”，刘宇禹、高波的班级获新教育“十佳教室”提名奖。近三年，先后有98人次被评为全国新教育实验先进个人。

优异的学业成绩是新教育的额外奖赏。在2010、2012年江苏省义务教育阶段教学质量检测中，海门市小学、初中的成绩均居全省前列。2012年暑假海门市海选出的18名“读书达人”参加了央视科教频道《读书》栏目组海选活动，东洲中学陈舒琦、东洲国际曹安东、实验学校附属初中虞锦雯、东洲小学顾人豪等4位同学闯入全国30强，进入CCTV总决赛。陈舒琦、顾人豪2位晋级全国10强。在2012年12月份结束的第21届世界脑力锦标赛中，能仁中学学生倪梓强作为中国代表团成员参加在英国伦敦举办的世界脑力锦标赛，获得了两金一铜的好成绩。近几年，海门高考更是捷报频传。今年，海门市高考又创新高，各项数据在去年全面领先的基础上，又有新的跃升。在全市普通类参考人数比去年减少211人的情况下，二本上线人数达3559人，较去年净增115人，上线率达64.6%，比去年增加了4个百分点。近三年达清华、北大录取分数线的学生有58名，居全省同类学校前茅。

十年新教育历程，海门教育学校发展取得了长足的进步。2009年，我们承办了全国第九届新教育实验研讨会，为新教育实验添写了浓墨重彩。海门作为新教育四大区域研究中心之一，已成为新教育苏浙沪区域联盟的盟主，先后有26所学校被评为全国新教育实验优秀学校。新教育研究会秘书处、新教育研究院课题管理中心、新教育培训中心等纷纷落户海门。近三年，有2万多名来自全国各地的新教育同仁前来参观、学习、培训，海门中学、实验学校、东洲中学、海南中学、能仁中学、实验初中、实验小学、海师附小、东洲小学、育才小学、通源小学、海南小学、实验附小、能仁小学、开发区小学等学校成为全国新教育实验培训的重要基地，放大了海门教育的影响力和美誉度。

十年新教育历程，海门教育理论之树结出了累累的硕果。近几年，海门市承担的全国教育科学“十一五”规划课题“区域教育共同体建设和研究”、省教育科学“十一五”规划课题“新公民教育行动研究”、省第八期重点教研课题“区域实施‘学程导航’教学范式的实践研究”等课题均成功结题。“新教育实验研究”的课题成果获第三届江苏省教育科研成果一等奖。专著《每月一事——交给孩子一生有用的好习惯》荣获新教育卓越课程特别奖。海师附小的童话课程被评为“新教育十大卓越课程”。几年来，吴勇、祝禧、俞玉萍、吴建英、许卫国、顾卫兵、杨裕华等12人共出版了《做新教育的行者》《一间可以长大的教室》等教育专著22本。

十年新教育，海门教育人向百万海门人民递交了较为满意的答卷。总结海门十年新教育的基本经验，可以用“愿景引领、组织保障、项目支撑、活动推进、底线保证、榜样言说、媒体推介”等来概括。但且行且思，海门新教育还存在着以下主要问题：

1. **覆盖学段需要进一步拓展。**目前，新教育实验在小学尽管亮点纷呈，但校际差异明显；初中虽同步推进，但深度不够；幼儿园正积极推进，但亟须完善；高中、职中也在行动，但项目支撑不够。完全新教育意义上的榜样学校还不多。

2. **日常坚守还需进一步强化。**新教育实验以“只要行动就有收获，只有坚持才有奇迹”为哲学基础，但行百里者半九十，不少老师对坚守每一个日子，守住每一间教室做得还不够。如，晨诵课程，有的教师可能只是做一阵子，如果坚持做三年甚至六年，一定能绽放出许多生命的奇迹。

3. 项目深度有待进一步推进。新教育实验十大行动项目都已在海门市启动，营造书香校园、缔造完美教室等项目已颇具成果，但总体而言，对项目的研究深度不够，特别是在构筑理想课堂、研发卓越课程这两大项目上遇到了瓶颈，不少学校显得力不从心。

另外，新教育实验的理念尚未深入到每一位教师心中，新教育的话语体系尚未相对统一，新教育的行动尚未完全融入日常工作。这些都有待于我们艰辛探索，合力攻坚。

二、研发卓越课程

朱永新先生对课程有一个精彩的比喻：如果把教室比作河道的话，课程则是水流。两者相得益彰时，才会有教育的精彩涌现。课程的丰富性决定着生命的丰富性，课程的卓越性决定着生命的卓越性。2013 年萧山新教育年会上朱永新先生对新教育的课程研发进行了科学系统的阐述。

（一）课程与卓越课程

新教育认为课程最本质的特点，是教师与学生双方的生命体验。师生共同经历的课程，不是一堆知识的罗列，而是通过他们的共同生命体验，成为有德行、审美、情感和能力的人。简言之，在我们的课程意蕴中，起点处，是活生生的人，是人的问题，是人的各种可能性；终点处，还是人，是人的问题的解决，是人的幸福完整的实现。

如果把课程视为以活生生的人为中心，包括起点、目的地组成的道路和历程的话，那么，所谓卓越课程，就是在其中最大程度地实现了人的可能性，最好地完成了课程的目的。

卓越课程首先应该实现新教育实验“让师生过一种幸福完整的教育生活”的使命；其次应该尊重学生的身心发展规律，以学生的生命发展为本位；再次应该经历浪漫、精确、综合三个阶段；第四，应该充满惊奇，触及灵魂，生命在场；第五，应该实现知识与生活、生命的深刻共鸣。

（二）新教育卓越课程的体系架构

新教育的卓越课程体系是以生命课程为基础，以公民课程（善）、艺术课程

(美)、智识课程(真)作为主干,并以“特色课程”(个性)作为必要补充。

“生命课程”是一门综合性课程,其目的在于引导学习者认识生命、欣赏生命、尊重生命,进而不断超越,把握生命发展的无限可能性。

“公民课程”是解决作为一个社会人的权利、责任与义务的问题。它的目标是培养遵守社会公共道德,认同、理解、遵守与维护共和国宪法,关心及参与公共事务,具有独立思考与敢于承担责任,对民族的传统和文化有归属感的现代公民。

“艺术课程”是“智力、认知和构思能力的重要唤醒者”,在新教育的卓越课程体系中具有十分重要的位置。艺术应该成为新教育的本质,它应该渗透在教育的所有地方,尤其是在所有课程的起点与终点处。

“智识课程”类似于通常所说的文理课程,是新教育卓越课程的主干部分。它应该完成两个重要任务:一是成为课程的卓越的二度开发者,或卓越的执行者,在指定的课程内容中实现理想课堂的三重境界;二是在执行规定课程内容的同时,开发弥补性的课程。

“特色课程”专指别人没有唯我独有,或者说把它做到一般人难以企及的程度。作为特色课程,一方面是每个人都可以享受或应该习得的,另一方面,是只有少数天赋出众的人才可能把它当成一生的技艺。特色课程只是整个课程框架的有益补充。

(三)对课程研发的反思以及推进策略

目前,海门市在课程研发与实施过程中还存在一些亟须解决的问题。比如课程研发的意识不强,存在着重国家课程,轻地方课程、校本课程的现象。课程研发缺乏系统架构,对课程研发缺乏基于学校办学理念、价值愿景基础上的总体设计,不成系统。教师课程研发能力不强,缺乏研发课程的基本技能,教师的教育观念、知识结构、教学行为等离成为一名自觉的课程研发者还有着较大的距离,教师角色还没有发生根本的质的变化与飞跃。过分注重课程的物质形态,把编写教材当作是课程研发的全部,把过多的精力集中在教材的物质形态上,而不关注课程的实施和反馈。

那么，一所新教育实验学校，一个新教育实验教师，如何研发卓越课程？朱永新先生认为：

第一，研发卓越课程，必须具有强烈的课程意识。要打破“不求有功，但求无过”这样的心理定势，激发全体校长和教师的课程意识。

第二，研发卓越课程，必须掌握课程研发的基本方法与程序。要遵循确定课程目标、整合课程资源、组织实施课程、评价课程效果等研发卓越课程的基本过程。研发卓越课程有两种基本方式：一是教师对现有课程进行“二次开发”；二是教师作为研发主体开发出新的校本、班本课程。

第三，研发卓越课程，必须明确课程目的和课程目标。对生命或生活之幸福完整的认识，是新教育研发卓越课程的绝对前提，是我们课程思考与行动的起点。

第四，研发卓越课程，必须充分挖掘和善于利用各种课程资源。要特别强调对民族传统文化资源的挖掘和利用，努力实现我们的民族文化认同，真正地让新教育人活出中国文化的根本精神。

第五，研发卓越课程，必须坚持从学生的角度理解课程。课程的主体是学生，只有从学生的角度理解课程，才有可能筛选出符合学生身心规律的课程资源，才有可能研发出实现知识、生活与生命共鸣的课程。

第六，研发卓越课程，必须充分发挥教师主动积极性。要强调教师的“三专发展”，强调对哲学、心理学、教育学经典根本书籍的啃读，强调观念与经验的互相转化与深化……坚守以教师为起点、以人为中心的原则。

朱永新先生建议我们采用以下课程管理模式：“我定标准，提供帮助，我来验收；你作承诺，自做课程，我不干预。”更倡导管理者率先成为课程研发的专家，把自己设计的课程，以最美好的方式研发出来，进而启迪、启发教师在各自的岗位上也积极研发课程，绽放出各自的美丽。

（四）着力打造十大新教育卓越课程

今年新教育年会的主题是研发卓越课程，总结近几年来课程研发的经验，在新教育课程理念的指导下，着力打造富有海门元素、学校特色的十大新教育卓越课程。

1.深度推进以晨诵、午读、暮省为基础的书香课程。各学校要开发丰富的阅读资源，营造良好的读书氛围，开展多样的阅读活动。以新教育必读与选读书目为基础，不断完善与幼儿园、小学、初中、高中相衔接的阶梯阅读课程，开发与小学初中高中相衔接的英语名篇名著阅读课程，拓展科学阅读、数学阅读、历史阅读等学科阅读或主题阅读领域，逐步形成比较成熟的适合学生需要的晨诵与午读课程。精心组织好每天的晨诵、午读活动，大力开展晨间诵诗、日常诵诗、生日赠诗和情境诵诗等活动。同时，将阅读与写作相结合，唤醒学生心中的美好与神奇，让共读共写共同生活真正成为海门师生的生活常态。让师生在日常坚守中丰盈精神底色，在与伟大的智慧对话中不断走向崇高。

2. 践行以社会主义核心价值观为核心的公民课程。以立德树人为根本任务，践行社会主义核心价值观，以深入实施“每月一事”项目为抓手，积极倡导“日行一善，月习一德”，深度研发以“富强、民主、文明、和谐，自由、平等、公正、法治，爱国、敬业、诚信、友善”为主要内容的主题课程，从一个个日常生活的细节入手，把公民基本道德养成与主题课程实践活动有机融合，探索符合不同年龄段身心发展规律的道德人格成长机制，从而不断丰富“每月一事”的课程体系，把“交给学生一生有用的东西”的新教育理念落到实处。

3.深化以社团活动为路径的艺体课程。要根据学校实际、教师特长和学生特点，广泛开展科学类、艺术类、体育运动类、动手实践类社团，保证社团活动时间不被挤占与挪用，尽力为学生创造丰富多样的可供选择的活动项目，通过团队研发，逐步让每一个社团活动都能有校本化的课程来支撑。要积极为学生搭建球类俱乐部联赛、艺术节、科技节等展示平台，让海门学生的体质状况得到全面的改善，艺术审美素养、动手实践能力、创新合作意识得到全面的提高。

4.构建以仪式庆典为形态的节日课程。要认真挖掘节日课程的内涵，注重以中国六大传统节日为主题的课程开发，凸显民族文化，培育学生的文化认同感。尤其要把开学仪式、成人仪式、期末或毕业庆典、艺术节、科技节、体育节等教育生活中的重大日子，进行全方位设计，系统策划，生动演绎，使之成为学生生命成长的重要时刻，形成学校特有的节日文化。同时，积极鼓励教师以教室为阵地，与学生共同编织更加丰富的班级节日生活，让教室成为美好事物的集聚地，成为传播正能量的中心，成为朝向完美的生命场。

5.组织以名师讲坛为载体的聆听课程。充分利用校内外资源，与国内外知名高校广泛合作，组织教师、学生聆听名师、大家、教授的专题报告，参加社区实践，参与志愿者活动。帮助教师紧跟教育改革的时代脉搏，使教师既能“仰望星空”，又能“埋头走路”，助力教师专业成长。引导学生学会关心社会，放眼世界，树立理想信念，形成正确的价值观、人生观。拓展师生的生活视野，丰富师生的知识结构，提升持续发展的学习力。

6.开设以培养卓越口才为目标的演讲课程。自信的人生应当从演讲开始。要为每一位学生提供表达的机会，搭建交流的平台，创设双语交际的情景，通过讲故事、演讲、辩论、书本剧表演等，让每一个学生愿说、敢说、会说，从而形成终身受益的自信心、较强的沟通能力与表达能力。

7.提升以职业技能为指向的技能课程。技能课程的研发，要走向生活，回归生活，密切联系现代生活与学生实际，融生涯教育于课程实践中，让中小学生及幼儿的生活智慧与智能培养在技能课程的实施中得到锻炼与提高。职业学校更要以技能课程的研发为重点，使之成为创新实验区建设的亮点，成为学生走向社会的砝码。

8.推动以家校协同为平台的共育课程。家校共育不仅仅是一种教育策略，更是在时代背景下，生成的一种教育模式，一种教育文化，一种教育文明。有效整合学校、家庭、社区教育资源，通过父母开放日、新父母讲坛、亲子共读、家校书信、父母志愿者等多样的方式，丰富家校共育课程，家校密切协同，形成教育的合力。

9.开发以个性潜能发展为导向的游戏课程。游戏是儿童个性化发展的重要途径，要创设具有开放性、可操作性、多变性、实用性的游戏活动环境与资源，鼓励儿童充分探索、质疑，培养儿童的好奇心与浓厚的求知欲。通过开展幼儿游戏节，开发中小学体育游戏项目等，积极打造游戏课程，让学生在快乐、自主性的游戏活动中发展潜能，健康成长。

10.培育以个人气质为指向的特色课程。特色课程的构建是实现学校办学特色的重要途径。为此，学校教育应以完善的课程体系为依托，在保证学生全面发展的基础上，关注学生个体特殊才能发展需求，充分挖掘学校的独特资源，开发校本特色课程，培育学生独特的个性气质，让学生能够获得全面而具个性的发展，把学校办成有品牌、有特色的学校。

课程研发是一项系统工程，各学校要从“课程关系未来海门教育如何领先发展、率先发展”的高度来认识研发卓越课程的重大意义，要做到“五个一”：一是破除一种观念。要破除“事不关己、高高挂起”“不求有功，但求无过”的观念，树立“人人都是课程研发者”的理念，要以“时不我待、只争朝夕”的精神来推动课程研发。二是转变一种角色。校长作为课程研发的第一责任人，要从单纯的行政管理者向课程领导者转变。教师要实现从“消费者”到“生产者”、从“教书匠”到“研究员”、从“实施者”到“指导者”、从“执行者”到“决策者”等角色的转换。三是组织一支研发团队。以教育管理集团与共同体学校为载体，组织一支经验丰富、方法独到、敢做事、想做事、能做事的研发队伍。四是建立一套管理制度和评价机制。要明确工作职责，加强管理考核力度，将评价结果与教师绩效考核挂钩，从制度上保证课程研发工作的顺利推进。五是制订一套切实可行的实施方案。各校要全面动员、广泛宣传，认真听取教师、学生以及父母的意见，制定推进方案，明确时间部署，落实研发与实施工作。

三、构筑理想课堂

课堂是学校进行教育活动不可或缺的重要场所，是学校教育活动的主要形式，是一切教育理念的出发点和归宿。新教育实验提出“构筑理想课堂”，是指通过创设一种平等、民主、和谐、愉悦的课堂氛围，将人类文化知识与学生的生活体验有机结合起来，追求高效课堂与个性课堂。

（一）新教育理想课堂的三重境界

朱永新先生在2008年苍南年会上曾作题为《知识、生活与生命的共鸣》的报告，对新教育理想课堂的三重境界进行了全面而深刻的阐述。

新教育理想课堂第一重境界：落实有效教学框架——为课堂奠定一个坚实的基础。

新教育有效教学的框架，强调理想课堂在明确的教学目标（由基础性目标、核心目标、附著性目标三个层次分明的能级目标组成）统领下，先通过预习作业单，让学生自主学习，开始新知建构，而课堂教学，则是对独立学习效果的检测、修正与提升。整个课堂流程由教学板块和学生学习清单两部分组成，将学习清单单独列出来，是为了让教师在思考教学的时候，就明确这一点，强调这一点，并在课堂教学上确保每个学生拥有足够的、完整的、有序的训练，真正体现“教”为“学”服务，把学生的学习视为课堂的真正核心这一教学思想。

新教育有效教学的框架，是一个理解课堂的工具，新教师可以把它作为“地图”来引导自己穿越最初的教学迷径；有经验的教师可以把它作为“支架”以使自己的工作更有效率；大家可以借助它作为“工具”，努力改善教学。

新教育理想课堂第二重境界：发掘知识这一伟大事物内在的魅力。

这里所讲的“知识”，不是静态的知识，而是一个有待重新发现的事物奥秘，以及发现这个奥秘的方法和过程。课堂的中心，应该是一个问题的提出、理解及解决的过程，是一个知识——作为问题解决的工具被探索、被发现的过程。优秀的课堂教学，要重现这一神奇的创造过程。如果没有将“问题-知识-真理”作为课堂教学的核心，那么教师的精彩表演是浅薄的，学生的小手如林是肤浅的，教育与教学的真谛，将没有被师生在课堂上把握，课堂用表面化的热烈，替代了紧张的脑力劳动。而紧张的脑力劳动，有针对性的思维训练，正是课堂教学的本质所在。

课堂教学有三个元素：知识、教师、学生，教师不应该隔在知识与学生之间，只是将现成的知识转交给学生。发掘知识这一伟大事物的魅力，不应该只是教师，还包括全体学生。优质的教学应该是师生共同围绕在“问题-知识”的周围，展开一段发现问题、理解问题、解决问题的探索旅程。这段旅程，将充满着怀疑、困惑、挑战，也不能完全没有机械记忆、挫败感、羞辱感，但是，它的核心永远是智力挑战、思维训练。从这个意义上讲，第一境界有效教学框架中的强调学生预习，也是确保每个学生能够直接地接触问题与知识，而不是只吞食由教师仔细嚼烂了的软化了的知识——即现成的结论。

新教育理想课堂的第三重境界：知识、社会生活与师生生命的深刻共鸣。

建构主义教育学将学习视为一个同时展开的三重对话：人与知识（世界、文本）的对话，人与他者（教师、学生、其他读者）的对话，

人与自己的对话（反思的，历史性的，生长性的）。理想课堂追求的“倾听”与“应对”，也就是实现真正的主体间的对话。旨在倡导相互间的理解，并通过对方的异议，来加深对知识的理解程度，并在此过程中，产生共同体成员之间息息相关的共鸣。如果课堂上教师没有参与学生与知识之间的对话，那么无论是个体学生与知识的对话，还是学生群体之间的对话，都有可能停留于肤浅的层次。课堂上，教师的形象应该是一个真诚的探索者，一个智慧的求知者，虽然他有足够的耐心等待学生自己去发现，他有足够的勇气承认自己并不是全能全知，但是，他确实应该有把握把学生带向一个至少他领略过的理想境地。教师应该学会反思自己的教学过程，而学生也应该学会反思自己的学习历程。只有这样，我们才能说，课堂教学，在实现人与知识深刻共鸣的同时，也实现着人与人之间、自我之间的深刻共鸣！

理想的课堂教学，在实现人与知识、人与他者、人与内在的灵魂深刻共鸣的同时，还需要实现最后一个维度：课堂与社会生活的息息相通，课堂与人类命运的息息相通。这就是新教育理想课堂的第三重境界：知识、社会生活与师生生命的深刻共鸣。

（二）对理想课堂建设的反思及推进策略

海门市的“构筑理想课堂”工程始于2009年，主要突显了各学段的重点，幼儿教育突出幼儿的兴趣，小学教育着重激发学生的活力和想象力，初中教育侧重于培养和发掘学生的智慧，高中教育从“有效”的基点上实现“高效”，职业教育旨在让广大的职高学生拥有扎实的职业技能。

几年来，通过行政推动、试点研究、专家解读、市级培训、榜样引领、校长放样等多种形式的发动、推进，“以学定教”“先学后教”“学教互动”“以练促教”等

理念得到了基本落实，课堂生态得到了较大的改观，学生的主体性地位得到了基本确认。

各学段、各学科已经拥有了自己的有效教学框架，但是，很多的常态课堂离理想课堂的第二重境界、第三重境界还有距离。毋庸置疑，为了真正实现知识、生活与师生生命的深刻共鸣，我们的课堂还有进一步打造的必须和进一步提升的空间。

1. 打通课堂与课程的联系

以前，我们重点关注课堂，对课程的关注远远不够。课堂是没有天花板的舞台，一头连着课程，一头连着生命，要让学生的思维在课堂这个舞台上尽情驰骋和无限放飞，要让学生的生命得到润泽和生长，就必须有卓越的课程来支撑，有了这样的课程观，我们的课堂才能站得高，走得远。课程的内容和结构直接决定课堂的内容和结构，因此，构筑理想课堂一定要同研发卓越课程结合起来通盘考虑。上面我们谈到了具有海门新教育区域特色的十大卓越课程的建设，各学段各校应根据自己的特点，结合对国家课程的二度开发，地方课程的协作研发，建构起丰富的校本课程体系，让我们的课堂因此变得更加的丰富多彩，让知识更加充满魅力，让师生生命的成长更加丰盈。

2.打通各学段课堂的内在联系

前几年，根据海门市教育局的统一部署，各学段在五类课堂的打造上做出了积极的探索，取得了阶段性成果。但是，我们总感到这五类课堂还没有成为一个和谐的整体，学段与学段之间有着明显的断层，缺少一个统领理想课堂的灵魂。现在，我们就用新教育理想课堂的三重境界作为灵魂，高位统领，让五类课堂形成一个相互联系的成长阶梯。让我们的课堂尽管形式上各具其态，但本质上都有有效框架的支撑，挖掘知识这一伟大事物的内在魅力的精彩，从而让人感受到课堂上不时演绎着知识、生活与生命共鸣的壮观。义务教育管理集团的组建为打通城乡学校之间的课堂提供了便捷，我们还要进一步打通幼小、小初、初高课堂的衔接，在分享各自的精致与美丽中，达到无缝对接，自然和谐。

3. 打通课堂研究与教师专业成长联系

有专家把良好的课堂教学比作把学生带到了高速公路的入口处，把学生在课堂里的学习视作为一种行走。学生行走在课程里，行走在情境里，行走在生活里，这一学习之旅，其实是对话之旅、探究之旅、体验之旅。而教师正是学生寻找和发现入口处的顾问与引路人，真正的课堂教学，优秀的教师，应当把课堂创造成一个又一个高速公路的入口处。这个创造的过程是艰辛的，需要全体教师共同努力。我们需要建立起很好的观课、议课、磨课机制。这样的机制，是一种动态的生成过程，要求观课前了解课程，了解学情，明确教学目标；观课中有侧重，有思考，有评价；磨课中有评价，有反省，有提升。做到未观先想，边观边想，观后磨想，让观课教师、上课教师共同成长，让课堂在观课、议课、磨课中不断走向精致，真正彰显知识的魅力。各学校应该形成明确的观课、议课、磨课常态机制，以及管理机制。名师工作室、学科工作室应先行研究，示范放样，确保这一机制的实施质量。组建研课共同体，吸引共同体学校的每位教师深度卷入，让每一位参与的教师都收获专业成长的惊喜。培育榜样学校、榜样教师，用榜样学校去匡正视听，消除杂音，达成共振；借榜样教师去言说，影响周围的同伴，让更多的教师做到“卓越于心，精致于形”，让更多的课堂呈现知识、生活与师生生命共鸣的动人景象。

（三）理想课堂建设的使命

新教育理想课堂建设，要重点关注以下三大使命：

一是学生会学习。这里的“会”内涵丰富，不仅体现在学生能始终保持亢奋的情绪和高速的思维运转，保持强烈的求知渴望和对事物的好奇心，而且还体现在会主动、合理地选择学习内容和学习方法，敢于提出问题，大胆探究，主动融入集体，积极参与讨论，乐于分享成果，勇于表达、评价自我，快速自我反馈等。

二是教师能更好地把握课堂规律，自觉成长。课堂上既要呈现出学生主动学习、合作探究的乐趣，也要体现教师不显山不露水巧妙引导的情趣，更要体现教师自我专业成长的理趣。以学定教，先学后教，以教导学，以学促教，“学”“导”相得益彰。教师在理想课堂的实践与反思中，自觉成长，自我实现，体会到职业的幸福感。

三是实现整体育人。新教育的理想课堂不能满足于知识的传播，而要站在培育生命的高度来理解课堂，实施课堂。在课堂里，课程构筑起了学生成长的文化高地和精神高地。这样的课堂，不会再是知识碎片的拼接，而是合奏着师生道德、审美、情感、态度与价值观等共鸣的生命和音，最终会导向以文化人的高度。

如果说新教育是一棵大树，那么课程就是新教育的树根，研发卓越课程就是让新教育的基础更加坚实；课堂就是新教育的树干，构筑理想课堂就是让新教育的枝叶更加茂盛。我们要把研发卓越课程和构筑理想课堂作为推动新教育实验不断前行的新动力、新力量。为此，要从以下三个方面加大工作力度：

1. **愿景须进一步明晰**。新教育是理想的事业。每一个海门教育人都应该明晰新教育的美好愿景，以统一认识，激发推进新教育实验的信心和自觉。各学校要充分认识到新教育实验对未来海门教育发展的重大意义，认真思考学校的文化培育和特色发展，认真思考教师的专业成长和学生的生活质量，选择部分适切的课程项目来深度推动新教育实验，努力通过新教育实验来切实改变教师的行走方式，改变学生的生存状态，让全市师生真正过一种幸福完整的教育生活。

2. **组织须进一步强化**。下阶段，市局将进一步完善新教育实验工作的推进机制，明确工作职责，定期召开新教育实验工作例会，专题研究并解决新教育实验中的问题，总结成功的做法，提出指导的意见。各校要强化组织领导，把深度推进新教育实验作为学校的"一把手工程"。校长必须亲自策划，亲自推动，亲自落实新教育实验项目，精心制订实施方案，及时召开动员会，广泛宣传，精心组织，周密部署，切实增强广大师生投身新教育实验的主动性和自觉性。要组建强有力的领导班子，成立新教育实验工作室，选定教学骨干作为种子教师重点培养，以底线加榜样的管理铁律，确保新教育实验工作顺利进行。

3. **制度须进一步完善**。一方面要加大新教育实验在百分考核中的权重；另一方面，海门市教育局将健全完善督导调研制度与通报反馈制度。海门市教育局、政府教育督导室和新教育培训中心将研究制订《海门市新教育实验评估办法》,作为素质教育百分考核的组成部分。同时,各校在年度工作考核、奖励性绩效分配等方案中要把新教育实验工作作为重要内容对教师进行考核。要完善新教育实验的信息报送与成果分享制度,加大对新教育实验推进及成果的宣传。我们必须乘势而上,顺势而为,进一步增强推进新教育实验工作的责任感与使命感。

没有卓越课程,师生过一种幸福完整的教育生活就是一句空话;没有理想课堂,就没有过硬的、持续高效的质量。让我们继续弘扬“强毅力行,追求卓越“的海门教育精神,抓住“课程”和“课堂”这两个新教育的核心项目,全力推进海门市新教育实验再攀新高,为中国梦,为教育梦贡献海门教育的力量!

缔造完美教室 书写生命传奇

在2010年的新教育年会上，新教育实验发起人朱永新先生提出：一个教室，一个生活于同一个教室中的人，应该是一群有着共同梦想，遵守能够实现那个共同梦想的卓越标准的同志者。他们彼此为对方的生命祝福，彼此为生命中偶然的相遇而珍惜珍重，彼此作出承诺，共同创造一个完美的教室，共同书写一段生命的传奇。带着对新教育的信任，海门新教育实验区开始全面推动缔造完美教室行动，并成立了海门市"完美教室"工作室，来引领全市各学校完美教室的建设。近一年来，我们从完美教室的愿景建设开始，提出了一系列的主张与行动方略，比较好的推动了海门市的完美学校建设。

愿景：

新教育完美教室的愿景是：教室是图书馆，是阅览室；教室是实践场，是探究室；教室是操作间，是展览室；教室是信息资源库，是教师的办公室；教室是习惯养成地，是人格成长室；教室是共同生活所，是生命栖居室。我们以新教育实验的基本理念为宗旨，以激活、引发师生、父母的潜能为目标，以"成长、成全人本身"为目的，从"无限相信每一个人"出发，从"无限相信每一个班级"出发，从"无限相信每一个行动"出发，尊重、满足、善待、成全每一个生命，不断提升每个生命的价值，不断提升每个生命的质量，以达成生命的幸福感与崇高感。

追求：

1. 信任儿童是教育幸福的种子。相信每个孩子的向上向善之心，用相信收获信赖，用相信收获希望，用相信收获奇迹，于是，每一天，每一月，每一年，都能看到孩子的变化发展，于是，每一天，每一月，每一年，都能沉浸在彼此信赖、彼此关爱的美好境界中。

2. 理解儿童是教育幸福的萌芽。"完美教室"的每一位老师当从童心出发，学会用儿童的视角进行观察与思考，从了解每个孩子开始，站在每个孩子的起点上引领孩子,不“神化”、不“成人化”、不“平均主义”、不“分数至上”地伤害孩子,同时让自己陷入失望沮丧的教育绝境。

3. 阅读经典是师生精神富有与精神成长的不竭源泉。“完美教室”的师生将以阅读作为生活的主旋律,点化润泽自己的生命,为自己的生命化妆,同时,将出版读书系列丛书,让更多的孩子、更多的父母参与到读书活动中来。

4. 创造美好的当下生活是师生幸福生活的奥秘。“完美教室”的师生将创造出充满生命力的课堂生活,丰富多彩的艺术生活,精彩纷呈的运动生活以及人与人之间和谐相处的心灵生活。让每一个人不仅能憧憬未来的幸福,更能幸福地生活在今天。

5. 传播幸福是个人价值的最高体现。“完美教室”的师生且行且思,将自己幸福的体验以报告、文字、演绎的形式与所有老师父母一起分享,让所有人都能感受幸福并创造幸福。

基本主张:

我们对完美教室建设的基本主张:一是有完美班级的“价值系统”,即班级规则系统的积极建立与维护,包括班级愿景、道德人格课程、班级规约系统,以及个性化班名,鲜明的班风、学风、吉祥物、班徽;二是有“雷夫+克拉克”的教室风格,有卓越的班级课程体系,有诸多优秀的细节文化组合成的共同的行为方式;三是有师生乃至父母共同经营的班级博客或通讯平台,师生与父母保持密切的交流与沟通,有周期性的师生与父母共同的活动;四是拥有班级自己的节日、仪式和庆典,并使之作用于每一个人的心灵;五建设班级的社团组织与多样化的评价体系,使班级所有成员有向着美好的共同朝向与积极的生命状态,每一个班级成员都能成为最优秀的自己。

行动方略:

缔造完美教室的基本思路为:(一)以班级文化构建为总体目标,让海门市所有班级都有自己明确的愿景、使命、价值观,有自己的班训、班徽、班级标识、图腾等,有丰富的班级活动、班级节日,有温馨的班级环境、人文的班级制度、积极的班级管理等。(二)以共读共写共同生活为基本愿景。师生、亲子共读共写共同生活，还有共同实践、共同运动、共同表演、共同旅行等等，在推动故事妈妈、社区阅读等项目中，教师、学生、父母共同编织着美好的教育生活，在共同的旅程中创造生命的奇迹。（三）以晨诵、午读、暮省为基本生活方式，每个班级都有自己比较成熟的适合学生需要的晨诵与午读课程，精心组织好每天的晨诵、午读活动，建有自己的班级博客或论坛专题帖，使之成为师生和父母相互编织的精神家园。（四）以完美人格成长为核心价值取向，通过不断完善“每月一事”项目，贯穿公民教育与生命教育，把“规则、尊重、责任、诚信、爱心”等基本价值观融注其中，建立完善的人格道德教育系统（即自律道德系统+他律契约系统），并把教室生活聚焦在乐观健康上，聚焦在生命创造上，聚焦在共同穿越的课程上。（五）以创造适合每一个学生的教育生活为根本任务，关注每一个学生的健康成长，特别是务工子女、留守儿童、随班就读学生、残疾儿童等，要给予特别的关爱，研究更科学、更具针对性的措施与方法，创造丰富的教育资源，提供多层次的教育需要，让不同的学生获得不同的发展。

什么是教室？其实，归根结底，这就是我们共同生活的所在。可以简朴甚至清贫，也可以丰盛甚至豪奢，但无论如何，最关键的还是有那样一群人在课程中生命逐渐丰盈。我们将通过缔造完美教室的过程，让教师、学生、父母共同编织着美好的教育生活，在共同的旅程中创造生命的奇迹。

第三辑

行走感悟：只要行动　就有收获

行动可以检验理论，也催生新的理论。

育人，是将理论具象化的过程。作为教师，行动是基础。

以文字不断总结自己的经验教训，哪怕不是为了新的理论，也会产生更有效的新行动。

如此一来，拥有知行合一的人生，将成为我们最大的收获。

新教育，教师生命的文化基因

记得，朱永新先生在新教育实验2010年第十届年会的主报告《文化，为学校立魂》中，就提到"教育、文化、生命这三个词在本质上意义相同"。教育、文化与生命，今天拿出来讲，显得有些许的兴奋，因为这样的话题随着时代的进步，教育的改革，国际的交融，越来越受到人们的重视；显得有些许的无奈，这本是一个共生的组合，曾几何时被我们拆散了，忽视了，丢失了；又显得有些许的自信，在这两天的会议中，在朱永新先生的报告中，随处可见。

投身于新教育，我们必然专注于文化的传承，观照历史过往，将传统的文化和精神发扬光大；必然专心于文化自觉，守住日子、孩子，将诸如缔造完美教室这样的行动进行到底；专情于文化创造，研发卓越课程，将教师的专业成长和孩子的生命生长有机地结合。

一、让中国文化的根本精神"活"在新教育校园的每一处

曾经，朱永新先生提出了新教育学校要有文化自觉的使命。他认为，缺乏文化自觉的学校永远沉湎于学校的事务怪圈，技术操作，规章制约，任务完成，而具有"文化自觉"的学校，则清楚地知道自己在秉承什么，知道自己想要用一种怎样的理念去贯彻到学校的方方面面，去影响全体师生的生活，它关注的是呼唤教育教学的精神追求和皈依，反对任何形式的精神奴役，拒斥心为物役的精神扭曲，崇尚扎根于心灵深处的对自由、高卓、尊严、纯真、圣爱和诗意的精神祈望与眷注。新教育学校文化自觉的使命是直面应试教育的困境，用新教育行动弘扬素质教育，通过我们师生的阅读、自省、典礼、制度、活动，让一种根源于古代，改造并形成于当代的生活方式得到社会的认同。

学校是促进学生精神成长的地方，是为学生的一生打下文化的基础。新教育倡导"晨诵午读暮省"的生活方式和"共读共写共同生活"的教育生活愿景，就是希望让师生能够与人类崇高精神对话，并通过研发丰富多彩的儿童课程，让中国文化在校园里生根,在活动中创新。当我们走进新教育实验学校的每一个角落,走进新教育人的每一个教室,其间散发出来的应该是浓郁的新教育文化气息,体现的是“过一种幸福完整的教育生活”的价值追求和追寻理想、深入现场、共同生活、悲天悯人的新教育精神,这是中国传统文化的道德情怀。新教育的校园是书香的校园,践行的是学校在图书馆中、教室是阅览室的思想,并努力推动书香社会的建设,使我们的学校逐步成为一个地区的文化中心,为形成中华民族的共同精神家园做出了积极的贡献。

二、让中国文化的根本精神“活”在新教育师生的生命里

我们经常会思考,如何让学校的标语、口号、雕塑醒来?如何让学校的价值观成为学校最根本的灵魂,成为师生自觉、清晰的文化意识?新教育倡导一种自觉的文化意识,以及自主的学校文化模式,就是要求每一个当事人(叙事主角)为自己立魂,这是一种文化意识的觉醒。所谓让新教育文化“活”在师生的生命里,就是需要教师与学生自觉地把新教育的核心价值追求、愿景与使命作为自己的自觉追求与实在的行动,说到底就是将其具体化,将其体现在教育生活的方方面面。生命叙事总须落在具体的场景之中。就像雷夫老师与他的学生开展的人格课程、莎士比亚课程、理财课程、旅行课程等等,新教育人正在以完美教室的缔造为载体,落实新教育的文化追求。

师生生命存在的方式是各种各样的,新教育倡导一种积极的、阳光的、向上的生命样态。《国家中长期教育改革与发展规划纲要》指出:“树立多样化人才观念,尊重个人选择,鼓励个性发展,不拘一格培养人才。”“充分发挥学生的主动性,把促进学生成长成才作为学校一切工作的出发点和落脚点;关心每个学生,促进每个学生主动地、生动活泼地发展;尊重教育规律和学生身心发展规律,为每个学生提供适合的教育。”其实,每一名学生都是一个独一无二的生命个体,他们的个性发展体现在很多方面,由于学生天赋的不同,在不同的领域里其生命表现也是不一样的,“重视精神状态,倡导成功体验”“强调个性发展,注重特色教育”是新教育的基本理念,这就需要学校为教师与学生提供或创造丰富多彩的发展平台,让每个教师与学生在他生命潜能得到充分的引爆,呈现出一种蓬勃向上的生长状态。

三、让中国文化的根本精神“活”在新教育学校的课程里

朱永新先生认为，价值观念深植于人的灵魂，它的形成需要长期的滋养。学校课程正是为其滋养而创设的温室。教育源自生活，教育需要与生活实践紧密结合。新教育倡导研究与开发与生活接轨、与学生无限接近的课程，特别是在现有课程基础上，进行二度挖掘、改造、创新。做到与儿童的生活实践紧密结合，如通过开笔礼、成人礼、开学礼、毕业典礼、涂鸦节、阅读节等各种仪式课程、节日课程，让学生在参与中培养其主体精神；与传统文化结合，如通过“在农历的天空下”“走进孔子”课程，把自己的根深深扎在中国文化的沃土上；与地方文化资源结合，如海门可以研发江海课程、张謇课程、绣品课程等，形成一批具有自主知识产权的品牌课程。让学生走进自然，走进社区，参与到社区与社会实践活动中，真正实践中国古代“知行合一”的优良文化传统。

中国传统文化是中国教育最重要的文化基础课程，新教育主张文化立魂，教育回归首先是一种文化立场的回归。中国传统文化是中国人一切行止的基点，中国教育给个体的底色应该是中国传统文化的教育，我们应该从学生的终身价值观、审美观出发，研发主题式的中国文化课程群。如中国古代诗、中国古代词、中国古代小说、中国古代戏曲、中国古代散文、中国古代历史、中国古代地理、中国古代科学技术、中国古代民俗、中国古代艺术和中国古代思想等，并把这些经典的传统文化内容转化成孩子们喜闻乐见的形式，让他们理解、喜欢，乃至在现代生活中活出其精髓来，让中国文化的根本精神通过课程的形态、活动的方式，帮助一代新人成为具有中国文化根基的世界中国人。同时，学校要努力创造丰富的微型课程、主题课程，给学生以充分选择课程的权力，这样，才能更有利于学生的个性化成长。

四、让中国文化的根本精神“活“在新教育理想课堂的细节中

新教育提出“知识、生活和生命的深刻共鸣”的理想课堂主张，要实现这一主张，根本的问题还是教与学的方式的转变。教学方式即为教师与学生探究知识的行为方式，不同的行为方式背后体现着不同的价值追求。教学的真谛不在于所谓的苦学与乐学，而在于主动学还是被动学。在现今教学中，教师替代学生学习已经到了难以想象的地步，这样，学生只能成为学习的奴隶，而不是学习的主人。新教育理想课堂要求做到六度：参与度、亲和度、自由度、整合度、练习度、延展度，这些都应该体现在课堂教学的每一个细节中，体现在师生、生生的互动过程中，体现在学生自主学习的状态中，只有这样，课堂才能真正焕发出生命的活力，体现其生活性、发展性、生命性的统一。

目前，海门大部分学校已经呈现了小班化的趋势，但小班额并不代表已经是小班化教育了。许多学校班额是小班的，但教师照样以讲授为主，学生仍然以倾听为主，参与度、活动性都没有充分体现出来。其实，小班化教育的课堂基本组织形态是小组式学习，个性化教学。我们需要深入研究如何在课堂中组织小组式学习，如何开展个别化教学，让每个学生在课堂上都能够得到充分的发展机会。从而建构起崭新的以学生发展为本的课堂文化。

新教育实验提出“文化为学校立魂”的主张，通过开展“文化植根”“文化塑形”“文化育人”“文化强师”等方面的学校文化实验，将中国传统文化的精神、理念渗透到学校建设的各个领域，让学校环境、教育行为的细微处浸润文化精神，凝练生命精华，令师生沐浴在人类文化的熠熠光辉里，耳濡目染，知行合一。海门新教育实验区理应率先积极探索，创新实践，成为全国新教育实验的榜样。

新教育的文化使命

身为教育人，我们愿投身于新教育，专注于文化的传承，观照历史过往，将传统的文化和精神发扬光大；专心于文化自觉，守住日子、孩子，将诸如缔造完美教室这样的行动进行到底；专情于文化创造，研发卓越课程，将教师的专业成长和孩子的生命生长有机地结合。不同的新教育人，从个体生命感悟出发，对此的具体阐述又有所不同。

有的人认为，新教育教师首先应成为文化型教师。比如江西师范大学何小忠博士分析了教育中文化的隐没的现状，结合朱永新先生对理想教师的阐释，提出了什么是文化型教师的问题。从专业生活方式、群体、文化学等角度解读了教师文化，从专业素养、个体、人类学等角度解读了文化型教师。新教育网络师范学院正是关注了教师后师范教育，从情感品质、专业技能、学识素养等方面来改变教师，从而改变教育。苏州大学陶新华博士提供了一个具体、直观、理性、科学的课题研究报告——《新教育理想教师积极特质及培训研究》，不仅让我们这些新教育的行者第一次如此细微、客观地了解我们自己身上的相关积极特质，也发现了一些问题，同时分享了一份教育科学研究的范本。可喜的是研究中发现参加新教育实验的时间越长，老师的积极特质的相关正面的数据越高。可期待的是，新教育的相关支撑性理论和手段还需提炼和完善。

有的人则认为，关键是新教育教师应具有文化判断力。比如福建师范大学张荣伟博士在思考后，从教育的文化价值、教育的魂、教育文化判断力三个方面提出问题并引发思考，利用视频讨论社会教育现象。认为教育者具有了文化判断力，文化自觉才能影响孩子，教育文化判断力，决定着教育活动的文化自觉性。他关注了教师在教育活动中的决定性作用。同时提出最好的教育是自我教育，最好的学习是自主学习。

有的人认为，关键是新教育教师需要技术文化的支撑。苏州大学教育学院许庆豫院长与李利博士认为，新教育的理想有三个要素，追求、真理、实践，它区别于空想主义，立足于每天的教育行动，遵循教育发展的规律，追求一种幸福完整的教育生活。他们认为，教师专业成长是新教育实验的核心行动和目标之一，李利博士通过研究，为教育提供技术层面解读和支持的方案，更科学、更理性，是我们新教育实验清醒的技术伙伴。他让我们了解到在共建、协作中群体所应发挥的力量，使我们每一个参加实验的人都可以以技术，特别是网络技术为平台，成为受惠者和施惠者的集合，真正实现文化自觉，从而自下而上地影响中国教育。

有的人提出，新教育教师的文化追求体现在教育现场的文化传承与创生中。比如四川成都大学陈大伟副教授从解剖文化社会学意义上，认为新教育实验就是用美好改变他人，使之美好起来。从"文"的角度细致解读了过一种幸福完整的教育生活，认为这正是新教育的美好所在。从"化"的角度，以理想课堂建设为例解读了让孩子经历美好，教师经历幸福的课堂生活，教学为学生幸福生活奠基，以有效教学做保障等四个话题，以有效理想课堂研究推进理想课堂的观点和观课议课的行动值得我们关注。浙江效实中学周胜敏主任介绍了效实中学是如何关注学生的生命，把学生当人对待，看似简单，实则不易，与新教育的观点不谋而合。关注理想课堂建设，尊重教育教学规律，直面实际存在的挑战，以梳、学、谈、研、展、提为基本模式，形成相关学科范型，为新教育实验在高中拓荒作出了应有的贡献。来自海门新教育实验区的倪颖娟老师以具体的案例解读了新教育儿童课程、缔造完美教室、亲子阅读项目，展示了新教育一线草根教师从学到行，从坚持到成功的心路历程。言说中让我们看到了一位乡村教师居然有了课程意识、生命意识，班级价值系统构建，利用业余时间做志愿者，区域推进亲子阅读……这不能不说是新教育的力量。

归根结底，我们都认为新教育教师的文化追求应做到：让新教育倡导的文化"活"在新教育校园的每一处；让新教育倡导的文化"活"在新教育师生的生命里；让新教育倡导的文化"活"在新教育学校的课程里；让新教育倡导的文化"活"在新教育理想课堂的细节中。新教育实验提出"文化为学校立魂"的主张，通过开展“文化植根”“文化塑形”“文化育人”“文化强师”等方面的学校文化实验，将中国传统文化的精神、理念渗透到学校建设的各个领域，让学校环境、教育行为的细微处浸润文化精神，凝练生命精华，令师生沐浴在人类文化的熠熠光辉里，耳濡目染，知行合一。

在“完美教室”中创造属于自己的庆典

“完美教室”这个项目，如同一个小水滴，折射出新教育实验无穷的光芒和美好的愿景，也能解析我们对新教育的理解、探索、实践和收获，

如何理解“完美教室”？“完美教室”是传统意义上的教学场所的无限扩容，又是现实生活的适当微缩。它将全体教师、学生和父母都涵盖在内，组成一个成长共同体，尊重生命、面朝未来、崇尚阅读、热爱自然。它不是集约化的工作车间，功利化的关注生产效率和统一尺度，它是粗放式的田园农场，关注个性和人格的锻造张扬，关注生命和生活的品质品味。所以，教室是图书馆，是阅览室；教室是实践场，是探究室；教室是操作间，是展览室；教室是信息资源库，是教师的办公室；教室是习惯养成地，是人格成长室……教室是共同体成员学习、生活、成长的共同的生命栖居室。

如何实践“完美教室”？我们认为，这是一个没有标准答案的问题。因为每一个教室都属于他们自己，属于与这个教室密切关联的生命成长共同体，完美教室会因为各种元素的差异而丰富多彩，各具特色，必然形成匠心独具的哲学考量。但是同时我们新教育人又有着共同的话语系统，建设“完美教室”必然以班级文化构建为总体目标——让所有班级都有自己明确的愿景、使命、价值观，有自己的班训、图腾、班级标识，有丰富的班级活动、班级节日，有温馨的班级环境、人文的班级制度、积极的班级管理。

建设“完美教室”必然以共读共写共同生活为基本愿景——亲子共读师生共写，共同实践、共同运动、共同表演、共同旅行，共同编织美好的教育生活，在共同的旅程中创造生命的奇迹。

建设“完美教室”必然以晨诵、午读、暮省为基本生活方式——每个班级都有自己卓越的班级课程，精心组织好每天的晨诵午读活动，实施各种学科课程与综合性主题课程，建有自己的班级博客，使之成为师生和父母相互编织的精

神家园。

建设“完美教室”必然以完美人格成长为核心价值取向——通过不断完善“每月一事”项目，贯穿公民教育与生命教育，把“规则、尊重、责任、诚信、爱心”等基本价值观融注其中，建立完善的人格道德教育系统，并把教室生活聚焦在乐观健康上，聚焦在生命创造上，聚焦在共同穿越的课程上。

建设“完美教室”必然以创造适合每一个学生的教育生活为根本任务——关注每一个学生的健康成长，创造丰富的教育资源，提供多层次的教育需要，让不同的学生获得不同的发展。

新教育是“行”的教育，只有朝向，没有终点。再一次上路，相互鼓励，在“完美教室”中我们将创造属于自己的一次又一次庆典。

创造适合儿童的阅读生活

——新教育“儿童阶梯阅读”项目实践与思考

阅读是儿童思想、精神启蒙的过程，是他们的精神、情感、态度、价值观等整体人格生长生成的过程。“新教育实验”发起人、著名学者朱永新先生说过：“一个人的阅读史，就是一个人的精神发育史”。他认为，童年的秘密远远没有被发现，童书的价值远远没有被认识。最近几年书香校园、阅读推广、整本书阅读已经成为许多学校的热门话题与共同研究的命题。“营造书香校园”是“新教育实验”的首要行动，阅读推广成了全体新教育人共同的使命。“儿童阶梯阅读”是其中的一个阅读研究项目，它的主要任务是帮助实验学校解决“营造书香校园”中面临的不同阶段的儿童读什么、怎么读等现实问题。项目以“共读共写共同生活”为切入点和突破口，通过几年时间，形成了较为完备的“共读”“选读”书目，新阅读研究所于2011年发布了中国小学生基础阅读书目，研发了相关的阅读指导手册，以帮助一线教师更好地开展阅读指导工作。

“儿童阶梯阅读”的项目研究，试图探索阅读如何满足不同年龄阶段的儿童精神发育的需要，如何为每一个不同的个体寻找到最适合的书籍，从而使他的阅读拾级而上，心灵获得更为完整、丰富的滋养。我们无限相信书籍的力量，倾情用一身书卷味唤醒儿童的阅读需要，正用一路书香温润儿童精神成长。

一、为每一个儿童寻找到此时此刻最适当的阅读书籍

阅读可以滋养儿童的语言、发展儿童的思维、丰富儿童的体验、提升儿童的境界。用伟大的童书滋润孩子们的童年已经成为新教育人自觉的追求。“儿童阶梯阅读”项目研究，就是要为一个儿童寻找到他此时此刻最适当的阅读书籍。在他们成长的每一个时刻，一定有着这一时刻最适宜的图书。通过阅读那些精心挑选的书籍，让儿童明白正义与邪恶、美丽与丑陋、合作与竞争、爱心与责任、诚实与谦虚、自由与民主、尊重与宽容、乐观与豁达、勇敢与机智、虔诚与感恩……

它们将编织出一张美丽的网，呵护着孩子的童真，唤醒蕴藏着的美好与神奇，传授中国文化的根本精神与普世文明的价值，引导儿童健康快乐地成长。

在倡导阅读过程中，一些问题一直挡在一线教师面前：有哪些优秀读物可以提供给孩子们，能确保这些书籍是通过更广泛地筛选，是最优秀与最适宜的吗？对一个具体的儿童来说，他能够读什么书？为了儿童更好地成长，他应该读什么书？该怎么开展阅读活动？实际上，每一个儿童永远有他特定年龄、性格、性别、经验、兴趣与独特的智能。为此，“儿童阶梯阅读”项目组在挑选书籍的过程中，充分考虑到民族文化的特质，以及汉语言特点，每部作品的思想内涵，以20多个人类文化主题和核心文明价值来综合分布图书类型，并分成文学、科学、人文三大类别来推荐，让小学生可以通过阅读，具有爱、诚信、责任、宽容等“成长维生素”，以达到阅读的“营养平衡”。我们还在师生中广泛进行了“我最喜爱的书籍”的调研工作，聘请专家指导，形成了每个年龄段的推荐书目，就如何阅读这些图书提出了详细的建议。我们坚持以优秀的作品来构筑共同生活，以儿童的精神成长来确立共同目标，犹如人们怀着希望在春天播种一般，我们在努力赋予“儿童阶梯阅读”更为丰富的内涵，帮助每一个儿童从中寻找到最适合自己的书籍。

朱永新先生说：“阅读不能改变人生的长度，但它可以改变人生的宽度。阅读不能改变人生的物相，但它可以改变人生的气象”。我们坚信：阅读即生活，阅读即生命，阅读即探索，阅读即审美，阅读应该成为儿童的生活方式。

二、为每一位教师探求到此时此刻最适合的指导方式

阅读更源于人的精神、情感、态度、价值观等人文特性，阅读指导应指向于全方位影响儿童整体人格的提升，启迪他们的心灵情操，拓展他们的心智视野，使他们更多更好地受到一种人性、人文、人情的教化。同时，阅读所倚重的乃是潜移默化，是涵养、是孕育、是启迪，而不是强迫灌输。所以，我们在阅读指导的过程中，倡导儿童的自主理解，以他们的“生活世界”为根基，从而提升儿童的生活和人格品质。

传统的课堂阅读离真正的阅读是那样的遥远，那仅是在读教材，不是在读整本书，而且只有语文的阅读，没有数学、科学、历史、艺术的阅读，更缺乏高雅的、精神的、文化的阅读。我们需要让生命在高贵的阅读中延续。于是，我们采取了一系列的行动策略。首先要求所有任课教师进一步认识阅读的重要意义，热爱阅读，率先成为学生的阅读榜样。其次，在课程设置中，每周增设一节阅读指导课，用于指导学生整本书的阅读，分享阅读经验，研讨阅读收获。再次，力邀著名作家、大学教授为语文教师开设文化讲坛，拓宽教师阅读课程的视野，丰厚教师的文化底蕴。“儿童阶梯阅读”项目组还对农村教师进行“共读共生活”的专题培训，学习故事听读、绘本阅读、主题阅读、整本书阅读等指导方法，通过现场教学、童书介绍、专题报告、影片播放、对话研讨等方式，多维度展示项目组的研究进展，有效引发了农村教师更好地通过阅读实现师生精神共生共长的使命感，为高质量地推进“儿童阶梯阅读”发挥了引领作用。我们正不断探索基于民族、知识、情感、思辨、审美的阅读指导的方法和途径，使阅读指导更好的适合儿童心灵成长和精神发育。

另外，我们研发了“儿童阶梯阅读”指导手册《好书伴我成长》，以小学生基础阅读书目为范本，根据儿童的认知特点和现代的阅读观念，遵循不同年龄阶段儿童阅读心理的需求和母语学习的规律，兼顾共性与个性的统一，全方位挖掘文本的语言、人文、美学等价值，设计相配套的形式，灵活的阅读指导和训练内容，以便于师生互动，开展高效优质的阅读活动。希望阅读指导手册能够成为孩子心灵的驿站，一年、两年、六年之后，成为一笔记录孩子精神成长过程的财富。

三、为每一所学校营建起此时此地最适宜的阅读情境

苏霍姆林斯基曾说过：“一个人走进学校并不意味着接受教育，只有当他面对一本书沉醉不已的时候，教育才刚刚开始。”他还说：“学校里可能什么都足够多，但如果没有为人的全面发展及其丰富的精神生活所需要的书，或如果不热爱书和冷淡地对待书，这还不算是学校；相反，学校里可能许多东西都缺乏，许多方面都可能是不足的、简陋的，但如果有永远为我们打开世界之窗的书，这就是学校了。”可是，我们很多学校由于各种原因，并没有能够提供给孩子们足够多的适合的阅读资源。“儿童阶梯阅读”项目正努力为儿童营造起此时此刻最适宜的阅读情境。从组织管理（开展图书漂流行动）、课程设置（开设阅读指导课程）、教学指导（引导学生富于探究性的个人阅读或共同阅读）、制度设计（给予必要的阅读要求与评价激励）、活动展示（搭建多样化的活动平台）等方面，给学生以自由阅读所需要的时间、空间与制度的保障，不断提升阅读的效果。只有儿童拥有了自由的阅读时空和适宜的阅读情境，他们的自主学习与发展才真正成为可能。

我们组织“图书漂流”行动，不同学校与班级之间分享图书资源，保证了孩子们每天都有好书读；倡导“晨诵午读”的生活方式，师生每天一起用诗歌来“开启”黎明；建好“悦读角”与“悦读墙”，展示孩子们的读书笔记、读书成长册；开展阅读文化节，以活动引领阅读，以活动激发阅读，以活动促进阅读；走近儿童文学作家，让孩子们在与作家面对面的交流对话中，激发新的阅读热情；搭建展示的平台，让诵读、书本剧展演融入音乐、舞蹈等多种艺术元素，将情感与审美融注在诗意的表达中。

“儿童阶梯阅读”项目倡导共读共写共同生活。共读一本书，就是创造并拥有共同的语言与密码。共读，就是和读同一本书的人真正生活在一起。如果没有共读共写共同生活，教师与学生、父母与孩子、学生与学生，就是同一个屋檐下的陌生人。所以，我们倡导亲子、班级共读，通过共读一本书，共写心灵真诚的话语，实现师生之间、亲子之间、同学之间乃至老师和父母之间真正的共同生活。共读共写共同生活，意味着这样一种文化上的努力，即恢复书香传统以及书写传统，在现代生活背景下，通过对传统文明以及人类文明的反思继承，逐渐形成新的价值观，将班级、学校、家庭成员凝聚起来，冲破个人主义屏障，打破人与人之间相互隔离的状态，恢复生活的整体性与人与人之间的联系，从而不断创造更加美好的教育生活。

我们努力践行着新教育的田野精神，用坚定的信念、全部的智慧和持续的行动引领广大儿童阅读经典、阅读思想、阅读文化、阅读精神，通过阅读把最美好的世界献给儿童，以富有实效的“儿童阶梯阅读”实践研究为他们的幸福人生奠定坚实的发展基础。

让阅读丰盛世界

在爱书人心中，书是最好的朋友。但我一直认为，朋友也分不同类型，在我心中分为两种：一种是有字之书，一种是无字之书。后者在我们这个变革的时代中尤其重要，此时世界上发生的一切、个人生命中遭遇的师友，都是宝贵的无字“活书”。

我认为阅读要深度切入生活。以行动为笔、以大地为纸，脚踏实地去创造，努力把生命活成一部大书、一个传奇。否则，知识与生活之间形成断裂，阅读就成了纯粹的享受，如此或许也有益于自身，却无益于他人。

因此在读有字书时，我提倡将整本名著泛读与片断精读结合；经典阅读与时文阅读结合；文学阅读与科学、历史阅读等结合；中文阅读与英文阅读结合；文本阅读与网络阅读、影视阅读结合；推荐必读与自由阅读结合。这个过程中，强调阅读的个性化，对阅读的引导应该是润物无声的。

无字书比有字书更难读，它要求读者用心去观察身边不停变幻的事物，从生活中直接汲取营养。因此，阅读无字书时，个人的反思梳理、及时记录，与他人的交流碰撞显得尤为重要。交流碰撞便于集思广益，反思梳理才能进行扬弃，及时记录就能加深印象。

自从踏上工作岗位那天开始，我坚持写工作日记，对当天发生的重大事件进行反思、整理，从未间断。这时，写就是读，写促进读。

恰如朱永新先生所说：“一个人的精神发育史就是阅读史，一个民族的精神境界取决于阅读的水平。”我以为只有将有字书和无字书结合起来阅读，才能让阅读从享受上升为创造，这样的阅读才会真正成为生命的能量。

作为一名新教育人，我和团队更是一直强调：阅读要走在教学的前面。

伟大的教育家维果茨基说“教学要走在儿童发展的前面”，因为教学承担着引领儿童发展的责任。

但是，以阅读为前提的教学，会无限拓展教室的空间，将平常规矩的学习生活幻化为一段浪漫而奇妙的旅程。在诗歌、小说、传记、童话、寓言的伴随下，旅程中的老师和同学们会不断地遭遇爱、友情、纯洁、高尚、坚毅等等人类所有美好的事物；旅程中的每一次停留、对话都会成为创造意义、发现奥秘、成长自我的精神探险。知识、生活与生命会在这里拨响幸福的共鸣，教师、学生会在这里激情书写生命的传奇。

因为爱读书，我这个农村孩子初中毕业时以第一名的成绩，成为全校唯一一个考上师范学院的学生。1992 年，年仅 25 岁的我成为江苏省海门市东洲小学校长。因此，在那所只有两间平房的城郊小学，我定下了一个最朴素的教育目标：这里的孩子毕业后无论从事什么工作，都要一辈子喜欢读书。我提出“兴趣识字、广泛阅读、自主作文”的主张，要求学校阅览室订阅全国所有的儿童报刊，便于老师随时选择文章向孩子推荐。对这所一穷二白的小学而言，这是一笔庞大的经费，但我保证学校开支中的第一笔就用于落实此项目。

起跑之后，我从未停步：1996 年开始打造全校的“广泛阅读手册”，并每年都修订、更新；1998 年开始号召“让教室成为图书馆”，为教室配备图书，在绝大部分人都不知图画书为何物的当年，图画书已经走进课堂，低年级的学生更是把图画书阅读视为家常便饭，可以在教室的书架上随意取阅……

2005 年 9 月 2 日，我被任命为市教育局副局长。上任第二天，我就带领几位同事去了一所农村小学。那时，距离我在农村小学读书的时间已过去近 30 年，可眼前依然如故：老师无奈且认命的叹息，学生纯真却显呆滞的眼神，农村小学的孩子们依然无书可读！尽管早就心里有数，可看到这一切时，我还是心痛地沉默了……

当时海门全市共有 60 所农村小学，上任第一个月，我带着人走访了其中的 30 所，半年内，跑遍了全部农村学校。我倡导“图书漂流”活动，从都是单本书的“移动书架”到有师生共读书的“图书漂流箱”，漂流的形式根据实践中的问题在不断调整；为了监督阅读开展的有效性，我千方百计地想办法，甚至使出了全市统考中必有 2 ~ 3 分课外书内容的“损招”……

光阴如梭。如今的海门,已经是阅读的乐园。因此——

我们期望海门的每一所学校都能成为收藏丰富的图书馆。用书籍装点校园的角角落落,用文化统领学校的持续发展,用智慧唤醒教育的精神本义,用书香熏染每一间教室;

我们期望海门的每一位教师都能成为虔诚的阅读者。用阅读帮助自己发现教育的真谛、工作的意义、为师的尊严。在平常与琐碎中享受幸福与完整,在充满劳绩的教育园地中诗意地栖居;

我们期望海门的每一个学生都能成为痴迷的阅读者。用琅琅的吟诵迎接每一个黎明,用静静的阅读占据每一个白昼和黑夜。让书籍带领我们远离浮躁的嬉乐,冲破狭隘的禁锢,从平凡走向高贵,从优秀走向卓越;

我们期望海门的每一个家庭都能坐拥一壁藏书,上至天文地理,下至草木虫鱼,大至立身处世,小至人情世故。让一家三口读书的身影成为印在黑夜中的一朵美丽窗花。

老师们,同学们,父母们,让我们从今天开始,再一次洗净手,静下心,捧起书,读起来吧!无论城乡、无论贫富,让阅读成为每个孩子腾飞的双翼!让崇高与美好亲近我们!让博学和睿智发展我们!让中华之精魂永世传承!

假期师生这样读

温家宝总理曾说过，读书决定一个人的修养和境界，关系一个民族的素质和力量，影响一个国家的前途和命运。一个不读书的人、不读书的民族，是没有希望的。品读再三，于我心有戚戚焉。出身乡村的我从不畏惧“粗缯大布裹生涯”，只信服“腹有诗书气自华”。因为读书是改变我的人生轨迹、改变我对世界的认识、改变我的教育观的秘诀之一，也是我欲倾毕生精力来改变区域教育发展样态、改变教师生活方式、改变学生生命朝向的根本原因和有效手段。

桃鲜李嫩，令人期待的暑假又开始了。教师和孩子们奔跑的思维有了停歇的机会，浮躁的心境有了平和的空间。我们终于近乎奢侈地拥有了这样一大块的时间，不妨让我们放慢匆匆的步伐，找一棵绿荫如盖的大树，执一册心仪已久的图书，席地而坐，细细品读，把那几本已经薄敷尘埃的大部头整个儿地啃上一啃，这是怎样的快乐和惬意。虽然现在已是数码时代了，而且我也是个不折不扣的电子控，但是实体书仍是我的最爱，也是我倡导师生阅读的主体。不信你可以试试看，一书在手，阅白纸黑字，嗅纸墨幽香，偶有清风不识字，却来乱翻书，一页页哗啦啦地跑过去，文化的厚重，历史的悠长，学问的渊博，意境的深幽，满满地将你浸濡于其中，身心就会有一种精神充盈、远离空虚的快感，你想不静下心来，恐怕也是不可能的呢！

教师，我建议可以读三类书。想要丰厚教育理论功底的，可以读美国实用主义哲学家和教育家约翰·杜威的《民主主义与教育》，这是一本与柏拉图的《理想国》、卢梭的《爱弥儿》比肩的教育理论著作，将理论与实践相结合，且经过作者本人的成功见证。虽然这本书由于文化差异、理论性强或是翻译等原因，读上去较为艰深，但却是本磨脑子的好书。确实感到有困难，我则建议换读朱永新先生的《中国新教育》，用项目推动建设，用活动替代说教，实用性和可读性相结合，具有很高的操作价值。想要借鉴管理经验，用于学校、部门、班级建设的可以读前苏联教育家苏霍姆林斯基的《帕夫雷什中学》《给教师的一百条建议》，这是基层教育管理者实践经验的精华。如果觉得老派了，也可以读美国当代教师雷夫·艾斯奎斯的《第56号教室的奇迹》和隆·克拉克的《优秀是教出来的》。我一向倡导“榜样+底线”的教师发展管理定律，这底线就是教师以阅读为基本方式的学习习惯，而榜样就是我们身边有先进的教育理念并以热爱孩子的感情付诸实际行动的雷夫、克拉克们。想要提升专业素养，提高教学水平的，钻研教材固然必要，但要是我的话，更倾向建议读一些顶层设计的专著，了解本学科支撑性理论与核心架构。这样，等新学期回到实际教学中，就会有一览众山小的自信。学科繁多，仅以数学为例，读美国人H·伊夫斯著的《数学史概论》是个不错的选择，这本书有丰富而翔实的史料，能从中感受到思想进化的魅力。你不仅可以对人类数学思想的发展有很深的理解，还可以锻炼自己的逻辑能力。

我曾经推荐20世纪欧洲新教育运动中，创办“儿童之家”的意大利女教育家蒙台梭利的《童年的秘密》作为我们全市幼儿教师的共读书籍。蒙台梭利在那本书上研究了六岁以下儿童的生理和心理发展及其特点，列举了许多富有启发性的例子，分析了幼儿心理歧变的种种现象以及成人与儿童的冲突，论述了幼儿教育的原则及教师和父母的职责。她在书上猛烈地抨击了成人对于儿童的误解，“在与儿童打交道的过程中，成年人会慢慢变得自私自利，或以自我为中心。他们只从自己的角度出发来看待与孩子的一切，结果只能使他们之间的误解越积越多。”她呼吁成人彻底改变儿童观，把儿童视为“成人之父”，是儿童之家的“主人”和“国王”。她说：“儿童正是作为一种精神上的存在而不仅是肉体上的存在，才给人类的发展提供了强大的原动力。也正是儿童的精神，决定了人类发展的进程，并有可能把人类引向更高级的文明。”她认为，儿童身上蕴藏着一种生机勃勃的秘密。这种秘密就是为成人所忽略、漠视的“生命潜力”，“生长，是由于内在的生命潜力的发展，使生命力显现出来”。教育应该顺应儿童成长的自然规则，让生命自由发展。为此，蒙台梭利创造了儿童教育的科学方法，世称“蒙台梭利法”，流布深广，光彩耀人。蒙台梭利对“童年秘密”所做的探索和解答，对儿童的教育提出了许多新的见解，有助于人们了解儿童，了解儿童对人类的贡献。

我们学习前人的研究成果,可以获得对儿童丰富性的再认识。对于幼儿教育我有着特别的情愫，是因为曾经创办过少年宫幼儿园，到教育局分管过幼儿教育。徐燕萍园长是我的老同事,我在创办少年宫幼儿园的时候,她一起加盟,分管幼儿园的教学工作,兢兢业业,善于学习与反思,笔耕不辍,走科研之路,比较早的把陈鹤琴“活教育”思想运用在幼儿教育实践中,进行了卓有成效的研究,提升了自身的科研能力。到机关幼儿园任园长后，更是重视教育科研的作用,亲自带领一批教师比较系统地开展幼儿教育研究,在具体的教育情境中认识儿童、发现儿童,研究儿童的成长规律,她走进儿童的心灵世界、生活世界、言语世界、科学世界、游戏世界等等,在那一个个独特的世界里,结缘儿童,深刻的认识儿童的心灵和生活,理解儿童的想象力与好奇心,把握儿童言语、数学、科学的学习规律,从而寻找适合儿童成长的最佳教育路径。这样的研究有着丰富的意义与价值,值得幼儿教育领域的同仁们学习与借鉴。

发现儿童是为了重新认识儿童,唤醒儿童,呵护儿童。儿童对于祖辈,对于人类具有极大的意义。儿童是人类的未来，蕴含着成人的命运和力量，他们的心灵透明、纯洁、质朴、天真,每一个刺激都会留下长远的影响。蒙台梭利指出:童年构成了人一生中最重要的一部分,因为一个人是在他的早期就形成的。而童年的成长主要在于生理与心理内部的自然发展,可称之为“实体化”。儿童有一种创造的本能,一种积极的潜力,能依靠他的环境,构筑起一个“精神世界”,可以说,儿童是自己的创造者。

因此,幼儿教育必须顺应儿童的个性,呵护儿童的灵性,为每个儿童提供自然、自由的教育环境,减少干涉,禁绝体罚,摒弃灌输,采用苏格拉底教育法,促使儿童置身于自由丰富的活动中，在各种活动中引爆儿童生命的潜能，引领儿童身心的健康成长,并成全为丰富的生命个体。幼儿教育的使命就是要不断创造适宜儿童成长的环境,让他们天赋所及的一切领域得到最佳的发展。

孩子们读书可就自由得多了。课程标准推荐了许多经典书目,喜欢科技的,借着蛟龙探海、神九巡天的热乎劲儿,读读《海底两万里》,充分放飞自己的想象;

喜欢戏剧的，去不了国家大剧院也没关系，读读莎士比亚，你就是第一千零一个哈姆雷特；迷恋古典的，那些荧屏上的穿越太忽悠人，还是读读《三国》《水浒》《红楼》《西游》来得有品位；小朋友嘛，看看寓言、童话、儿童文学，哪怕是绘本，都挺好的。另外，我参与的全国新教育实验也开发了教师专业成长阅读书目和适合各年龄阶段学生阅读的书目，大家不妨登录“教育在线”网站参考，也可以在相关的论坛上灌灌水、吐吐槽，与全国的热爱读书的同道中人切磋交流，肯定快乐无极限。

当然，读书也是需要氛围、伙伴和一定的督促。我所服务的海门教育，早在6年前就开始开展书香校园、书香童年、书香家庭、图书漂流、晨诵午读暮省、作家进校园等活动，力主将学校建在图书馆中。近几年，更是利用新教育萤火虫平台，推进针对儿童的亲子阅读、读写绘等项目；利用“书香”系列活动，开展帮助青少年远离低俗和狭隘，亲近经典和大师的活动；利用“海教在线”网站搭建的交流平台，组织教师共读一本书、同写教育随笔；利用海门电视台、《海门日报》等媒体造势，城镇社区文化中心、乡村文化活动中心、校外辅导站等协助共建，推动全民阅读计划。在海门，华灯初上，最热闹的是风格各异的书店；节日假期，最有人气的是图书馆、读吧、书房。大到参加图书推介、名家讲堂、经典诵读，小到抽段时间看看子午书简、百家讲坛，书香已经成了这座滨江临海的小城一道无形却又亮丽的风景线。中央电视台十套“2012《读书》暑期系列特别节目——晒晒我的课外书”编审录制组近期将走进海门，这必然会为海门的读书热再添一把火，美丽的海门又将迎来一场属于读书人的盛典。

最是书香能致远，深以为然。

教室里的奇迹是这样发生的

《第56号教室的奇迹》一书是我今年推荐给全市八千多教师共读的一本书，是一本值得每一位关心孩子成长的父母和教育同行用心品读的好书。我希望，老师们能够从书中寻找到创造教育奇迹的奥秘，我更期待，我们的老师也能像雷夫·艾斯奎斯那样把孩子变成热爱学习的天使，把教室变成温暖的家。奇迹何以发生，雷夫老师给我印象最深的启迪有两点——

一是对教育的“痴迷”和“疯狂”。在美国洛杉矶市中心一间会漏水的小教室里，高达九成的学生家庭贫困，可一年之后，那些母语并非英语的五年级孩子，就能以专业的水准演出莎士比亚戏剧，并在全国各地甚至国外的剧院公开上演。那个教室里的孩子，深深知道“品格”的重要，他们热爱阅读，并终生为自己的人生而读；他们个个都是理财高手，“管理金钱”的技巧比他们的父母都强。而他们的成绩也颇为卓越，测验分数，始终高踞全国标准化测验顶部的5%至10%之间。许多学生离开这间教室后，依然不甘平庸，毕业后进入全美顶尖大学。是什么让这间教室如此与众不同？当然是雷夫老师！因为他几乎把所有的时间与精力都投入其中，正是这种对教育的“专一情怀”和“决不轻言放弃”的执着追求，才会使教育生活充满神奇的魅力。

二是教育需要创造性的工作。雷夫老师打造了以信任为基础的优质学习环境，他把“道德发展六阶段”作为班级文化的基石，认为人格品质才是教育本质，并把激发孩子对自身的高要求作为成就孩子一生的根本。雷夫老师创造了卓越的课程，包括人格课程、阅读课程、写作课程、莎士比亚课程、数学课程、艺术体育课程、自然史地课程、经济学课程、旅行课程等，为孩子们铺就了一条追求卓越之路。一年四十八周，每周六天，每天将近十二小时，雷夫和他的五年级学生虽身处狭小的空间，却尽情享受摇滚乐的乐趣。而他们，也把第56号教室，变成了一个产生奇迹的地方。在新课程改革背景下的中国教师如何从“教教材”

转向“用教材教”,甚至实施自己研发的课程,雷夫老师是很值得学习的典范。

我深信,阅读过这本书的老师,只要拥有了以上两点品质,一定也可以缔造自己的完美教室,创造教室里的奇迹。

行动与坚持

新教育倡导“只要行动，就有收获；只有坚持，才有奇迹。”这也是我喜欢经常说的一句话。是的，行动与坚持是成功的根本，成功是不会等人的，只要马上行动，绝不放弃，全力以赴，坚持到底，一定会成功的。

“想做什么，就敢于行动，贵在行动，贵在坚持。”这是我的切身体会，记得几年前在东洲小学当校长时，省教育厅让我去澳洲留学一年，留学之前，曾有不少人抱有疑虑：只认识26个字母的人能通过严格的语言过关测试吗？能在大洋彼岸取得预期的研究成果吗？而我坚信“只要行动，就有收获；只有坚持，才有奇迹。”为了克服语言上的障碍，每天坚持学习16个小时的外语，从不言弃。有段时间，耳机一碰上耳朵就会硬生生地疼，一长串的单词搅得我寝食不安，但我还是以顽强的毅力坚持了两年多时间。如今，我不但通过了博士生的英语入学考试，还通过了博士的学位英语考试。留澳期间，不仅出色地完成了自己的学业，还坚持每天为“教育在线”上传一篇“澳洲课程故事”，天天与老师们讨论课程与教学问题；坚持每周给学生写一封信。周周与孩子们在网上交流；坚持每月与行政人员开一次网络视频会议，月月与管理人员保持密切沟通。一年下来，写出了60多万字的研究随笔，出版了两本专著，正是日积月累的付出才让我拥有了丰硕的收获。

行动的人能掌握自己的命运，坚持不懈才能通向成功。许多道理人们都知道，比如，每年都在进行教师培训，大家都知道教师专业成长的培养途径，为什么最后人和人就有所不同呢？就在于知道了后就行动的人，他有机会获得成功；而知道后不去行动的人，成功永远都绕着他走！

没有行动就没有坚持，具有坚持不懈的行动，才能达到成功的彼岸。没有哪件事，不动手就可以实现。世界虽然残酷，但只要你愿意走，总会有路；看不到美好，是因为你没有坚持走下去。当困难绊住你前进脚步的时候，当失败挫伤你进取信心的时候，当负担压得你喘不过气的时候，不要退缩，不要放弃，不要裹足不前，一定要坚持下去，勇敢地接受困难和挫折的考验。

“强毅”是一种态度，是积极进取的精神状态；“力行”是一种行动，是身体力行的积极动作。行动吧，只要行动，肯定会有收获；坚持吧，只有坚持，才能创造奇迹。

海门教育精神

“人是要有一点精神的”，任何时候，我们都需要一点精神。城市要有城市精神，企业要有企业精神，教育要有教育精神。“海纳百川，强毅力行”是海门精神中的重要内容。回眸这几年艰苦卓绝的拼搏与探索，盘点这几年收获的累累硕果，站在新的制高点上，我们有必要提炼海门教育的精髓，判断海门教育的价值，建构海门教育的精神。那就是：强毅力行，追求卓越。

前几年，我们曾对海门教育精神作过提炼，那就是“四个特别”——特别能吃苦，特别讲奉献，特别善合作，特别会战斗。如果更加精炼一点，更加贴切一点，我以为“强毅力行、追求卓越”这两个词八个字比较恰当。

先说“强毅力行”。

“强毅力行”是海门精神“海纳百川，强毅力行”中的重要内容，最早出现在张謇先生的一段话。张謇先生曾说，“人患无志，患不能以强毅之力行其志向耳！成就之大小，虽亦视乎才能境遇，及其他种种关系；如果能以强毅之力行其志，无论成就大小，不能毫无所成。”传承海门精神，特别是只能属于海门的东西，那就是张謇先生所提倡的“强毅力行”。“强毅”是一种态度，是积极进取的精神状态；“力行”是一种行动，是身体力行的积极动作。“强毅力行”之内核是力量与韧性的坚持。海门教育人之所以特别需要倡导“强毅力行”，可以从教育的特点特征来分析，来考量。

“强毅力行”的海门教育更需要：鞠躬尽瘁，为民造福。教育的真谛在于获得“解放”与“幸福”。这一方面需要海门教育人为了孩子心甘情愿“奉献”与“牺牲”，坚定“捧着一颗心来，不带半根草去”的人生信条，全身心投入，痴迷地守住教育的田野。另一方面，需要有在成长孩子的同时成就自我的信念，在为孩子造福，为民造福的同时，让自己也活得神采飞扬与志得意满，过上一种幸福完整的教育生活。

“强毅力行”的海门教育更需要:坚忍自克,聚沙成塔。教育需要坚忍自持,教育人需要抱团自克,冷静反省,彼此鞭策,共同前行。因为教育并没有可以依循不变的准则与样板,它是灵活多变,富有生命的多元体。古波斯诗人迪萨说:“事业成于坚忍,毁于急躁。”如果教育焦躁不安、浮躁不定,就会滋生出不成器的毛坯,青愣愣的酸果。教育需要全体教育人耐心打磨,仔细揣摩,悉心关爱,不放过一点瑕疵,不错过一点亮色。对于教育管理者们来讲,要善于聆听师生们的心声,去扶持他们走心里真正想走的路。并且坚持自我的修炼,保持内心的宁静,紧盯远方的目标,带着光荣的理想和使命,出发,前行,跋涉,不息。

“强毅力行”的海门教育更需要:坚守思变,传承创新。教育在某种程度上,不擅长跳脱性的思维,纵观中国几千年的教育史,“仁义礼智信”的重心始终未曾迁移,只要是国人,都不能避开儒学的影响,尤其是当下道德底线缺失,文化信仰多元,重新审视与传承儒学传统成了历史的选择。在这种时候,迫切需要一些民族性的东西成为情感和道德的支撑。教育当仁不让担此大任,然而除了坚守与传承,同时教育也在思变与创新,如何更好地关注90后、00后的思想与心灵层面,找寻契合他们的本土教育新路,海门新教育已经在深层思索与探究这个问题,正在编织完整的人格教育体系。

“强毅力行”的海门教育更需要:同声共气,能入能出。任何一种教育皆来源于实践,是在实践中反复跌打滚爬之后才获取的某种可行性经验。孔子的因材施教之所以千百年来赞誉不断,正是源于其扎根于学生的真实土壤,才能采撷迥异的果实。古代“师生从游”之境,就是教育的理想状态。“吾爱吾师,吾更爱真理”的信条,就是教育的终极目标。“入”,即教育需亲力亲为,置身其中;“出”,则教育需运筹帷幄,全面掌控。唯有如此,教育管理者才能够在自己的领域里得心应手,游刃有余;对各种细节了如指掌,洞察于心;对未来的发展,洞若观火,高瞻远瞩。

我们总是更习惯在顺风顺水中劈波斩浪,一日千里,渴望那种快意人生,那种傲人成就。而真正让“强毅力行”走进全体教育人的内心,或许才是海门教育继往开来,续写辉煌的开始。

再说“追求卓越”。

所谓“追求卓越”，是指将自身的优势、能力，以及所能使用的资源，发挥到极致的一种状态。卓越不是一个具体的标准，而是一种向往的境界。它不是抵达优秀就欣然止步，而是要优中求特，特中求品。它或许是一条可望而不可即的飘飘红线，却是照亮所有教育人的一盏前方明灯。

长久以来，海门人的心态里始终盘桓着“小富即安”的念头，凡事差不多就行，不求有功，但求无过，得过且过，少了一点拼劲，少了一点“宜将剩勇追穷寇”的霸气，躺在功劳簿上沾沾自喜，陷入“青蛙效应”的误区。这是海门教育的大忌，如果不能克服这种心理上的隐疾，那么海门教育将不进则退，最终陷入谷底深渊。“优秀是卓越的大敌，因为优秀，我们难以卓越。”优秀与卓越是两种不同的精神境界，优秀可以用具化的标准精确衡量，是过程细腻精致甚至达到极致的行动，是在掌声与喝彩中的微笑；而卓越是内在的朝向与愿景，是随着不同精神世界变化而不断超越的呈现，是内心渴望追寻的导航仪，是个人激情和潜能引爆的导火索，是欣赏登高望远喜悦的引擎，表现的是卓尔不凡的杰出，鹤立鸡群的非凡。试想，一个人总认为自己不够优秀，不够卓越，就会有不满足于现状的冲动，生成很强的进取心和创造性张力，不断挑战自我、刷新自我、超越自我，在更加出色、更加优秀、更加杰出的登攀中走向了卓越。

提倡“追求卓越”，其实就是要舍弃“终点理论”。记得拿破仑·希尔说过：“人的心里所能设想和相信的东西，人就能利用积极的心态去实现它。”这样说来，只要理想不绝，奔跑就会永无止境。而所谓理想，其实是某一个时段的目标，它会不断变化和提升，犹如阶梯，欲穷千里目，更上一层楼。因此，教育的征途，没有终点，只有不断的攀缘与超越。每一段崭新的旅程都在提醒着教育者，不要一味留恋眼前的风景，下一段的风景会更美。

提倡“追求卓越”，其实就是要明了“粒沙理论”。伏尔泰说：“使人疲惫的不是远方的高山，而是鞋底里的一粒沙。”套用一句时髦的话来讲，就是细节决定成败，光荣毁于琐碎。假若这粒沙能及早清除掉，那么巍巍高山便能腾跃自如。这粒沙或许是耐力不足、看问题偏激；或许信任不够、懈怠频发；或许是故步自封、不思进取；或许是其他种种容易忽视的小问题小瑕疵。然而如果教育之路上，不能倒掉这粒微小却致命的沙粒，那么会导致全线的崩盘，一溃千里。

提倡“追求卓越”，其实就是要追求“完美理论”。卓越意味着尽善尽美，我们永远也达不到完美，这是教育人的卑微和渺小。然而我们又永远在渴望它和走向它，这是教育人的倔强和伟大。追求完美，不完美的我们不到最后就不停下；追求完美，不完美的我们愿意付出美的所有。完美是一种追求，是一种姿态，更是一种历练，它不在我们的眼前，它在我们的心里。它召唤我们，把教育的平常之事，做精细；把教育的平淡之事，做精彩。或许教育不会有百分百的圆满，然而却一定会有百分百的完美瞬间，那个瞬间，是由一个一个完美的细节组成。

提倡“追求卓越”，其实就是要不惧“输不起理论”。人生像跑马拉松，看到了方向，剩下的唯有坚持。爱迪生说，全世界的失败，有75%只要坚持下去，原来都可以成功。成功最大的障碍，就在于“输不起”。将已有的辉煌看得过重，裹足不前，惧怕下一次的挑战会将已有的荣耀磨灭，于是迟迟不愿意参加下一场战役，惧怕那可能潜伏着的失败。刚刚结束的伦敦奥运会，更令人钦佩的是那些几度征战的老将，三朝亚军王皓，用三块沉甸甸的银牌告诉人们，竭尽全力的拼搏之后，输赢只是某种状态，却已实现他的卓越瞬间。

海门是新教育的重镇。“只要行动，就有收获；只有坚持，才有奇迹”是新教育的哲学思想；“追寻理想，超越自我”是新教育的目标追求；“相信种子，相信岁月”是新教育人的人生信条。“强毅力行，追求卓越”的海门教育精神与此高度契合。因此，每一个海门新教育人都应该有自己的梦，都应该给自己一种挑战自我的勇气，一种超越自我的精神。

从以上分析可以看出，“强毅力行，追求卓越”，这是海门教育这么多年来取得成功的核心价值观，也应是未来海门从教育强市迈向教育名市的精神支撑。海门教育的这种精神，是孕育于海门精神和张謇伟大思想中，是与新教育哲学一脉相承、融为一体的品格。这就需要我们在行动与坚持、目标与超越中续写海门教育的精彩，以生生不息的血脉，一头承接着昨天，一头昭示着明天，在传承坚定不移、扎实智慧的优秀中积淀属于我们的精神财富，在开拓创新、勇于担当的信念中影响未来。

我的海门教育梦

教育是最应该有梦、追梦，最能圆梦的事业。

校园是放飞梦想、追寻梦想的圣地。

教师是点燃梦想、助推梦想的文化使者。

学生是怀揣梦想、追逐梦想的天使。

2012年11月29日，中共中央总书记习近平带领新一届中央领导集体参观中国国家博物馆“复兴之路”展览时，提出要努力实现“中国梦”。“中国梦”的本质内涵是实现国家富强、民族复兴、人民幸福、社会和谐。

实现“中国梦”，离不开教育的助力。没有众多人才的培育，“中国梦”的实现就会失去智力资源的强力支撑。教育部部长袁贵仁在全国政协教育界别联组会议上回应政协委员的提问时，用四个词表明自己心中的“中国教育梦”：有教无类、因材施教、终身学习、人人成才。他说：“我们教育的孩子应成为一个堂堂正正的中国人，成为能够适应21世纪世界发展潮流需要的有用人才。”

我心中也一直有一个美好的梦想，那就是：办好每一所学校、发展好每一位教师、培养好每一位学生。办好每一所学校。就是既要注重学生的起点公平，更要注重过程公平和结果公平。发展好每一位教师，因为教师是最重要的教育资源，是支撑学校发展最重要的因素，也是实现教育梦的核心要素。培养好每一个学生。要为每个学生提供适合的教育，让每一个孩子都成为有理想、有道德、有文化、有纪律、全面发展的有用之才。

海门教育人心中也有一个教育梦。观照“中国教育梦”有教无类、因材施教、终身学习、人人成才这四个方面，海门教育人作出了自己的回答：用立德树人的标准和要求来确定自己的教育梦想，实现“实力教育、活力教育、魅力教育、美丽教育、幸福教育”这“五个教育”，努力使学生全面发展，满足新时期社会对海门教育的新要求，建设好人民满意的教育名市。

“五个教育”的根本出发点和评判标准就是办人民满意的教育，根本目标就是要培养德智体美全面发展的人。因此，我们在重视教学质量的同时，更重要的是要以学生为本，着眼学生全面发展、终身发展，让学生学会做人、学会学习、学会生存、学会创造。我们的教育必须要遵循人的成长规律，实施素质教育，奠基学生未来。要遵循教育发展规律，致力学有所教，学有优教。要遵循社会进步规律，完善惠民政策，增进民生幸福。我们的教育还必须充满魅力，充满吸引力和感染力，处处有惊喜，才能让百姓时时受感动。我们要让校园、教室，成为每个孩子来了不想走的地方，走了还时时怀念牵挂的地方。

我们的教育应当是惠民的教育：不但让所有适龄儿童都能免费上学，更要对家庭经济困难学生、特殊学生给予最大限度的帮助；应当是公平的教育：让每一位学生都享受均衡、优质的教育资源；还应当是创新的教育：教给学生一生有用的东西，让学生不仅乐学，更善敏行创造。我们的教育必须是幸福的教育：要让师生生活在优美、和谐的学校氛围里，让他们体验到人生乐趣与生活完美，保持健康心态，营建美好生活。

党的十八大报告明确指出：“把立德树人作为教育的根本任务，培养德智体美全面发展的社会主义建设者和接班人”。我们要坚持正确的人才观，以树人为己任，突出社会主义核心价值体系，培养具有良好人格素养，拥有强健体魄和高尚审美情趣的社会公民。

“教育梦”是“中国梦”在教育领域内的具体体现，也是与“办好人民满意的教育”这一提法一脉相承的。梦想照进现实，关键在于行动、在于实干。习近平总书记在深情阐述中国梦时，其中特别提到“空谈误国，实干兴邦”。新教育的行动哲学就是“只有行动，就有收获；只有坚持，才有奇迹”。只有行动第一、实干第一，才能为“中国梦”“教育梦”照进现实打下坚实基础、提供根本保障。

教育是最大的民生工程，肩负着每一个孩子的梦想、千家万户的幸福、国家和民族的复兴，若干“教育梦”汇聚起来，就是“伟大中国梦”！相信：市委、市政府和社会各界的关心与支持是实现教育梦最强大的动力，百万海门人民的肯定与鼓励是实现教育梦最坚实的后盾。我们每一个海门教育人一定会坚定信心，开拓进取，乘势而上，顺势而为，以等不起的紧迫感、慢不得的危机感和坐不住的责任感，凝聚起追梦圆梦的强大正能量，“办好每一所学校、发展好每一位教师、培养好每一位学生”就一定能够梦想成真。

第四辑

每日一思：只有坚持　才有奇迹

从 2011 年元旦起，在坚持每日撰写日志的基础上，对自己提出一个新目标：每日一思，即记录每天教育生活中最有感悟的点滴思考。每日点滴，且行且思，聚沙成塔，不敢懈怠。

把一间教室变为一座宫殿

教育是慢的过程。把一个理念在教育中活出来，更是一个细水长流润物无声的过程。

自新教育提出“完美教室”这一理念后，近三年时间里，我记录下了这一词汇从播种、扎根到萌芽、开花的过程。

2011年1月6日：我参加俞玉萍新教育完美教室展示，深刻感受到班级文化的灵魂是全体师生的共同朝向，是美好班级生活的支撑与样态，是师生共生共长的力量，是未来生活的预告。

2011年2月13日：参加校长圆桌论坛，我谈了对完美教室建设的基本主张：一是有完美班级的“价值系统”，即班级规则系统的积极建立与维护，包括班级愿景、道德人格课程、班级规约系统，以及个性化班名，鲜明的班风、学风、吉祥物、班徽；二是有“雷夫+克拉克”的教室风格，有卓越的班级课程体系，有诸多优秀的细节文化组合成的共同的行为方式；三是有师生乃至家长共同经营的班级博客或通讯平台，师生与家长保持密切的交流与沟通，有周期性的师生与家长共同的活动；四是拥有班级自己的节日、仪式和庆典，并使之作用于每一个人的心灵；五是建设班级的社团组织与多样化的评价体系，使班级所有成员有向着美好的共同朝向与积极的生命状态，每一个班级成员都能成为最优秀的自己。

2011年2月22日：我们讨论海门镇小的完美教室与仪式文化，建议围绕人与自然的关系来学会生活，带领学生去森林公园亲近自然，聆听自然的声息，感受自然的野性，与自然融为一体。同时，建议做一个种子节的仪式，从理解“种子”的丰富内涵出发，融合自然、艺术、语言等手段，展示师生成长的经历与成果。相信种子、相信岁月是新教育人的共同信条，让种子节润泽孩子们的心灵，孕育出七彩之花。

2011年3月6日：组织三厂片区的新教育完美教室培训活动——幸福从哪

里出发？无限相信童心；无限相信书籍；无限相信对话；无限相信自己。教师每天都用新的眼光，发现优点，发现生命。高声集体表扬，小声个别批评，保留孩子的自尊。既要仰望星空，更要脚踏实地。信守诚信、守时、相信自己、我能行的价值观，做最好的自己，创最好的班级。

2011年3月13日：海门市新教育完美教室首轮培训结束，我对完美教室工作室建设提出了新的目标：打造20个所有的全市有影响力的榜样教室，培训海门市及其他新教育实验区1万名教师，研发完美教室人格、书香、社团等卓越课程系列，出版完美教室叙事系列丛书。这是一个全部由一群一线普通教师组成的特殊工作室，我深信，这群痴迷教育的工作狂，一定能把完美教室工作室建成全国有影响力的工作室。

2011年6月2日：到余东中心小学，参加他们新教育完美教室与毕业典礼展示活动，很受感动。这是很有意义的仪式，给我们带来非常美好的享受，相信，一定会给每一位学生带来永久的美好记忆。其实，教育就是要把美好带给孩子们，让美好占据儿童的心灵。今天的活动以爱来贯穿，爱妈妈、爱读书、爱家乡、爱同伴、爱老师，爱是一种依恋，爱是一种不舍，六年的小学生活是人生的重要阶段，这种不舍与依恋充分表达了同学情、师生情，大家深受感动。当然，爱还是一种成长，一种快乐，一种幸福，我期待同学们快乐地与母校告别，因为迎接他们的是一种崭新的中学生活，有新老师、新同学、新学校，多么令人向往。我们应该满怀期待，建设完美教室就是希望孩子们永远朝向完美，做最好的自己，愿朝向完美与做最好的自己伴随他们一生。

2011年10月7日：到东洲国际学校会议室，参加完美教室工作室的学习活动，大家一起学习新教育历次年会的主报告。我给大家讲了一个多小时，主要围绕今后一个学年工作室的主要任务展开，我希望完美教室工作室首先要组织大家学习与研究，深入理解完美教室的内涵，学习的主要文献是苏霍姆林斯基的《帕夫雷什中学》以及新教育近五年年会的主报告，找到完美教室的理论基础，其次是推进完美教室的实践研究，抓住“共同生活”这个核心要素，把与教室相关的所有教师、学生与家长纳入共同生活的研究范畴，研发各种适合学生需要的课程，使每一个教室都能趋向完美，并不断完善最初提出的完美教室建设的基本框架。另外，期望下半年领衔人俞玉萍完成《中国百合班》的初稿，所有工作室成员完成自我的完美教室叙事，同时，向全市每一所学校征集完美教室叙事，争取精选100个完美教室叙事案例，并编写成海门实验区完美教室叙事集锦。下半年，我们把全国新教育海门开放周暨完美教室建设专题研讨会交给完美教室工作室来承担，主要围绕完美教室展示、叙事、研讨，并组织起有效的工作坊，把完美教室研修向纵深发展，为明年的年会造势。教育局还将组织乡镇学校文化展示活动，要求工作室对完美教室版块进行现场指导。让完美教室成为海门教育的一道独特风景，成为师生守望的美丽家园。

2011年10月27日：到汤家中心小学与麒麟中心小学调研，讨论学校文化展示与研讨活动的安排。我希望完美教室展示，要做到点面结合，点——解决榜样引领问题，面——解决底线共进问题。同时，强化学校文化建设的故事言说与特色文化的深度推进，以及现场互动研讨，这样，更有利于让全体教师与学生卷入学校文化与完美教室的建设过程，使之成为共同成长的过程，也为全市层面的推进提供一个可以学习与研讨的现场。

2011年11月1日：召开新教育实验管理工作会议，学习了省教育学会专业委员会秘书长会议精神，以及中国教育学会"十二五"重点课题培训会议精神，"新教育实验促进师生发展的行动研究"已经正式批准为中国教育学会重点课题，准备面向全国新教育实验区组织申报课题参与学校。我们专题研究了全国新教育开放周暨缔造完美教室研讨会的时间及其安排，这次活动初步确定于11月25日——26日，海门准备同步开放8所小学，4所初中，进行完美教室现场展示与研讨。同时，由海门市完美教室工作室组织分主题的工作坊，工作坊主题有：完美教室价值系统的建构；完美教室特色课程的研发；完美教室课堂文化的打造；完美教室共同生活的营建；完美教室节日庆典与社团活动的组织；完美教室数码社区（班级博客）的营造等，希望全国各地的新教育同仁积极报名参与研讨。我们还讨论了新教育实验区管理、新教育研究会秘书处工作及海门新教育实验区管理的分工调整，以及各个板块的近期工作。新教育是一项宏大的教育事业，有着做不完的工作，需要我们不仅拥有公益的情怀，还要有美好的憧憬，扎实的行动，不懈的坚持，才可能不断创造一个又一个奇迹。

2011 年 11 月 3 日：召开全国新教育实验开放周暨完美教室专题研讨会的预备会。市区初中小学全体校长、完美教室工作室全体成员以及海门新教育研究中心核心团队一起参会。我阐述了这次活动的目的：一是推动市区作全体教师与学生共同卷入完美教室建设，把建设的过程作为共同成长的过程；二是为全市及全国新教育实验学校提供完美教室建设的样板与经验；三是研讨完美教室的深度建构及相关理论问题。希望大家高度重视、全面发动、精心组织、精彩展示。特别是完美教室工作室成员需要围绕工作坊的主题进行全面深入的研究，以便在开放周的研讨会上发挥一定的引领作用。完美教室建设仅仅还在探索中，需要全体新教育同仁共同探索实践、奉献智慧。

2011 年 11 月 6 日：拟好了“关于举行全国新教育实验海门开放周暨缔造完美教室专题研讨会的通知”，正式确定于 2011 年 11 月 25 日 ~ 26 日（周五、周六）在海门举行，并通过网络及正式文件的方式发至各实验区校。“完美教室”是一种对幸福完整教育生活的现实追求，“完美教室”永远是一种朝向，需要不断行动、不断坚持、不断创新。希望通过这次研讨会，进一步明晰完美教室的内涵与建设方向，使来自各新教育实验区的新教育人对如何缔造完美教室形成一定的共识，愿每一个新教育的教室永远朝向完美，让教室里的每一个师生过上一种幸福完整的教育生活。

2011 年 11 月 19 日：召集海门新教育研究中心核心团队成员与完美教室工作室全体成员，一起研讨新教育海门开放周完美教室工作坊的主题，希望通过研讨，形成一些共识。如每一个教室都属于他们自己；共同生活是完美教室最美好的生活样态；构建卓越的班级课程是实现朝向完美教室的最关键途径。

刘宇禹老师谈她以班级梦想基金为载体，营造共同的文化符号，编译共同的心灵密码，拥有真诚的共同行动，朝向美好的共同愿景，构筑共同的价值取向，建立共同的生活信仰，沉浸多彩的共同活动，编织共同的生活语言，追求共同的生命状态。从而使人人朝向完美、趋向完美。

徐强主任认为完美教室的课堂是让每一个学生老师体验到幸福、感受到快乐的课堂，每一节课都是生命成长的旅程，每一节课都充斥着探索的艰辛，收获的喜悦。从这个角度看，环境、课程、习惯、互动，激活思维、潜能以及反思，是课堂文化的关键词，让知识、生活、生命深刻共鸣应成为新教育课堂的共同话题。

吴勇校长认为完美教室是一个共同体，是每个人对自身认同、自我完整的共同体。他在帮助班上学生建立博客的基础上，鼓励学生写整本书，在经营博客的过程中体会到这个共同体还不能缺少家长，家长应成为习作共同体成员。他认为最好的写作老师是家长。儿童博客是老师、学生、家长共同形成的习作共同体。

2011 年 11 月 23 日：新教育全国开放周活动得到党组的高度重视，专门召开会议讨论。我们密集调研学校的准备工作，各所学校都在紧锣密鼓地进行着。到目前为止已经有近 400 名来自全国各地的新教育人报名参加。海门新教育研究中心又一次召开专题会议，落实工作坊主持人、展示学校责任人及相关任务，讨论全国新教育实验课题开题活动细节，专家组安排，以及会议代表的吃住行，材料准备等。还准备于 26 日下午组织一次完美教室精华版的展示活动，以让更多的海门教师能够观摩学习。开展活动搭建的是一种平台，成长的是参与这个过程的老师与学生，这次市区几乎全部的学校、班级与师生均卷入其中，虽然很辛苦，但一次次的磨炼、一次次的反思，更是一次促进，一次提升。

2011 年 11 月 24 日：到海门镇中心小学听倪颖娟谈完美教室展示准备时，发现她因为承载了太多的任务，特别辛苦，我看了报告的内容，给她做了一些减法。听她谈了这次到焦作参加儿童课程开放周的感受，思考准备成立海门晨诵课程、共读课程、习作课程的研发小组，这样，可以让更多的老师来分享这些课程，同时更容易让更多的老师一起深度卷入新教育实验。

倪老师是海门完美教室的榜样教师，随着研究的深入，遇到了不少的困惑，比如完美教室是减法还是加法的问题，完美教室课程的主题性、综合性问题，完美教室日常化、生活化、生命化问题等等。其实，完美教室的核心问题还是教师，无论价值观的构建、共同生活的营建、卓越课程的研发等，没有教师这一灵魂人物，完美教室就无法缔造。同时，完美教室也是教师、学生、家长的成长共同体，需要共同努力缔造完美教室、编织共同生活、书写生命传奇。

2011年11月25日：正式迎来新教育开放周活动，8所小学，4所初中面向全国400多名来自全国各新教育实验区校的代表及海门的班主任代表开放。全面展示海门完美教室的建设情况，研讨如何理解完美教室，缔造完美教室。我还为来自广西南宁教育局及各区县教育局的局长们作了海门区域推进新教育实验的报告。教育在线设有专帖转播，这是一次新教育“教室”主题的盛会，既为明年的年会造势，希望推动所有的实验区校都来思考并实践缔造完美教室，也为明年年会能够在理念、理论、实践上作深入的探索与准备。

2011年11月26日：开放周继续展示精彩。上午海门实验学校报告厅座无虚席，海门镇中心小学“阳光天使班”的师生以情景剧的形式向与会代表展示师生的幸福教育生活，诠释“完美教室”的丰富内涵。接着分完美教室价值系统的构建、班级课程的研发、课堂文化的打造、共同生活的营建、节日庆典与社团活动的组织、数码社区（班级博客）的建设等六大工作坊分组展开智慧碰撞。海门市完美教室名品工作室的成员交流了各组的活动收获。

工作坊交流时认为，完美教室价值系统的构建意在通过一系列表象的图腾来诠释深刻的价值体系。班级的节日庆典，是生命的朝向，是师生共同生活的精彩演绎，因此要有正确的主题；班级的社团活动是生命的个性体验，班级社团是孩子自由的舞台，是共同的密码。完美教室共同生活的营建，包含营造共同的班级文化，编制共同的生活语言、心灵密码，拥有真诚的共同行动，朝向美好的共同愿望。而班级数码社区的建设，贵在行动，贵在坚持，贵在沟通，把它共同营建成习惯养成、自我实现、心的归宿的共同家园。完美教室课堂文化的打造，要坚持以学定教的原则，尊重孩子的天性，关注细节，合理处理“舍”与“得”的关系。俞玉萍“百合花班”的梦想课程、书香课程、学习课程、爱的课程、生活课程、哲学课程为“完美教室”班级课程研发提供了范例。

我以海门新教育完美教室的倡导与推动者，以及新教育研究会与新教育研究院等的多重身份上台发言，表达了对大家的谢意与敬意，进一步阐述了海门对完美教室的理解、思考与探索。

朱永新先生在全国新教育实验海门开放周暨完美教室专题研讨会结束时，发表了热情洋溢的讲话，他用三组关键词表达自己的心情，同时给予高屋建瓴的引领。首先，他用“感动、感佩、感激”来感谢海门新教育人为新教育实验作出的努力。他说，在海门推开任何一所学校任何一间教室的大门，你都可以看到精彩，海门新教育人为新教育作出了卓越的贡献，海门是新教育的重镇。接着，他用“课程、教室、生命”形象地阐述了教室之于师生成长的重要性。他说，“教室”是扁担，一头挑着课程，一头挑着生命，开发卓越课程，缔造完美教室，书写生命传奇，生命的成长才是新教育的最高目标，新教育人为生命的绽放而存在。最后，他用“良知、孩子、日子”来高度概括缔造完美教室的行动策略。他说，决定一间教室好坏的不是教室本身的好坏，而是看谁站在教室里。因此，完美教室必须守住每一个教师的良知；同时，我们要关注到教室里的每一个孩子、每一个角落，守住每一个孩子的心灵，守住属于我们自己的每一个日子。

下午我们组织了海门市的老师一起观摩昨天完美教室展示中精选出来的几个班级，朱永新先生也兴致勃勃的一起观看。主要有实验学校小学部的高波与他的君子兰班，东洲小学马娟新与她的蒲公英班，还有实验小学顾玲玲的四叶草班，海南中学殷卫娟和她的奇迹树班，实验学校初中部姚燕华和她的飞翼班，展示得都非常成功。

新教育研究中心干国祥老师进行了点评，他认为，任何一个概念都需要从浪漫到精确再到综合，海门的展示已经从浪漫走向了精确。如何缔造完美教室？建议一，把思考的长度拉长，从人的一生思考中小学，从九年思考一年，这样教育就不会提前，提前是一种损害。建议二，超越儿童课程的概念，从人的全部教育来思考，一定要从道德人格、审美与情感、智慧与知识、礼仪与规则等方面同时思考教室里的事情。建议三，缔造完美教室要处理好多重关系，课程与活动的关系，仪式、节日应在课程中自然开放，学科教育与新教育是紧密联系的。通过新教育实现国家课程标准，并超越课程标准。建议四，倡导完美教室，让孩子喜欢挑战，喜欢创造奇迹，教室应该有故事，创造一个个奇迹的故事。把追求卓越当做终生的习惯，把挑战作为终生的习惯。我们要下最平凡的苦功夫，做最不平凡的大事。

朱永新先生也给海门的老师们讲话，他从上午提出的九个关键词讲起，强调新教育要变成真正意义上的日常生活，完美教室是教育生活的组成部分。教室是幸福的来源，幸福不是装出来的，不是喊出来的，而是从心里流淌出来的。教室是关系的存在，最大的幸福来自于人与自己的关系，完美教室给我们一个期待，一个梦想。真正的好老师，会无数次叩问自己的内心，怎样给孩子最大的发展、最好的成长。我们要通过完美教室的课程，给孩子人生中最需要的东西，让每个孩子都享受到班级的快乐，这是一个需要关注心灵的时代，要珍惜每一个平凡的日子，每堂课要靠知识本身的魅力吸引孩子。让孩子每天向往到学校，不舍得离开学校。

2011 年 11 月 27 日：梳理新教育开放周暨缔造完美教室研讨会的材料，上传至教育在线专题帖以让更多的新教育同仁分享交流。这次主题研讨，把思想汇集在一起就是研发卓越课程、编织共同生活、缔造完美教室、书写生命传奇。完美教室指向的是生命的完美，它必须通过卓越的课程研发，以及共同生活的营建，才有可能让生命的灵性得到呵护，生命的潜能充分引爆，才有可能不断迎接挑战，超越自我，从优秀走向卓越。

2012 年 1 月 29 日：组织完美教室工作室的部分成员一起讨论完美教室作为基金会项目的落实思路，重点考虑用于榜样教室的打造，发挥榜样教室的示范引领作用，同时，用于完美教室的课程研发与完美教室的叙事征集、编辑与出版，我们完善完美教室叙事写作的框架，主要有完美教室的基本主张、班训，共同生活故事与理性思考等，期待各个学校在整体推进完美教室项目的同时，重点培育一批榜样班级，发挥联动效应，协同发展。

2012 年 2 月 28 日：与吴勇、姜岳威讨论南宁新教育团队来海门培训的方案，主要是到学校现场培训，观摩新教育晨诵午读课、理想课堂，听取校长关于学校文化建设的专题报告，师生的完美教室叙事与展示，组织互动研讨等，另外安排新教育专家报告与校长沙龙等，让南宁新教育人到海门以后既有现场体验与操作指导，又有理念引领与理性提炼等。

2012年3月11日：陶新华博士带着他的新教育心理学校的团队来海门与我们新教育核心团队的成员一起讨论完美教室团队心理培训项目，他们从班级团队心理角度制定了一个班主任培训方案，我详细介绍了新教育完美教室的基本架构，我还抓住了人格、课程、细节三个关键词谈了对完美教室新的思考。我希望从团队心理的角度来切入完美教室的建设，从而用团队的力量来改变共同生活的精神追求。

2012年3月20日：召开第37次小学校长俱乐部活动，主题是缔造完美教室，山东莱芜莱城、四川成都新津的新教育培训团，浙江绍兴县的校长培训团也一起参会。大家观摩了东洲小学三个教室的班级课程展示，听取了三位校长的经验介绍，四位老师到上海参加雷夫中国行的精彩回放与感悟，受益匪浅。

我作了缔造完美教室，塑造完美人格的主题报告，我以为，完美教室的终极价值、终极关怀与终极信仰是"幸福完整"。完美教室应以塑造完美人格为核心目标，以重构卓越班级课程为核心任务，以日常细节为核心抓手。完美教室要从关心学生的"内心世界"开始，重视学生作为生活主体的生命感受，让学生心灵生活得到最真切的关切。心灵是精神活动的场所，心灵的本质就是精神，没有心灵精神，完美教室就失去了居所和意义。新教育以关注人的心灵成长为根本特征，注重与人类崇高精神对话，让学生拥有一颗博爱而敏感的心灵，重塑他们的精神世界的蓝图。同时，完美教室建设应把人文学科的课程与人文精神的建设放在核心、灵魂和本体地位。因为人文是埋在地下的精神基础，是国家走向强大的精神土壤，人文是立人之本，科学技术是立人之术，二者合一才能造就出完美人格和充满创造力的个体。日常细节决定性格差异；日常细节决定人格特征；日常细节决定做事品质；日常细节决定事物成败；日常细节决定人生命运；日常细节决定国家前途。完美教室的日常细节教育要以"唤醒生命体验"为中心，经历"浪漫化、精确化和综合运用化"这三个阶段的系统训练才能完整与深刻。另外，完美教室建设要注重多样性与丰富性，完美教室不是面面俱到，而是留有各种选择；完美教室建设要注重特色化与个性化，完美教室不是个个一样，而是让学生成长为最好的自己；完美教室建设要注重共同生活与个人生活，完美教室不是各自为政，而是形成一个有生命、有灵性的团体。完美教室是孩子和老师的家，更是孩子和老师的精神小屋。让我们不断行动，不断坚持，不断思考，不断创新，共同见证，我们的完美教室，从一间屋子，逐渐长成一座神奇的宫殿。

2012 年 4 月 4 日：与俞玉萍老师讨论完美教室建设，我建议抓住三个关键词作深度研究，即“人格”“课程”“细节”。我以为，通过缔造完美教室，塑造完美人格，成就完美人生；通过卓越课程，铸造卓越素质，追求卓越自我；通过锤炼细节，养成优秀习惯，建设美好生活。完美教室就是要让生命活出意义、活出精彩，书写一个又一个的传奇故事。

2012 年 4 月 7 日：召开完美教室叙事改稿会，这次从全市各学校征集了 100 多篇完美教室叙事，通过两轮评审，最后挑选了 30 篇优秀稿件，我首先组织大家学习了新教育杂志社的改稿建议，然后提出进一步修改的三点要求：一是学生本位，叙事不能只是从老师的角度考虑，要多从学生的角度出发，不同的学生在活动中的不同表现和收获，有细节描述，有学生的话语或文字引用；变单线条叙事为多线条叙事，从老师、学生、家长、旁观者等多个不同的角度去描述，这样才能让读者看到一个个具体的鲜活的个体生命成长变化的过程。二是生命叙事，叙事写作应尽量客观、完整呈现事件本身发生发展的过程，不宜过多抒情、评论；完美教室的叙事也不需要面面俱到，可以围绕班级文化的核心精神选取几个典型个体或一两项特色活动（课程）着重描述。缔造完美教室还应该是在不断发现问题、解决问题的过程中朝向完美，所以叙事中要有问题意识、反思意识。每次活动或教育事件都应该要有教师的反思，甚至还可以逐步引导学生反思，反思往往更能体现师生在朝向完美路上的成长。三是结构完整。班名及诠释，班级愿景、使命、价值观，班训、班级标识、图腾，还需配有班级合家欢、与故事内容相匹配的照片等。希望通过大家的努力，为 7 月份全国新教育年会呈现一份缔造完美教室的厚礼。

2012 年 4 月 15 日：准备海门新教育完美教室叙事书稿的序言与后记，以及区域推进“完美教室”实践与思考的文章。坐在书房整整三个半小时，完成得很顺畅！书稿的题目取名为《一间可以长大的教室》。海门新教育"完美教室"行动自2010年10月启动至今才一年半时间，这本叙事便是这一年多来我们对新教育"完美教室"的理解、探索、实践和收获，我们试图借助于这样一个小水滴，折射出新教育实验无穷的光芒和美好的愿景。愿它能成为今年年会的一份珍贵的礼物，更愿新教育的教室永远朝向完美。

2012年4月30日：在书房静静地修改海门新教育完美教室叙述的书稿，一篇篇稿子读过去，眼前清晰地浮现了一个个班级生活的剪影，在那么多优秀班主任的带领下，海门许多学子的生存状态正在得到深刻的改变，他们以自己的共同价值观作为班级灵魂，师生们拥有了共同的精神支柱和美好朝向，共读共写共同生活。愿更多的班级能够朝向完美，愿每一个生命都能成长为最好的自己，开出灿烂的花来。

2012年7月12日：到江苏教育学院教师书院，与赵国忠院长讨论新出版的《完美教室——中国百合班的故事》和《一间可以长大的教室——新教育完美教室叙事》两本著作的推广事宜，他们将在暑期组织全国班主任培训班，请俞玉萍老师来做专题报告，请我点评，以此推广完美教室的理念与行动模式。下学期还准备在海门组织全国"完美教室"专题研讨会，以让更多的教育同仁通过"完美教室"了解新教育，参与新教育实验。

2012年7月14日："相约齐鲁大地，缔造完美教室——2012全国新教育实验第十二届研讨会"在山东临淄实验区举行。开幕式上山东省教育厅张志勇副厅长讲话，他说："山东，孔子在这里诞生，泰山在这里崛起，黄河从这里入海，新教育推动了山东教育改革，改变了学生的生存状态，教师的行走方式，让我们看到了教育的希望和未来。"中国教育报刊社总编辑翟博在新教育年会上讲话，他认为新教育，新在理念与思想，新在创新与改变，新在教室与课堂，新在行动与实验，从一个人的理想、梦想、责任、使命，成为许许多多人的理想、梦想、责任与使命，具有时代的价值与意义！山东临淄区教育局局长孙林涛在新教育年会上作主题汇报，他从齐鲁文化谈起，回顾了参加新教育的历程，畅谈了临淄新教育人在理想课堂、书香校园、教师成长、完美教室方面的探索与收获。华夏文明从这里发祥,世界足球从这里起源,新教育临淄年会展演,从穿越千年的齐文化开始,到如今的新教育,精彩绝伦,令人震撼。新教育十佳教室提名奖颁奖,十佳教室的一个个讲述,以及新教育完美教室缔造者的颁奖与常丽华小蚂蚁班的精彩演绎,让所有新教育人看到了完美教室的高度。期待,这些新教育的榜样们带给全国新教育实验新一轮的热潮,让新教育的老师与孩子们更加得福。

2012 年 8 月 31 日:讨论“影响中国·新教育‘完美教室’成功经验交流会暨全国‘完美教室’特色成果集中展示活动”方案。一所学校的教育品质,由一间间教室的品质决定。缔造完美教室,为教室里每一个生命缔造完美人生,是中国教育的理想。新教育“完美教室”实验是中国教育的一次创举。新教育人领衔“完美教室”,关注每一个孩子、每一个心灵,演绎了一个又一个教育的传奇,创造了中国教室的奇迹。如今,“完美教室”已成为全国广大中小学校班级建设、教室建设学习的典范。实践证明,新教育“完美教室”实验的经验是中国教育的典型经验,值得学习和借鉴。为此,决定于 2012 年 11 月 17 ~ 19 日,教育局将与江苏省教育科学研究院、江苏教育学院教师书院联合举办此次活动。期待这次活动成为推广与推动新教育实验的重要集会。

2012 年 9 月 2 日:参加完美教室工作室本学期的首次活动,我表扬了完美教室工作室上半年取得的两大重要成果,一是两本专著出版成为新教育年会厚重的献礼;二是俞玉萍、倪颖娟被评为新教育完美教室缔造者与十佳完美教室。希望下半年工作室进一步加强团队文化建设,进一步明确完美教室工作室的核心价值观、共同愿景与使命,进一步研发完美教室课程,推动各类以教室、班级为基础的主题课程建设,如人格课程、书香课程、节日课程、旅游课程、社团课程等等,进一步开展完美教室展示研讨活动,以扩大完美教室项目在全国的影响力。

2012 年 9 月 25 日:接待江苏省教科院、江苏省教育学院教师书院赵国忠院长一行,谈合作项目。11 月 17 ~ 19 日新教育研究会将与他们联合举办新教育开放周活动,这次活动主题为:研发卓越课程,缔造完美教室,是今年与明年主题的连接,将邀请全国完美教室缔造者与新教育十佳完美教室班主任来做客,交流研讨如何深入推进新教育实验。

2012年11月1日：召集市区初中小学校长以及新教育核心团队成员，讨论新教育开放周的准备工作。这次开放周的主题是“研发卓越课程，缔造完美教室”，旨在推进完美教室建设的同时，为明年年会主题预热，进行研讨。要求各所学校以课程研发为主线，通过展示、现场、课堂、叙事、故事、互动研讨等方式，向来自全国各地的新教育同仁呈现海门团队的探索过程，推动新教育实验的课程建设。

2012年11月4日：组织新教育核心团队讨论全国新教育开放周示范课的内容与方案。我们以为，新教育完美教室建设最终是为了人的健康成长，为了师生过一种幸福完整的教育生活，必须通过课程来完美实现，需要用开放的视野，综合的思路，推动班级人格课程、阅读课程、运动课程、艺术课程、节日课程等的研究与开发工作，让课程与生命在教室里实现完美结合。

2012年11月11日：召集新教育开放周预备会，短短时间报名参加人数已超过1000人，可见新教育与海门教育的魅力哦！预备会就新教育开放周的专家报告、名师课堂、学校展示，以及会务安排、环境布置等进行了详细的责任分工，这么庞大的会务，接待工作是非常艰苦的，所以，期望能够通过统筹协调，让与会者方便参会，收获满满。

2012年11月15日：与新教育核心团队讨论新教育开放周的细节。组织市区6所初中校长、8所小学校长就新教育开放周报告的PPT，一一讲述点评，确保此次展示活动及叙事报告围绕“研发卓越课程，缔造完美教室”这个主题，让来自全国各地的与会代表收获满满。

2012年11月16日：接待来自全国各地参加新教育开放周的宾客，预计近1200人，最大的团队超过了200人，可见新教育的吸引力，只是海门作为县级市，还没有大型会议的接待能力，只好动用了15个大小宾馆，两个大会场，希望活动安全有序，优质高效，虽然没有很好的会务接待，但是能让大家在新教育路上有更大的收获是最重要的。

2012年11月17日：组织全国“完美教室”观摩研讨会暨新教育海门开放周活动。由于与会的代表大大超出了预期，只好把舞台的空隙利用起来，在舞台上加了 100 多个位置。整个活动超过了 1500 人参会。我致开幕辞，介绍了海门、海门教育、新教育以及这次活动的主题——研发卓越课程，缔造完美教室。我一直以为有什么样的课程，就会有什么样的儿童生活；有什么样的课程生活，就会有什么样的生命成长方式。上午海门的六位老师上展示课，有虞卫华太阳花班的人格课程《尊重，让生活更美好》、张海英的向日葵班文学课程《走进冰心》、陈铁梅的四叶草班审美人生课程《故宫——凝固的音乐》、黄莺莺兰花草班合唱课程《乘着歌声的翅膀飞翔》、张晓辉糖果屋班国际理解课程《走进美国》、刘禹宇浪花朵朵班的电影课程《小世界》等，一节节风格各异的课引起了与会者的强烈兴趣，让大家再一次相信创生课程的力量，能带给孩子别样的教育生活样态。

新教育新生代教师做专题汇报，有海门镇小倪颖娟的《生命，在课程中拔节》；北京新阅读研究所王丽娟的《教室是一方乐土》；河南濮阳侯长缨的《顺着嘴巴的方向飞行——毛虫班童话剧之旅》；河南焦作赵素香的《与爱同行的日子》；山东临淄田丽群的《秋思》；北京新教育实验学校薛海波的《跟着美好一起成长》；山东临淄潘秀华的《让每一朵花都得到润泽》；海门东洲中学俞玉萍的《创造一个王国的童话史与神话史——百合班的课程加减法》。他们从自己的教室出发，让自己与孩子的生命在课程研发的旅程中成长出不一样的精彩，他们在课程的穿越中成长着、快乐着、幸福着。让与会者再次领悟到了新教育的力量。

2012 年 11 月 18 日：全国新教育海门开放周请来了成尚荣先生作专题报告。他以追问的方式，解读了他理解的教室、完美教室，以及卓越课程等，摘录他报告中的经典语段：什么是教室？教室是生活的空间。教室里除了课堂教学还有更多更全面更丰富的教育的生活。缔造完美教室必须探索除教学以外的儿童生活，包括日常生活。教室不仅仅是空间，还是教育的组织。教室不仅仅是一个场所，还是一个场域，作为一个社会学的概念，教室就具有社会学的意义，教室就成了一个公共生活的空间，公共生活培养学生的是公共精神。教室其实就是一个共同体，是一个学习的共同体，生命成长的共同体，说到底是一个文化共同体。何为完美教室，完美教室是我们对教室建设的境界，一种理念，一种愿景，永远是一个缔造的过程，只有起点，没有终点，永远在缔造的过程中。完美教室美在生活，美在文化的共同体。生活应该是美的，生活中有一个非常重要的关键词：关怀，关怀从尊重开始，尊重是教育的起点，生活的起点。教室完美在尊重起点的关怀，我们要建设一个具有关怀意义的、道德生命成长意义的教室。生活不仅仅是一种现实的生活，更是一种可能的生活，即将发生的一种理想的生活。可能生活发生在教室里。自由是人存在的本质，儿童存在的本质。不给儿童以自由，就是让儿童不像儿童，失去儿童，教育就失去了根据地，完美教室就是童年的根据地，儿童的根据地，缔造完美教室，就是缔造儿童的根据地。学校内涵发展必须以课程为核心，没有课程建设，就没有文化。不在课程的视野下建设教室，完美教室可能是一句空话。

有一种课程理念是“跑道”，课程是道，还是跑，课程是一个过程，是自己经历、探究、体验的一个过程。班级课程在很大的程度上不在道，而在跑。课程不仅是计划，更为重要的课程是机会。给学生什么样的课程，就是给学生什么样的机会，发展的机会。班级课程就为学生发展提供了许多机会。在机会中发现自己，发现自己未来的方向、最大的可能。课程是需要学生学习的，当然是一种负担，但不只是一种负担，是一件礼物，是老师馈赠给学生一件幸福的礼物，教室里应该洋溢着幸福。课程还应该是一种生活，是儿童生活中的经验。经验是教育鲜亮的拱门，是教育的出发地，又是凯旋门。教室里的课程，班级课程其实是由生活中的经验缔造而成的。班级课程在于学生加生活，学生在生活中。国家课程、地方课程、校本课程之间是什么关系？班级课程相对独立，课程开发的主体是班级自己；班级课程与国家、地方、校本是相融合的，是嵌入的，这是最重要的方式；班级课程就是在教室里真正发生的课程。完美教室最后归结到底是对儿童的研究，要认识儿童、发现儿童、发展儿童，必须回到儿童原来的意义上去、回到儿童最伟大之处去、回到儿童的生活世界中去、回到儿童的生活方式和游戏的方式上去。

李镇西的报告更感性，他以自己班上发生的一个个童话般的故事，谈了他对完美教室的观点，即有快乐、有收获、有故事、有成长、有诗意的教室。他认为，对教师来说,教育即人生;对学生来说,成长即快乐;对教育来说,童话即传奇。

两个报告一个理性哲思,一个感性诗意,完整地解读了完美教室的理论与实践,让与会代表情不自禁地发出了一阵阵热烈的掌声,更把这次开放周的主题报告推向了高潮。海门四所初中的展示让代表们对海门教育有了更真切的认识与感受。

2013 年 1 月 21 日:接待泰州黄桥中心小学的校长团队,他们专程来海门考察新教育实验完美教室项目,并表达了参加新教育实验的愿望。我向他们介绍了新教育实验的发展历史,让他们考察东洲小学开发区校区,了解海门完美教室建设情况。他们邀请海门教师赴黄桥为教师冬训培训。海门的普通教师因新教育而走向省内外,这是新教育的福音。

2013 年 3 月 15 日:接待苏州大学陶新华博士一行,与培训中心团队一起讨论了海门心理咨询师培训课程,新教育完美教室班主任培训课程及项目运行,我们商定合作组建培训师团队,研发卓越的培训课程。我们认为,中国的实证心理没有得到很好的推广,应该成为基层学校教师掌握的重要工具。

2013 年 3 月 21 日:邀请师兄李镇西来海门为全市高中班主任培训完美教室,他以自己的爱、激情与梦想编织了一个个美丽的传奇故事,为海门的教师送来了教育的美好与幸福。

……

从一间普通的房子,变为一座教育的宫殿,完美教室是我们从旷野里寻出珍宝,点点滴滴汇聚的过程。没有最好,只有更好,缔造完美教室,我们仍然走在路上。

以时光沉淀学校文化

学校文化建设的关键在于把观念转化成一种行动，把先进的教育思想体现在学校生活的每个细节中。用文化为学校立魂，用文化改造我们的教育生活，从而提升学校的办学品质和学生的综合素养。

但学校文化在建设之中，往往在立足本校基础上得到外来者的碰撞，会迅速闪烁出火花。因此，自从担任教育局长后，深入学校和校长、老师们沟通交流一所学校的文化建设、特色打造，就成了我的日常工作内容之一。然后，我记录下了这些交流中的零星火花，温故而知新。

2011 年 1 月 4 日，我协助梳理通源小学新教育学校文化展示点评内容：学校文化是师生生命的美好朝向；学校文化是师生生命的存在样态；学校文化是师生生命的成长力量；学校文化是师生共同创造的生命奇迹。学校文化建设就是要让教育凝聚生命的精华。

2011 年 2 月 24 日，我参加讨论三厂小学新生命教育项目展示的版块，建议从生命是向上（善）的、生命是智慧的、生命是灵动的、生命是健康的、生命是耕耘的、生命是独特的等几个方面来思考生命的各种姿态，教育就是要通过尊重生命、呵护生命、引爆生命、成全生命，来绽放生命的姿态。

2011 年 4 月 15 日，我为海门镇中心小学展示文化点评。展示文化首先是一种“信”的文化，一是相信、信任；二是自信、信心；三是信念、信仰。在展示中要无限相信教师与学生的潜能。其次，展示文化是一种“行”的文化，有教师的行、学生的行、家长的行，只有行的生动，才能展示的精彩。第三，展示文化是一种“星”的文化，我们都是擦星族，孩子们是一颗颗星星，通过展示不断擦亮星星们，同时，只有星星之火，才可以燎原。第四，展示文化是一种“幸”的文化，通过展示，让孩子们不断体验当下的幸福，这也预告着未来的幸福生活，而师生共同过一种幸福完整的生活才是我们最高的追求。

2011年4月16日，我参加了国强中心小学新教育学校文化展示，他们把少年强则国强作为学校的核心办学理念，把自强不息作为学校精神，用行动与坚持，打造了省内有名的英雄班，连续十年夺冠的篮球俱乐部，以及书法育人特色。架构起了“德强、智强、体强、美强、技强、师强”的强文化实施路径，非常了不起。其实，强文化是一种立志的文化，立志是强文化的灵魂；强文化是一种自强的文化，自强是强文化的根基；强文化是一种自由的文化，自由是强文化的境界；强文化是一种超越的文化，超越是强文化的使命。强文化链接着学生的当下与未来，个人与社会、国家，愿国强中心小学在强文化的引领下，向更高的目标进发。

2011年10月25日，到德胜中心小学专题讨论他们的学校文化展示研讨活动的具体细节时，我建议，把这次学校文化展示研讨活动的准备过程，作为学校文化特别是班级文化的实实在在的建设过程，成为师生共同成长的过程，所以要求各个班级都要有班级价值系统与班级特色活动的展示，同时有榜样班级的书香课程、礼仪课程、科技特色课程等展示，还要举行“德文化”专题研讨活动，通过学校教师、共同体学校校长与专家团队共同探讨德胜小学“以德制胜”的文化内涵，以及学校礼仪文化的建设与发展，以此带动全市各校对学校文化建设的深度思考与实践，推动各校完美教室的系统建构与具体行动，把学校文化建设与完美教室缔造落实在实处。

2011年12月6日，我在参加德胜中心小学学校文化展示活动中，充分感受到了校园里弥漫着的节日氛围和生命活力。走进每一个教室，真是各具特色，精彩纷呈，呈现出师生们对完美教室的创新诠释。德胜小学以“德”文化建设为主要内容，提出“以德制胜”的校训。德：本意为顺应自然、社会和人类客观需要去做事。以德制胜：是指根据事物的发展规律和人的成长规律去做事，一定会出奇制胜，获得成功。今天，他们以“礼、智、勇”为核心价值观，展示了10月份“学会感恩”主题的“每月一事”项目。感恩是人之美好品质——善良的表现，是一种情感的理解与付出，是一种责任与行动。所以，他们设立班级感恩节，成立好孩子基金会。其实，教师首先要感恩学生，感恩学生给自己带来教育智慧与丰富资源；其次，教师要善于把“善良”传递给每个学生，让他们人人拥有一颗善良之心，感恩之情。这次活动的另一个亮点是小主持人。德胜小学让多个孩子主持，特别是一年级的孩子，口齿清晰，非常可爱，好了不起！这与有的大规模学校抱怨找不到主持人形成鲜明对比。只要我们创造足够的平台，农村的孩子一样可以自信地幸福成长。

2011 年 12 月 8 日麒麟中心小学新教育学校文化展示非常成功，研修中心的驾驶员看了以后也感慨万千，说自己是生不逢时，看到今天全校每一个孩子都有机会展示自己，孩子们个个洋溢着自信的笑容，表达着成长的快乐。而他小时候，由于成绩一般，虽然心里很想上台表演，但是，老师一直是只让成绩好的同学展示，自己从来就没有机会。是呀，如果我们每一所学校，每一位校长和老师都把关照每一个孩子成长的理念扎根在心里，落实在教育行动中，孩子们才可能得到全面而具个性的发展，教育才可能在孩子们的心灵深处留下美好的记忆。

2011 年 12 月 9 日，我在参加汤家中心小学“追景”文化展示时，发现该镇党委樊书记亲自参加，让我们教育人很是感动，乡镇学校的发展离不开乡镇党委政府的正确领导与大力支持，三厂是全市最重视教育的乡镇之一。在汤小听一位创造生命奇迹的耳聋女生，能够流畅地讲述自己成长的故事，非常惊讶与感动！是老师与班集体引爆了她的生命潜能，带给了她生命的阳光，这里的老师真伟大，他们就是这个孩子生命中的贵人。另外，还第一次看魔尺表演，一分钟几根魔尺在学生们手上神奇般的变成了各种东西，这真是很棒的社团，既动手又动脑，创造了无限精彩。汤小为我们提供了太多的精彩，吴勇主任给予高度的评价，我完全赞同。

2012 年 4 月 26 日，我到树勋小学，听取了姜校长对学校文化建设展示活动总体思路与框架的汇报，他们通过对精致文化实践的反思，决定从习惯抓起，认同少年时期形成的习惯会像天性一样自然的理念，提出“习惯成自然”的核心价值观。我赞同“小习惯大未来”愿景，这与新教育倡导“教给学生一生有用的东西”的基本理念，以及“以人弘道，活出中国文化的根本精神”完全契合，建议每个领域提出与之相呼应的价值观，如让阅读像呼吸一样自然、让运动成为日常的生活方式、让艺术时时润泽生命成长等等。另外，我强调好习惯更重要的是真正成为这里师生生活的现实样态，这样才能伴其一生，促其成功。

到平山中心小学调研学校文化建设情况时，我听取了赵校长对学校文化架构的新思考，他在学校行政与老师们共同研讨的基础上，形成了学校诗意教育的核心办学理念：让师生诗意栖居，让生命灵动跳跃。提出的办学目标是：省内外知名的特色学校，海门一流的窗口学校。诗意教育四大策略十二项行动：以诗立根（理念、环境、管理）；以诗厚德（言行、教室、活动）；以诗启智（阅读、课堂、教师）；以诗育特（社团、课程、评价）。我觉得平小的思考很深刻，也比较完整，很是赞同。我们讨论了诗意教育的基本内涵，主要包括：教学要像诗一样灵动、生活要像诗一样浪漫、学习要像诗一样富有创造、管理要像诗一样精致。愿诗意伴随平小师生美好的生活。

2012 年 5 月 14 日，我到三阳中心小学讨论学校感恩文化建设，他们以“懂感恩、知责任”为核心价值，开展唤醒、培塑、养成行动，组织感恩课程研发，举办感恩节日庆典，学校已经连续五年举办感恩文化节了，内容非常丰富。我辨析了知恩、感恩、施恩的关系，建议多用诵读的方式表达对大自然感恩，用现场情境的方式表达对父母、老师和同伴的感恩，用歌唱艺术的方式表达对祖国的感恩。在日常生活中让感恩从多说“谢谢”开始，并逐步让付出、担当成为感恩的最高境界。半个月后，我到三阳中心小学参加学校文化展示研讨活动，观摩了榜样教室叙事，感恩文化展示，以及感恩特色文化下的幸福与完整的共同体沙龙，非常有感触。

2012 年 6 月 6 日，到平山小学观摩学校文化展示活动，以及海师附小共同体校长们与平山小学老师代表的主题沙龙。向着诗意教育的明亮那方，共同探讨：以诗为媒，以诗立根，以诗厚德，以诗启智，以诗育德。平小的诗意文化展示活动，让我们再一次看到了在新教育的映照下，生命真的如诗般灿烂。愿海门新教育人都能在创造性的劳作中，诗意的栖居在海门教育的大地上。

2012 年 11 月 30 日，与石鑫校长讨论学校文化对学生发展的影响，一所学校，校长是灵魂人物，对这所学校文化的形成与积淀发挥着引领者的作用，一所有文化的学校，其文化印迹一定会深深地烙印在孩子的心里，从小学到初中、高中，乃至整个人生都会有深刻的影响，所以，每一位老师一定要以高度的责任感与使命感来教书育人，做学生真正的人生导师。

2012 年 12 月 6 日，三和小学百年校庆，用隆重精彩的“和文化”展示，赢得了大家的一致赞赏。“和”在本质上首先应是尊重，尊重是一种信任，一种相信，教育必须从相信出发，尊重每一个学生的人格与个性；其次，“和”是宽容，宽容是一种理解，一种包容与支持；“和”还是施爱，施爱是一种付出，一种奉献，把帮助别人作为快乐的事。“和文化”其实是一种尊重的文化、宽容的文化、施爱的文化。希望三和小学把尊重、宽容、施爱作为“和文化”的三大支柱，研发三大主题性的课程作为“和文化”的支撑性课程，通过课程的高水平实施让“和文化”得以生根、开花，结出丰硕的果实。

2013 年 6 月 6 日：到常乐参加学校文化展示，张华书记深度解读了张謇精神的大、高、爱、忧，推荐了张謇文化，为让学謇弘謇成为地域文化的主旋律，镇党委政府举办了首届张謇文化节，常乐小学主动担当，把学校建设成为弘扬地域文化的主阵地，让这里的师生烙上地域文化的印迹。

丰富多彩的学校文化展示，真是精彩无限，内涵越来越丰富，让我们品味到了走文化发展之路的艰辛与快乐，让我们更加坚信文化的力量，坚定继续沿着文化发展之路前行的信念。让我们从“相信”再出发，相信自己，因为我们也可以改变世界；相信孩子，因为孩子们永远代表着未来与美好，是他们给予了我们无穷的教育智慧与资源；相信教室的力量，因为教室连接着教师、学生、家长、社会、国家与世界；相信种子的力量，因为我们播撒的每一颗种子都会生根、发芽、开花、结果；相信行动的力量，因为只要行动，就有收获；相信岁月的力量，因为在岁月的磨砺中，在行动的坚持中，一定会创造一个又一个生命的奇迹。

我一直在思考两个问题，一是学校文化如何成为教育日常，成为师生的生活方式；二是学校文化如何成为教育的力量。我想，只有让我们崇尚的价值观植根于师生的心灵，才有可能实现。新教育是心灵的教育，学校文化建设就是将我们倡导的价值观念植根于心灵教育的过程。所以，我们要深入研究当下儿童心灵的需求，寻找切合学生心灵成长需要的手段与方式，开发适合的课程与活动，让每一个教师成为自觉的文化使者，让每一个孩子因美好文化的浸润而更加幸福。

这些成功的学校文化展示，更使我们看到了文化的魅力，文化在学生鲜活的生命里，在学生幸福成长的多样姿态中。看来，学校的活动、展示、表演对孩子的成长有着丰富的意义。当老师能够以展示活动为契机，把学校文化建设理念扎根于日常的教育生活中，就能让每一个生命幸福成长。当更多的学校能够行动起来，唤醒每个人的文化自觉，就能让每一个孩子成为有根的现代公民。

让教育的日子成为节日

对于教育来说，节日通常意味着仪式和庆典，具有特殊的意义。这些年来，我参加了形形色色的节日，有了各自不同的收获。

有的学校，用特色的节日打造学校的特色。我考察中南国际小学的国际文化节时，他们组织过美国文化主题活动，每个教室一个主题，有美国城市、美国名人、美国体育、印第安文化等，孩子与家长们沉浸其中。也组织过东南亚风情主题，经过全体教师、学生以及部分家长的共同努力，各个教室被装扮成东南亚国家馆舍，学生们还彩排具有东南亚风情的特色节目，国际课程已经成为中南国际最具亮点的课程，对开拓学生国际视野，培养学生实践创新能力有着重要的意义。充分感受作为国际学校的特有魅力，将会有更多的家长能够选择这样的新学校。

2011 年 5 月 30 日，参加麒麟中心小学的责任文化节，我与孩子们讨论什么是责任，孩子们告诉我：责任是一种关爱、关怀、关心，责任是一种帮助，一种行动。我补充责任还是一种义务，责任是一种勇气，责任是一种大爱的境界。责任的本质是利他，责任教育某种意义上说是利他的教育。我希望麒麟小学能建构一个具体的阶梯式的具有校本特色的责任目标系统，从对自我的责任、对他人的责任、对家庭的责任、对社会的责任、对国家民族的责任、对人类的责任、对自然与环境的责任等维度，每月设计一个大主题活动，比如爱与责任、诚信与责任等，在此基础上形成一个比较完整的责任课程。同时开展责任心的动力系统研究，并建议作为“十二五”的研究主要内容。我衷心希望责任教育让麒麟小学校园更美丽，麒麟小学的师生生活更美好。

2011 年 6 月 17 日，参加棉种场学校的牡丹文化节。这是一所不到百人的袖珍小学，经常会举办一个个富有诱惑力的节日，去年组织了极富创意的菊花节，这次，校园里又种满了牡丹花，走廊里、教室里到处是关于牡丹的诗与画。今天的表演活动，让每一个孩子参与其中，有画牡丹国画、沙画的，有表演舞台剧、舞蹈、歌唱、诵读等节目的，这里每一个孩子都是演员，都有机会展示，老师们是观众，为孩子们鼓掌，协助孩子们搬道具、画板等。看到孩子们原生态的表演，觉得特别的美丽。教育就是要创造一切可能的机会让学生主动参与学习的过程，成为学习活动的主人，只有这样，才能让他们找到适合自己的学习道路，得到最好的发展。这所学校就是因为有茅永琴与她的教师团队对教育的痴迷与执着，充满着生机与活力，不仅创造了世界机器人冠军，还创造了一个又一个教育活动的奇迹，他们真正做到了为每一个孩子的健康成长营造一种幸福完整的教育生活。

教师节当然是一个重要节日。2011 年 9 月 4 日，组织教师节活动彩排。这次师德典型表演集中了一个重要的话题，就是教师的幸福，这与央视的开学第一课的主题“幸福在哪里”有异曲同工之处。教师的幸福在哪里？在学生的成长里，在学生的笑脸里，在每一个与自己相遇的孩子生活在幸福里。教师的幸福还在自己生日的时候，同学们出其不意地买来蛋糕，唱着生日歌为老师祝福。在学生毕业以后，经常与老师保持联系，谈朋友、买房子、结婚、生子都想着让老师来一起分享。教师们深信，付出的汗水越多，孩子们会成长得更快、更好，自己得到的幸福也越多。教师的幸福最终源自对自身的高度认同，认同自己，相信自己，认同教师职业的神圣，相信自己一定能做一名有故事的好教师。

同样重要的还有六一国际儿童节。对于海门的孩子来说，除了全市各个小学幼儿园都在组织庆祝活动，四套班子领导也来到小学慰问少年儿童，为孩子们赠送了许多图书，还一起观看了学校组织的文艺演出，并在学校现场办公，以儿童优先的原则，解决了学校的实际问题，这充分体现了市委市政府对教育事业，对儿童成长的务实态度，这也是海门教育的福祉。

2011 年 12 月 8 日，我们还组织江苏省阳光体育运动节校园游戏展演与大型团体操的彩排。因为天气缘故，决定取消 28 所学校在大操场上校园游戏展示活动，挑选了四所学校的跳绳，四所学校的跳橡皮筋，三所学校的篮球、足球、排球操，以及三所学校的呼啦圈、踢毽、跳球等在体育馆内进行组合表演，经过排练，现场效果不错。海门师生的表现力与创造力真是非常棒！其实，在海门，每一所初中、小学都有一个花样跳绳、跳橡皮筋、踢毽子的团队，都有自己拿手的绝活，这是五、六年来坚持这项运动的结果。任何一项工作，只要行动，就有收获，也只有坚持，才可能做出让人啧啧称赞的成绩。三个大型团体操经过彩排，效果也越来越好，孩子们排练的很辛苦，但是，这样的排练，对学生的团队意识、精神气质的培养有着重要的意义，这本身也是学习、成长的过程。

到了第二天的12月9日，江苏省首届学生阳光体育节在海门隆重开幕，海门学子展示了花样跳绳、踢毽子、跳橡皮筋，以及校园游戏，大型团体操等，整个开幕式充满着运动快乐阳光的热烈氛围，运动可以健体强身，运动可以给人以积极的精神状态，运动可以提升整个民族的素质，运动，特别是青少年运动应该得到国家高度重视，它将影响未来一代人的身体素质和国际竞争力。

不仅孩子节日多，海门教育人也为自己安排了学习的节日。2013年2月6日，我继续组织机关学习节活动做主题报告，首先组织学习了党的十八大报告中教育板块的内容，解读了教育内容的精神实质。然后传达了省、市教育工作会议精神，组织共读《人民教育》杂志年度综述《教育期待深度变革》与《十年课改基本失败》，从辩证客观的视角谈了自己的观点。组织共读朱永新先生的《新教育的新征程》，期待教育局每一个同志了解新教育，参与新教育，推动新教育。我想，如何理性地看待中国教育的改革与发展，现实与理想，是每一个教育工作者应该修炼的素质。

爱阅读的海门人当然少不了阅读节。2013年4月16日，观看2013年海门新教育阅读节系列活动书本剧展演，书本剧能够把读进去的再读出来，对培养学生的语言理解力、表现力、创造力有着积极的作用，舞台是展示的平台，更是培养自信心的地方。童话剧是新教育倡导的卓越课程计划，期待每个孩子每学期都有机会成为童话剧中的角色，体验角色之美！

新教育需要新中学

毋庸讳言，在应试的压力下，在高考指挥棒的指挥下，在中学阶段推行教育改革的难度，比小学阶段要大。

但是，2012 年 11 月 19 日，我到东洲中学三个校区、东洲小学两个校区，以及通源、育才小学巡视全国新教育开放周展示的情况时，发现不论小学还是中学，每一所学校都赢得了与会代表的称赞。来自广西河池市金城江区教育局的韦霄玉发短信给我：“十分荣幸参加了您组织和策划的完美教室研讨活动，感受：大开眼界；十分震撼！规模大；接待周到热情细致；内容丰富，形式多样；内涵深广；……收获硕大！一句话：海门教育是中国美丽教育的发源地，您是领军者智慧者教育家。十分感谢！”

我也感谢诸位代表的热情参与和大力支持，大家的褒奖是我们前行的动力，相信我们还会做得更好更美丽。

其实，中学和小学一样，教育的本质相同：慢工出细活，功夫在诗外。初中教育改革的空间非常大，需要初中校长们大胆改革，开拓创新，创造海门初中教育的新局面。2012 年五一劳动节那天，我继续修改海门新教育完美教室叙事，重点修改和整理了初中 11 个教室的叙事。我花了整整三天，一遍又一遍的阅读着一个个教室的故事，一次又一次为这些故事而感动。相遇是一种缘分，在每一个教室遇到的人，无论是老师、学生还是家长，都应珍惜这份缘分，相信、尊重、珍爱、互助，朝向完美，追求卓越。真是非常感动，为海门初中学校有一大批优秀的班主任而自豪，他们有思想、有行动、有收获，在他们的精心编织下，初中学生的生活得到了较大的改变。

2011 年 2 月 28 日，我参加讨论树勋中学学校文化建设，建议整体建构爱心教育文化，做足冰川之父——施雅风的资源开发，还有毛云和公益资源的开发，以及设立科学探究室、科学阅读室，机器人工作室等科技活动室，建立“真爱梦想”基金会，把冰川之父的开创精神与毛云和的公益精神融注在学校文化建设之中，让新一代树勋人很好的传承这些精神，将来为社会、国家作出卓越的贡献。

2011 年 3 月 12 日，参加海门中学初高中教育衔接研讨会，谈海中分解指标与考核方法对初中教育改革的影响与思考，我强调要做到英才教育与均衡教育的统一，给不同层次的学生搭建适合的教育平台与机会，促进学生个体既全面发展，个性又充分发展。特色化与多样化是初中教育优质化的应有要义，只有多样化、特色化才能有选择性，有了选择性才能有个性化，有了个性化才能有创新性。

2011 年 3 月 18 日，我陪同山东日照教育考察团参观海门中学时，对海门中学的学校文化又有了新的认识。海中不仅有着深厚的人文底蕴，他们把百年老校最精彩的教育思想、最著名的人物故事，演绎在校园里，润泽着师生的生活，更重要的是把当下的校园生活编织得多姿多彩，有丰富的社团活动，球类俱乐部、机器人工作室、艺术团等，培养了一大批顶尖的人才，一个个作品展览室和一幅幅成功人物画像，把海中的教育精华生动地展现了出来，更体现了海中“敦品、力学、大气、卓越”的文化精髓。相信，这种文化一定会成为一种力量，一种教育的力量，一种催人奋进的力量。

我也参加过东洲中学物理学科组集体备课活动，由此联想到新教育研修文化的建设。集体备课活动是一种互动交流的文化，相互学习的文化，研训一体的文化，现场反思的文化。如何构建一种让教师乐此不疲的研修文化，关键是要把研修过程变成一种奉献智慧、分享智慧、碰撞智慧、生成智慧的过程，这个过程能让老师们产生一种思想上的高峰体验，获得教学实践的新智慧。这种研修文化值得基层学校好好研究探索，通过精心谋划、有效组织，不断推进学校研修共同体的建设。

组织初中社团活动现场会，我对初中的社团建设提出了三点建议：一是组建适合学生自由成长的社团组织，要实现自组织、班组织、校组织三种形态的社团全面开花；二是共建适合学生个性成长的社团课程，要从课程目标、课程内容、活动过程全面系统的设计，并不断提高实施的水平；三是搭建适合学生展示成长的社团舞台,要尽可能提供一切机会让学生展示自我,提增信心,激发成功感。要努力创造条件,让初中学生享受幸福完整的教育生活。

我曾经组织部分初中校长在海门中学讨论英才教育。我认为,培养全体学生的基本素质与培养一些特别优秀的学生是统一的。一个社会、一个国家既需要许许多多的普通劳动者,也需要很多的精英分子来引领社会各个领域的发展。过去,在基础教育阶段特别在义务教育学段,一味地强调大众化、平民化,狭隘的理解公平公正,忽视了英才教育。放眼世界发达国家,各个国家都有英才教育计划,并配置专门的教育资源,促进一些优秀的学生脱颖而出,更快更好的发展。其实,对于一些智力超常的孩子,让他们每天与普通学生在一起学习,不但不能激发他们的学习兴趣,反而会扼杀他们的天赋与创造力,对于这些孩子来说,也是一种不公平。我一向认为,适合的教育才是最好的教育,适合的教育也是最公平的教育。为此,我们就初中阶段如何开展英才教育展开了热烈的讨论,我们从组织安排、课程建设、师资配备等方面,详细讨论了英才教育的实施办法。我建议学校要进一步丰富社团活动的项目与内容,成立一些特别的社团组织,如未来科学家俱乐部等,让一批特别优秀的学生,有一个共同发展的平台,研发适合的课程,开展特殊的教育,不断引爆这些学生的潜能,让这些孩子得到最好的发展,将来成为能够给社会和国家做出杰出贡献的真正的科学家。

在 2011 年 5 月 31 日海南中学主持的省重点资助课题《初中课堂生态文化的构建研究》的结题活动上,他们提出了生命、生活、生动、生长的课堂基本样态,把生命、情感、智慧、生成作为生态课堂的基本要素,把民主、开放、活动、分层作为生态课堂的基本策略,把开放性、整体性、生成性、发展性作为生态课程的本质特征。其实,课堂生态就是要建立一种自然和谐的关系,这种关系必须体现以人为本,体现民主开放。我希望海南中学能继续沿着课堂生态的方向深入研究,特别是开展课堂生态文化对初中学生成长影响的研究,重点研究课堂生态文化的构建对学生学习的影响,如学习兴趣与动力、学习方法与方式、学习能力与效果等,还有可以研究课堂生态文化的构建对初中学生人格成长的影响、学业素质的影响、综合素养的影响、个性发展的影响等。也期待开展初中学校生态文化的建设与实践研究，系统建设校园生态文化、德育生态文化、课堂生态文化、书香生态文化、科技生态文化、艺术生态文化、健康生态文化等等，从而使学校文化在传承中坚持，在坚持中创新，在创新中发展。

当然，正如新教育实验以教师发展为起点那样，在参加海南中学悦来片共同体学校“青蓝结对”仪式上，我谈了两点想法：一是区域教育的优质均衡与公正公平关键在于教师；二是相信每一位教师都是想成为一名好教师的，我们应该让自己的教育生活变得更有意义。我还提出了两点建议：一是行动与主动，师徒结对关键在于行动，师傅带徒弟首先是人格的影响，其次才是教育技术与艺术的引领。作为徒弟要主动追求，自觉进步。二是坚守与反思，名师成长的环境与普通老师没有什么两样，关键在于名师能够朝着自己的目标不懈努力，坚忍不拔，能够在实践中不断反思，研究实践中的理论。期待这样的结对活动，让更多的教师改变自己的成长方式，从而改变学生的生存状态，为社会、为国家尽更大的责任，作出卓越的贡献。

俞玉萍老师就是初中的新教育榜样教师。她作为海门新教育完美教室工作室的领衔人，出版过著作《大语文教育观下的教与学》，凝聚了这么多年来她“不为分数教语文”的思想精华，有很强的操作性，值得推介给初中语文教师学习，可以作为初中语文教师的培训课程，她出版的《完美教室——中国百合班的故事》也引发一片好评。2012 年 7 月 29 日，我和俞玉萍到南京雨花台中学参加江苏省教科院、江苏教育学院教师书院主办的 2012 年全国著名班主任成功经验交流会暨全国中小学班主任工作艺术高级研修班，俞玉萍老师作了《完美教室——中国百合班的故事》专题报告，我在点评中说，她深刻解读了作为一名班主任应该拥有的爱心与对教育的痴迷，生动诠释了教育必须从信任出发，并在信念的坚守中，追寻到幸福完整的教育生活。

如果说初中已经有不少俞玉萍这样的教师走在了新教育路上，真正深切体会到新教育的完整幸福，那么还有更多的高中教师正在彷徨着。2012 年 10 月 10 日，我在四甲中学为老师们作“缔造完美教室”的专题报告。我结合高中的特点，就完美教室的意义、教室文化建构、课程建设，以及完美教室的生命叙事畅谈了自己的想法,得到了老师们的积极呼应。我真正感受到高中教师需要这样的引领,相信高中的教室一样可以建设得有内涵、有文化、有品质,并无限长大。

所以,我组织全体高中校长参观考察东小开发区校区,让校长们感受文化与课程在学校发展中的地位与价值。校长们在交流2013年工作思路时表达了强烈的文化立校、理念先行的观点。我希望在新的一年里高中教育围绕以下命题深入思考:一是党的十八大精神的实质与高中教育改革的定位,如何深入理解党的十八大提出的不单纯追求GDP,而是要追求政治、经济、文化、社会、生态文明五位一体建设,联系到我们的高中教育不能单纯追求高考分数,而是要追求学生的全面素质,追求幸福完整的教育生活;二是谋划星级高中的创建蓝图,从硬件建设、队伍建设、学校文化顶层设计与内涵发展有全面的规划;三是新教育在高中教育的推广,从完美教室、理想课堂、每月一事、书香校园等项目切入,推动高中的新教育实验;四是高中学生体质提升与完整生活的创造;五是优质特色发展,观课、研课、磨课机制的建立,促进常态课堂质量提升,研训一体,帮助高中教师快速成长,社团活动的推广,丰富高中学生生活,促进个性化成长。大家对高中教育的转型升级形成了共识,相信在校长与老师们的共同努力下,海门高中教育一定能创造全新的品质。

在参加高中基础年级教学工作研讨会时,我就基础年级教学工作提出了三个朝向。一是朝向目标,重点研究如何以团队研修带动专业成长、以课程重构带动学科建设、以主动学习带动整体提升。二是朝向生活,给学生以完整的人性关怀,重视积极人格的培养,强健体魄的历练,完整生活的构筑。三是朝向人生,让高中学生也有幸福的体验,幸福是一种快乐的体验,幸福是一种成功的体验,幸福是一种超越的体验。

我们还组织了高研会,永成局长围绕态度、目标、机制、方法、作风、统筹等六个关键词作了准确到位的工作布置。我谈了三点意见:一是目标导向。用目标引爆潜能,无限相信学生、教师的潜能;二是问题导向。把问题作为课题,让“微改革”改变海门高中教育的未来;三是信念导向。让信念创造奇迹,让每一位管理者、教师与学生都充满冲刺梦想的激情与自觉。希望全市教育工作者凝心聚力，振奋精神，守住每一个日子，守住每一节课堂，守住每一间教室，创造海门教育新辉煌。

2013 年 8 月 18 日，我召开全市新教育实验推进会，朱永新先生来海门为全市中小学校长作“过一种幸福完整的教育生活”的主题报告，全面系统阐述了什么是新教育、新教育的历程、新教育十大行动，让海门教育人更加深刻地理解新教育，增强了推进新教育实验的信心与决心。

而我应母校四甲中学的邀请，参加他们 2013 届高三毕业典礼时，就送给了全体母校学子们新教育六字成功箴言：信、望、爱、学、思、恒，祝福母校高考再创奇迹。愿六字箴言伴随海门学子不断走向成功，成就未来美好生活和精彩人生。当我到东洲中学开发区为师生作“走向成功的金钥匙”的主题报告，我结合自身成长经历，谈了对有自信心(Confidence)、坚持不懈(Persistence)、合理安排(Organization)、融洽相处(Getting Along)、情绪稳定(Emotional Resilient)等走向成功的 5 把钥匙的理解，还就新教育成功六字箴言，进行了解读。信：确立信仰；望：树立理想；爱：博爱情怀；学：天天阅读；思：每日反思；恒：坚持不懈。

愿这些素养与品质能够成为师生们开启成功人生的金钥匙。同理，这些素养和品质，又何尝不是中学开展新教育探索所需要的精神呢？！

演讲是鲜活的自我梳理

我喜欢读书，也喜欢读活书，并渴望活成一本书。演讲是与活生生的人直接交流，也是一个自我梳理的机会。选择不同的演讲主题，就变成了对自身各方面的梳理和反思。

2011年4月18日，我为海门老教育工作者作新教育专题报告，谈近五年来海门新教育实验的发展历程，具体解读了许多学校特色建设个案，这里包含了自己对教育本质的理解与探索。同时谈学校文化建设，从核心价值观体系到师生生活的改造，从完美教室的缔造，到把学校建在图书馆中，建成师生作品的博物馆、建成师生生命传奇的故事林。希望让这些对教育充满感情的老同志能够深度了解海门新教育发展的内涵，期待他们的支持，为海门新教育加油鼓劲。

2011年4月28日，我在中国教育学会科学分会召开的科学阅读专题研讨会上作了题为“科学阅读，引领儿童发现更广阔的世界”的主题报告。我介绍了新教育儿童阶梯阅读项目，以及最新推出的中国小学生基础阅读书目，特别解读了科学版块的书籍，以及选择的背景，推进阅读的策略等。我们期待，把科学阅读与科学探究、科学实验等学习方式有机融合，让科学阅读激发更多的学生对自然、对生活、对世界的好奇心，让儿童从小就成长在一个富有创造力的教育生活里，让中国儿童的科学素养因我们的努力而有全新的提高。

2011年8月18日，我为中南国际小学的教师作校本培训，谈如何能成为学校叙事的主角。我以为教师的幸福首先来自于对自身的高度认同，认同自己是一名教师，甚至是一名民办学校的教师，这是信心之源。有了对自身的高度认同，就会更加自信，就会充满激情，就会憧憬理想。新教育强调追寻理想、超越自我，强调行动就有收获，坚持才有奇迹。我以自己做教师及创办学校的经历，给这些年轻的创业者们以鼓励，以信心，更给他们提出了一些做好教师的建议，如掌握新教育成功六字诀“信、望、爱、学、思、恒”等，并使之成为一种生命自觉，努力做一名反思型的实践家，期待这批中南国际小学的创业者们能够不负众望、不辱使命，创造一个又一个教育奇迹，把这所学校在较短的时间内办成海门百姓信任和向往的学校。

2011 年 8 月 19 日，我给海门的新教师作上岗培训，我与大家聊怎样做一个好教师。我希望新教师们首先要做一个有梦想的教师，有梦想才有激情，有激情才会有行动，有了行动才会不断实现心中的目标与理想。其次要做一个善良的老师，要带着自己的良知与社会的责任，把真爱与智慧融入即将到来的教育生活。再次要做一个有信念的教师，面对学生充满自信，面对挑战，不断超越自我。还要做一个有人格魅力的教师，既教书更育人，无限相信学生的潜能，努力引爆学生的潜能。在做一个好教师的基础上，做一名优秀的教师，并朝着卓越教师的方向努力。当然，我们最终要做一个幸福的教师，教师的幸福源自对自身的高度认同，只有认同自身、认同教师，才可能把教师的苦与乐作为教育生活的常态，才能真正过上幸福完整的教育生活。

2011 年 10 月 22 日，我参加由福建省机关工委主办的书香校园大讲坛，并作《让书香溢满校园——区域推进书香校园的实践与思考》的专题报告。福建省读书援助协会的吴主任介绍他们援助协会的几个重要阅读平台，其中有建立图书配送中心，建设未成年人课外阅读实践示范基地，成立福建省志愿者协会，建立了 9 个书香校园指导委员会，36 个志愿者分会，还建立了媒体平台《书香校园》（有教师版与学生版），组织同一本书共读活动、书香校园大讲坛、举办演讲比赛、阅读之星的评选等，另外建立书香校园交流培训平台，培训阅读指导种子教师。我最感兴趣的是课外阅读实践基地，这次活动就在阅读基地进行，这是一个有上万平方米的阅读基地，非常之大气，有很多的专题阅读教室，以及阅读指导室等，孩子们到这里可以看书、借书、买书，还有各种公益性的阅读辅导活动，这真是一件实事，如果中国每一个省、每一个县、每一个乡镇都有这样的阅读基地，那可是中国儿童的福音，书香社会、书香中国的愿景才有可能真正实现。

2011 年 11 月 21 日，我为南京栖霞区教育局组织的中小学校长培训班作报告，题目是“让我们成为学校文化的主角”。我从构筑理想学校、缔造完美教室、开发全人课程、书写生命传奇等四个方面，阐述了学校文化建设的基本视角与实践思考。我以为学校文化的核心是学校的精神，它是学校的灵魂。建设学校文化的关键，就是要让学校的每一个人把这种精神“活”出来，使之成为师生共同的生活样态和生命姿态。教育既要仰望星空，更要脚踏实地，遵循教育规律，遵循学生成长规律，一步一个脚印，拾级而上，循序渐进，让每一个学生因为遇到我们而幸福成长。半年后，我再次为南京栖霞区教育局派到海门挂职的后备校长作报告。我把学校发展定位在三重境界，第一境界为：制度秩序期，属于规范办学阶段；第二境界为：科学人文期，属于特色发展阶段；第三境界为：组织文化期，属于文化立魂阶段。对于学校文化建设，我建议从三个方面入手：一是建立学校“基本法”：愿景、使命、价值观；二是建构学校新的教育生活：制度、行为、仪式、节日和庆典；三是树立学校的英雄和榜样：叙事与故事，建筑与环境。我还谈了理想课堂建设的三重境界：一是建立有效课堂基本框架，确保课堂底线要求；二是不断挖掘知识的魅力，建构活力课堂；三是实现知识、生活与生命的深刻共鸣。

2012 年 4 月 27 日，我到实验学校小学部报告厅，参加南通市小学思品研讨活动，并作主题报告：教给学生一生有用的东西——新教育实验“每月一事”。我从基本道德缺失谈起，强调了社会主义核心价值观融入国民教育全过程的重要性。当代中国国民教育需要清楚立什么样的“德”、树什么样的“人”的问题。我们的社会与人民需要有共同为之努力奋斗的价值取向，即共同理想。要坚持以爱国主义为核心的民族精神，坚持以改革创新为核心的时代精神，把以人为本作为社会主义价值观的基本内核，以完美人格成长为核心价值取向，通过不断完善“每月一事”项目，贯穿公民教育与生命教育，把“规则、尊重、责任、诚信、爱心”等基本价值观融注其中，建立完善的人格道德教育系统（即自律道德系统+他律契约系统）。把教育生活聚焦在乐观健康上，聚焦在生命创造上，聚焦在共同穿越的课程上。

2012 年 7 月 20 日，我为徐州贾汪区教育局组织的后备干部培训班作报告，我请每一位同志提出一个问题，他们提出了 60 多个问题，可以归为三大类：一是教师管理问题；二是教学管理问题；三是学校与各种社会关系的相处问题。我以为教师管理的基本策略是底线加榜样，人性化管理的精髓在于帮助每一位教师能够在愉悦的环境中自觉追求理想，追寻幸福。教学管理的革新在于通过组织各类学习共同体、研修共同体、发展共同体，让老师们有着共同的愿景、价值观，以及分享各自的创新智慧。学校与社区、家长等的关系在于强化学校的文化服务功能，让学校成为当地文化活动的中心地带。

就这样，通过报告去影响他人，通过报告提高自身，通过不同的报告不停地反思自我，我自己从中受益，也不断为更多老师搭建这样的平台。

集社会之力办教育

打开校门办教育，是大势所趋，如何与教育公益机构合作，也是教育部门的一个新课题。这几年来，海门在和香港陈一心家族基金会的合作上，取得了很好的效果。在日积月累中，我记录了这些合作的完成经过。

2011 年 2 月 6 日：做香港陈一心家族基金会项目——海门市家庭亲子阅读项目申请书：希望在未来两年内培养与培训 100 名能够在海门市各个小学与幼儿园，甚至是其他地区开展家庭亲子阅读推广与培训活动的“家庭亲子阅读培训师”；培育 1000 个亲子阅读“榜样家庭”，并形成这 1000 个家庭亲子阅读叙事报告；遴选 200 本（小学、幼儿园各 100 本）特别适合家庭亲子阅读的经典书籍，并完成这 200 本书籍的阅读推荐指导课程；总结家庭亲子阅读区域推广与培训（特别是在农村地区）的基本模式，以便在更大范围内产生影响。

2011 年 5 月 6 日：上午主持香港陈一心家族基金会阅读文化的分论坛，主题是校长鼓励教师阅读的经验。我的总结：一是校长本身要做读书人，经常向教师推荐好书，激励教师阅读，这样才能更好地引领教师读书，读好书；二是让教师阅读应该像呼吸一样自然，为教师营造一个浓郁的阅读环境，让教师随时可以拿到书读，对形成常态的教师阅读生活有着重要的帮助；三是为教师建构丰富的阅读生活，如阅读分享会、教师读书会、读书俱乐部、读书沙龙、读书推介会、读书报告会等，并有共同自由静读的时间，还要重视教师的专业阅读，并与专业写作、专业发展共同体结合起来，与教师的课程研发等专业发展需要结合起来，把教师阅读带向知性的高度。从而让阅读成为教师日常生活的方式，让读书成为教师的文化自觉。

2011 年 5 月 7 日：参加香港陈一心家族基金会阅读的力量分论坛，听取了故事人团队的介绍。有七色光故事人工作坊、竹蜻蜓故事人工作坊、绿鼻子故事人工作坊、小橘灯故事人工作坊、三叶草故事家族等，他们都有一个共同的信念，就是在向孩子推荐好书的同时，倡导家长与孩子一起共读。一个个故事妈妈、故事爸爸，向我们呈现了阅读的力量，阅读让孩子与父母共同成长。陈一心家族基金会已经决定资助三十万元推动海门的亲子阅读项目，我们将通过故事妈妈培训、专家阅读讲座、社区故事会、主题文化沙龙等多种方式，全力推进亲子阅读进入家庭，让共同阅读成为家庭基本生活方式，共同阅读、共同生活、共同成长。

2011 年 6 月 15 日：收到香港陈一心基金会资助海门家庭亲子阅读项目的协议书和拨款计划书。感谢陈一心基金会对海门的信任，给予了一个又一个项目的资助，这次的家庭亲子阅读项目的服务对象有三类群体：一是全市小学、幼儿园的老师，特别是农村学校的老师，他们特别需要拥有指导家庭亲子阅读的理论与实践方面的能力；二是全市小学、幼儿园的家长，特别是农村孩子的家长，目前还没有真正组织起家庭亲子阅读，他们在家庭亲子阅读指导方面的知识与能力几乎是空白，所以迫切需要做这方面的工作；三是全市小学中低段及幼儿园的孩子，特别是农村的孩子，能及早享受到最适宜的阅读资源与阅读指导，为他们精神的发育与智力的开发奠定基础。

2011 年 8 月 7 日：总结陈一心家族基金会与新教育研究会联合在云南楚雄三所学校开展“书香校园”项目，目的是借助陈一心基金会的资金支持，把新教育实验书香校园的理念及行动在西部少数民族地区进行推广。通过两年的项目推广引起了一些思考：书香校园建设，不仅仅是一个图书添置问题，更是一个阅读理念与阅读模式的推广；阅读理念与模式的推广，关键在于教师的培训，以及榜样教师的培养与引领。同时，还需要有校长以及教育行政部门的高度重视与强势推动；阅读模式的构建，首先在于倡导一种晨诵午读的生活方式，其次在于建立晨诵午读的课程管理机制，再次在于开发晨诵午读的课程，研究读什么与怎么读的问题。新教育实验已经形成了小学生基础阅读书目与相关书籍阅读的指导方案，值得大力推广。

2011 年 8 月 24 日：整理香港陈一心家族基金会资助项目。我们已经接受了陈一心基金会的多个项目，有农村小学校园阶梯阅读项目、0 ~ 6 岁社区阅读项目、0 ~ 3 岁游戏项目、云南楚雄书香校园项目以及海门家庭亲子阅读项目。其中云南楚雄书香校园项目是我们第一次尝试把陈一心家族基金会的项目与新教育实验的书香校园项目相互整合，推广到云南楚雄的少数民族地区，目的是借助陈一心基金会的资金支持，把新教育实验的书香校园的理念及行动在西部地区进行推广。楚雄教育局高度认可新教育的阅读模式，多次主动邀请新教育团队到现场去指导，他们也表示将把新教育的阅读理念与行动在本校深度推广，并且向周边学校辐射。新教育研究会将把云南楚雄作为新教育实验区发展的候选区域，给予较多的指导与帮助，并发展为正式的新教育实验区。通过两年的项目推广，引起了以下一些思考：一是书香校园建设，不仅仅是一个图书添置问题，更是一个阅读理念与阅读模式的推广。二是阅读理念与阅读模式的推广，关键在于教师的培训，以及榜样教师的培养与引领。同时，还需要有校长以及教育行政部门的高度重视与强势推动。三是阅读模式的构建，首先在于倡导一种晨诵午读的生活方式，其次在于建立晨诵午读的课程管理机制，再次在于开发晨诵午读的课程，研究读什么与怎么读的问题。新教育实验的研究成果值得大力推广。

2011 年 9 月 6 日：与市区幼儿园园长们讨论陈一心家族基金会资助的家庭亲子阅读项目如何推进的问题。我们就阅读书目的确定、图书漂流机制的建立、培训师的选拔与培训等工作进行了讨论，确定了 200 本左右的家庭亲子阅读必读书目，建立以市区幼儿园为核心的 10 个图书漂流圈，确保每学期每一所幼儿园有一次获得漂流图书的机会，同时，设计了相关的管理规定以及活动要求。我希望通过这一项目的推动，使全市的幼儿早期阅读得到系统的推进，着力培养全体幼儿教师的阅读推广意识，全面提升家庭亲子阅读的氛围。培养终身阅读者应该从幼儿抓起。

2011 年 9 月 25 日：组织香港陈一心家族基金会资助项目——海门市家庭亲子阅读项目启动仪式。陈一心家族基金会对海门团队特别信任，特别欣赏，我希望这一项目的启动，能够带动全市所有幼儿园的早期阅读推广，特别是家庭亲子阅读的推广，也希望在推广的过程中能够培养一批榜样家庭。当然，家庭亲子阅读推广工作的关键在学校、在教师，所以，需要培养一批种子教师，培养一批家庭亲子阅读培训师，发挥他们的引领指导作用。另外，还需要深入研究如何有效的高水平的开展家庭亲子阅读，通过对幼儿阅读资源的分类、分层研究，能够提出更丰富的阅读指导方案，并就家庭亲子阅读推广模式进行总结提炼，为陈一心基金会提供可以在更大范围内推广的模型。

2011 年 11 月 2 日：组织陈一心家族基金会家庭亲子阅读项目组核心团队成员开会，交流亲子阅读项目启动一个月来的进展情况。从交流情况看，七所市区幼儿园开始了第一轮的幼儿图书漂流行动，组织了家庭亲子阅读的培训，每天都能有序的安排亲子阅读活动，得到了家长们积极的响应，取得了初步的效果。我建议要办一份香港陈一心家族基金会海门亲子阅读项目简报，包括活动方案、活动简介、活动综述，以及各种培训活动、亲子阅读活动的照片，还有教师与家长写的心得体会等。要求项目组切实做好下一轮漂流活动的工作指导与亲子阅读培训活动，并注意不断反思，提升理念，丰富亲子阅读方式，在实践中形成操作性的经验，总结亲子阅读推广模式，重视亲子阅读故事收集，展开一定的理论研究，比如亲子阅读与亲子关系研究、亲子阅读与儿童人格成长研究、亲子阅读与儿童想象力研究、亲子阅读与儿童语言发展研究等等，通过研究不断拓展与丰富亲子阅读的内涵与功能，使基金会的项目能让广大教师、幼儿、家长受益更加全面，并形成值得推广的亲子阅读经验与模式。

2011 年 11 月 25 日：接待陈一心家族基金会陈禹嘉主席及理事会理事一行 10 人，考察了江心沙幼儿园的亲子阅读项目、少年宫幼儿园的亲子教育活动、0—6 岁幼儿阅读项目，以及智乐玩具阅读项目等。在考察海南幼儿园的亲子阅读项目时，听了中班家长亲子阅读培训，观摩了各个班级的阅读角及亲子阅览室等；还观摩了开发区校区新教育开放周活动，他们对完美教室、儿童之家、阶梯阅读中心表达了浓厚的兴趣。我们组织了简单的欢迎仪式，汇报了陈一心家族基金会在海门先后资助的四个项目的实施与进展情况，陈主席给予了高度的评价，认为在海门的项目得到了有效推进，成果显著，希望能够继续合作新的项目。

2011 年 12 月 18 日：收到香港陈一心家族基金会邮寄过来的两大箱子与一

布袋资料，是为下周四邀请香港著名亲子阅读培训师王素莹老师，来海门开展家庭亲子阅读培训作准备。这次培训的主要目的是推广亲子共读及提供更多机会给儿童阅读优质图书；透过儿童启蒙老师训练工作坊帮助家长、老师、训练员和幼儿工作者明白从小为孩子朗读的重要性，鼓励家长把亲子共读融入日常生活中，为孩子将来在学业及生活上的成功铺路。此培训课程将采用互动的工作坊模式，内容有朗读对儿童读写能力的发展概念、个案讨论、技巧学习及示范等等。这几天基金会项目经理与秘书一直通过电子邮件指导我们的亲子阅读项目组做好相关的准备工作，同时，他们自己也正在做大量的准备工作，基金会这种精细的工作作风非常值得学习与借鉴。教育本来就应该精致化，需要每一位教育工作者用心育人、精心育人、潜心育人。

2012 年 10 月 24 日：到少年宫参加陈一心家族基金会“书伴我行”种子教师培训活动，听了美国和香港阅读培训师的报告，她们以绘本阅读为例，进行了惟妙惟肖的示范，让我们感受到的不仅仅是娴熟的阅读指导技巧，更感受到的是她们对阅读、对生活、对儿童深深的热爱。希望种子教师们能够把学到的本领传递给自己的同事、家长与孩子们，让更多人因阅读而幸福成长。美国培训师茱利亚精心制作了一张卡片送给我，封面上写着 All students can learn and succeed, but not on the same day in the same way.（所有的学生都是能够学习并获得成功的，但不一定在相同的日子里，不一定用同样的方法。——威廉），她对海门的教育环境留下了深刻而美好的印象。

2013 年 3 月 14 日：接待陈一心家族基金会陈婷婷一行。讨论了海门幼儿阅读团队去合肥培训项目，并洽谈了新的基金会项目申报事宜。陈一心家族基金会为海门教育发展提供了一系列的项目资助，在海门团队的努力下，得到了基金会理事会的高度褒奖，这是海门教育精神的充分体现，期待与基金会有更多的合作。

合作还在继续，公益仍在推进。我最深切的感受是：只要踏实认真勤奋地工作，任何合作都会形成双赢。

国际视角下的文化与教育

新教育国际高峰论坛是新教育实验搭建的一个国际交流的平台，在这个平台上，来自世界各国的专家团队畅所欲言取长补短，每次参与这样的活动，总是感觉收获特别大。

2012 年 10 月 20 日，到宁波效实中学参加新教育国际高峰论坛。朱小蔓首先做主题演讲，题目是《中国基础教育课程改革的文化透视》，本世纪初开始的新中国建国后第八次基础教育课程改革对课程功能观的转变：旨在培养完整的人。体现鲜明的文化变革诉求的课程改革，透视出对中国历史文化的冲击、传承与创新。教育的文化价值在于传承、转接、承前启后。当下特别需要有理想、有信念、富有想象力的校长，来推动教育的文化创新。

新东方创始人俞敏洪也做了主题演讲，他认为一个国家有文化价值的机构越多，这个国家越有希望。体制改革是一个艰难的过程，所以不能老抱怨体制，每一个人都有责任，这是双向的作用造成的。当今中国需要有良知同时还有影响力的人，来推动教育的改革。中国教育的发展只能在体制内进行，每一个人都希望中国的改革以稳定的方式进行，教育的目的是为了培养具有独立人格与独立思想的人，同时，教育应把老百姓的功利目的与教育的真正目的有机结合。

美国有效教学研究专家加里·鲍里奇作主题演讲，他认为有效教学的研究本位有七大纬度：流程（班级经营）、温暖（学习氛围）、结构（教师的任务导向）、焦点（学生投入）、知识（学生的成功）、注意（教学的变化）、了解（单元的深度和清晰）。学生与老师之间应有信任、信心，建立良好的师生关系，让学生在具有支持性的、温馨的环境下学习，教师要接纳学生的不同学习能力，这样，才能建立信任、信心，以便更有效的学习。

中国华德福播种人、澳大利亚资深华德福教师本·切瑞作主题演讲，题目是“教育作为当今世界文化重建和个人重构的工具”。他认为好教育是可以满足心灵的教育，华德福与新教育一样要能够真实反映我们的文化，是文化的行为。新教育与华德福有很多的共通之处，如人的精神与文化之间的联系、人的心与灵之间的联系。华德福教育致力于人的灵、心、身体的统一和谐，学科学习融于游戏、活动、自然、实践中，形成了综合性的课程学习形态。

日本教育家佐藤学教授报告的主题是“基于协同学习的课程改革”。他认为学校改革是非常艰难的事，老师非常顽固，校长也非常顽固，教育行政更是不用提，如何进行学校改革呢，改革要让每一名学生都愿意学习，让每一名教师作为专家进行教学。21 世纪型的学校改革的中心课题在于对质量与平等同时追求。他认为，通过建立学习共同体学校与开展协同学习都能获得成功。

朱永新先生报告的主题是”为中国而教”。教育本身不过是对成熟的思想文化的一种选编；一部教育史就是一部思想文化的选编史。新教育是一种创造性的寻根，是一种文化的实验、哲学的实验，新教育最终目的在于创造一种本身的教育。

在其后的工作坊中，我们围绕“新教育教师的文化追求”进行了更多阐释。

苏州大学教育学院院长许庆豫教授认为，新教育的理想有三个要素，追求、真理、实践，区别于空想主义，立足于每天的教育行动，遵循教育发展规律，追求一种幸福完整的教育生活。

苏州大学教育学院技术系主任李利博士认为，教师专业成长是新教育实验的核心行动和目标之一，通过研究，可以更科学、更理性地为教育提供技术层面解读和支持的方案。让我们了解到在共建、协作中群体所应发挥的力量，使我们每一个参加实验的人都可以以技术，特别是网络技术为平台成为受惠者和施惠者的集合，真正实现文化自觉，从而自下而上地影响中国教育。

福建师范大学教科院张荣伟博士认为，基于两天会议中的思考，从教育的文化价值、教育的魂、教育的文化判断力三个方面提出问题，引发思考，利用视频讨论社会教育现象。认为教育者具有了文化判断力和文化自觉才能影响孩子，教育的文化判断力决定着教育活动的文化自觉性，他关注了教师在教育活动中的决定性作用。同时提出最好的教育是自我教育，最好的学习是自主学习，给我们以启迪。

江西师范大学教师教育处何小忠博士分析了教育中文化隐没的现状，结合朱永新先生对理想教师的阐释，提出了什么是“文化型教师”的问题。从专业生活方式、群体、文化学等角度解读了教师文化；从专业素养、个体、人类学等角度解读了文化型教师。新教育的网师正是关注了教师后师范教育，从情感品质、专业技能、学识素养等方面，从改变教师来改变教育。

成都大学教育学院陈大伟副教授剖析了文化社会学的意义，认为新教育实验就是用美好改变他人，使之美好起来。从“文”的角度细致解读了过一种幸福完整的教育生活，认为这正是新教育的美好所在；从“化”的角度，以理想课堂建设为例解读了让孩子经历美好、教师经历幸福的课堂生活、教学为学生幸福生活奠基、以有效教学作保障等四个话题。以有效理想课堂研究推进理想课堂的观点和观课、议课的行动值得我们关注。

苏州大学教育学院陶新华博士提供了一个具体、直观、理性、科学的课题研究报告《新教育理想教师积极特质及培训研究》，这不仅是一份教育科学研究的范本，更是让我们这些新教育的行者第一次如此细微、客观地了解我们自己身上的相关积极特质及其成因，同时也发现了一些问题。可喜的是研究中发现参加新教育实验时间越长，教师的积极特质的相关正面数据值越高；可期待的是经过十年研究，新教育的相关支撑性理论和手段还需提炼和完善。

浙江宁波效实中学周胜敏主任提出，效实中学关注学生的生命，把学生当人对待，看似简单，实则不易，与新教育的观点不谋而合。关注理想课堂建设，尊重教育教学规律，直面实际存在的挑战，以梳、学、谈、研、展、提为基本模式，形成相关学科教学范形，为新教育实验在高中的拓荒作出了应有的贡献。

江苏海门新教育实验区倪颖娟老师则以具体的案例，解读了新教育儿童课程、缔造完美教室、亲子阅读项目，展示了新教育一线草根教师从学到行，从坚持到成功的心路历程。言说中让我们看到了一位乡村教师具有的课程意识、生命意识，并且构建班级价值系统，利用业余时间做义工，区域推进亲子阅读……这不能不说是新教育的力量。

在2012年10月22日下午的新教育国际高峰论坛工作坊主题交流会上，我代表中国新教育工作坊进行交流，大家形成了以下观点：新教育教师首先应成为文化型教师；新教育教师应具有文化判断力；新教育教师需要技术文化的支撑；新教育教师的文化追求体现在教育现场的文化传承与创生中。我们以为新教育教师的文化追求应做到：让新教育倡导的文化"活"在新教育校园的每一处；让新教育倡导的文化"活"在新教育师生的生命里；让新教育倡导的文化"活"在新教育学校的课程里；让新教育倡导的文化"活"在新教育理想课堂的细节中。

好教育以家庭教育为基

家庭教育是一切教育的基础，更是学校教育不可或缺的有效补充部分。从2007年开始，我倡导每年新年的第一个周末开展家庭教育日活动，旨在倡导父母们回归家庭，与孩子共同生活，共同阅读、共同运动、共同表演、共同旅行、共同游戏、共同实践，甚至共同做饭等，通过共同生活让父母更好的走进孩子的心灵，尊重、理解、呵护儿童的心灵，帮助他们健康成长。同时，孩子是天使，既是我们的教育对象，又是我们的教育资源，没有孩子，教师就失去了意义。因此，作为派往孩子中的文化使者，更应该从儿童的角度出发，在共同生活中与儿童共同成长。这些年，海门新教育在家庭教育工作上进行了诸多探索，我也围绕家庭教育开展了一些工作。

2011年1月8日，参加海门“家庭教育日”。家庭教育的愿景：共同阅读、共同锻炼、共同表演、共同劳动、共同创作，在共同生活中相互交流、相互学习、相互影响，共同成长，共同创造美好生活。

2011年12月19日，参加市委宣传部文明办召集的会议，讨论海门市第六届家庭教育日方案。我建议这次家庭教育日的主题为：亲子游戏，阳光成长。主要通过推动家庭亲子游戏活动，让家长进一步关注孩子的成长，挖掘游戏的亲和性、互动性与教育性等意义，让游戏成为儿童成长的一种方式。新年的第一个周末将举行全市的亲子游戏展示评比活动以及亲子游戏金点子颁奖会。我们还讨论了2012年的未成年人思想道德建设工作的思路，宣传部将进一步打造未成年人成长指导中心，组织宣讲活动，与学校、社区形成立体的联动网络，发挥其辐射功能。同时，建立学生心理健康档案，推动全市各学校心理咨询师制度的建设与完善。文明办将继续建设好乡村少年宫，开展七彩的夏日、缤纷的冬日，以及我们的传统节日等系列活动；机关工委主要抓好校外辅导站建设，妇联主要抓儿童快乐家园建设，这么多部门都来关心未成年人的成长真是好事，幸事。我建议不同部门之间的工作需要整合与联动，资源共享，教育部门将要求全市各学校主动参与这些项目的建设，以让我们的孩子切实有效的享受到政府各部门及社会群团组织对儿童成长的真切关怀，让学校、家庭、社会教育真正形成一个立体联动的教育网络。

2012 年 4 月 22 日，到麦穗书房，参加海门新教育萤火虫亲子阅读海门分站第一次线下活动。“新教育萤火虫”是一个公益组织，旨在推动亲子共读，将父母深度卷入，成为教育共同体。他们组织了首次亲子读书会，得到了父母与孩子们的积极响应，效果非常好。召开了义工与志愿者会议，讨论工作站的规划与设想。我感动于这些义工与志愿者能够自愿为海门亲子阅读工作做贡献，提了几点建议：一是让自己成为亲子阅读的实践者与受益者，希望大家通过参加亲子读书会，在做义工或志愿者的同时，让自己与孩子共同成长；二是让自己成为亲子阅读的推广者与宣传者，通过管理 QQ 群，组织亲子阅读活动，帮助更多的父母加入到亲子阅读的行列中；三是让自己成为亲子阅读的探索者与研究者，通过 QQ 群线上线下多交流，向专家学习，善于积累与思考，把自己的亲子阅读经验与案例撰写出来与更多的人分享。我还希望大家能够积极参与一些公益活动，比如组织与留守儿童、单亲儿童、孤儿的共读活动，自觉担负社会责任，这是十分有意义、有价值的事，会让自己的心灵变得更加纯洁，生活变得更加丰富。让别人得到快乐，我们会更快乐、更幸福。

2012 年 7 月 31 日，参加新教育萤火虫海门分站“萤火虫之家”揭牌仪式活动暨线下第四期亲子读书会活动。他们把“萤火虫之家”设在麦穗书房，非常有意义。我在揭牌以后表达了自己的想法，我以为，“萤火虫之家”如何给每一个成员有“家”的感觉，关键在于这个“家”的每一个成员一定要坚信，各自的付出，照亮别人是自己最大的幸福，其实，在照亮别人的同时也照亮了自己。我期待，通过这个“家”的每一个成员的共同努力，一定会让父母与孩子们共同成长，让父母与孩子们都能成为大大的我，让父母与孩子的现在与未来的生活都是幸福的。

2012 年 9 月 23 日，在丰子恺图画书颁奖会的论坛上，做“让城乡的儿童拥有相同的阅读背景——海门区域推进图画书阅读经验与思考”的主题报告。我从组建区域阅读共同体，形成图画书阅读漂流圈；组织区域阅读指导培训，提高图画书阅读水平；开展区域阅读展示活动，进行图画书阅读的交流研讨；成立新教育萤火虫读书会，全力推动区域亲子阅读项目；开展阶梯式阅读研究，科学评估图画书的阅读质量与效果等五个方面进行了阐述，并回答了三个问题，主要探讨区域推进过程中的研究意识与研究规范，民间推进阅读的机制等，交流引起了香港教育署语文教育官员及几位国内儿童阅读专家的强烈兴趣。

2013 年 1 月 12 日，参加海门市第七届家庭教育日。这次活动的主题是：关爱心灵，阳光成长。

2013 年 4 月 24 日，参加新教育萤火虫海门分站一周年庆典活动。观看了学生沙龙：阅读，让生命更美丽。市区小学的孩子们畅谈阅读给自己带来的美好，央视读书小达人顾人豪等畅谈阅读的美妙体会。萤火虫海门分站的小萤火虫们把一本本书中的故事表演出来，这使舞台变得特别美丽动人，充分展示了阅读的力量、大爱的力量。新教育相信，只要上路，一定会遇到庆典。倪颖娟带领她的义工团队做到了，她们做了让世界美丽的事，是海门新教育的榜样。

海门镇中心小学是海门新教育实验做得最扎实的学校，因为新教育，学校教育质量不断攀升。他们成立了新父母学校，以打造高尚智慧的家校共同体为目标，组织起家长志愿者队伍，开展共读、共写、共同实践等亲子活动。我希望新父母学校的成立能够真正帮助更多的新父母亲懂得科学育儿的方法，家校共育，亲子与师生共同成长。

家庭教育是大家的事，需要大家一起努力。

我的教育观

有的人把教师的工作只当作工作，只是谋生的手段；有的人把教师的工作当作事业，敬业爱岗，不断追求教育的质量、人生的价值；新教育人把教育的工作当作了志业，把新教育作为自己的信仰，矢志不渝，不断创造生命的奇迹。

作为一名教师应该对国家、社会、家庭、家长、学生作出怎样的承诺？用爱心浇灌爱心，用智慧启迪智慧，用高尚引领高尚。既教书，又育人，既成才，更成人，用辛勤耕耘、爱生如子、执着专注、创新实践让自己与学生过上一种幸福完整的教育生活，让学校、教室成为学生向往的幸福的精神乐园，成为教师的精神归宿。这些应该成为教师的坚定信念，乃至信仰，只有这样，才能铸造出理想的教育大厦，创造一次又一次的教育奇迹。

我倡导的学生观：一个学生，假如有什么值得他骄傲的东西的话，那就在于他能成为一个道德上自由的人，而且在精神上成为坚强的人，有坚定目标的人，勇敢、独立的人。其实，孩子每天都在发展，只是有许多没被我们发现，教师的责任是每天都要发现每个孩子的发展，并因势利导，使其发展成为这样的人。

我倡导的教育服务观：天天感动学生。学校要与家庭、社会，教师要与学生、家长建立相互忠诚的关系。

我倡导的育人观：教师要经常去唤醒儿童的道德生命，激活儿童的生命力量，让他们在广阔的空间里、丰富的活动中、多彩的生活中进行平等的对话、情感的交流、心灵的沟通，从而使混浊的人生变得清澈，使沉睡的生命得到觉醒，获得自由的生长。

我倡导的教学观：品德教学的使命，就在于在对话、活动、生活中使儿童懂得如何为别人着想，并使它成为儿童的道德倾向，成为一种需求、追求和愿望。只有这样，他们才会成为真正自由的人，一个幸福的人。

我倡导的课程观：我们应尽最大地努力为学生创造最丰富的课程资源，以最大限度地满足学生多方面发展的需求，并站在生命哲学的高度，真正地把儿童当作是一个个独特的生命个体，去关照、宽容、锤炼他们，让儿童的生命得以“诗意地栖居”。

我倡导的德育观：只有把品德教育根植于学生的心灵世界，德育才能具有深厚的基础和强大的生命力。所以，我们应以品德教育为导向，以心理教育为基础，开发校本课程、开展校本活动、进行校本研究，探索品德与心理教育相结合的模式，促进学生人格和谐健康的发展。

相信新教育，信仰新教育，把自己托付给新教育，带领更多的人成为新教育叙事的主角，让更多的人因新教育使生命由有限变得无限。

阅读给我力量

2011年7月16日，组织校长培训，第一次体会了坐15个小时的大巴旅行，很疲劳。不过路上有时间静静地读了童喜喜的《那些新教育的花儿》，对新教育的各路人马又有了许多新的认识。卢志文的谜样人生、李庆明的教育传奇、小风习习的出发与飞翔、桃花仙子的梦想与怒放……

童喜喜以她作家的眼光，生动犀利的文笔，把各种新教育人的发展经历，全方位呈现在读者眼前，让读者更加深刻地认识新教育，更加相信新教育的力量。新教育需要更多的采访与报道，宣传也是一种教育，还是一种推动新教育发展的力量，可以让新教育走得更广阔，更深远。

童喜喜笔下的我是炮弹。她说，"对他来说，世上根本不需要路，再宽的河流、再大的险阻也对他无济于事。周遭一切，或者共他飞翔，或者被他遗弃，或者被他洞穿。只攻不守，以攻为守，一旦出发，就只会朝着自己既定的方向"。所以，在我的精神世界里，可能根本没有忽圆忽弯的月亮，而只有太阳。在我独特的个人词典里，可能压根儿就没有泪水、软弱、失败、痛苦、纠结一类的词汇。童喜喜写出了我性格的特质，所谓心态决定一切，只要拥有积极心理，就一定能做到，不用下水摸着石头过河而是直接飞过河。

2011年7月22日，阅读《人民教育》第12期，特别喜欢品读李希贵学校管理沉思录。他真是个教育家，学校管理中的每一个细节他都认真思考，并创造出多种形式来促进孩子的积极成长。这期介绍了他在学校的成人礼上增加了"拍肩礼"的仪式；在开学典礼上设计了开学护照，以及"拥抱礼""鞠躬礼"仪式，还有举办泼水节，设计"洗礼"仪式，不仅放松学生的身心，更给孩子以智慧。这与新教育倡导的学校文化建设中的节气与仪式文化的思想是完全一致的，我们认为节气、仪式文化都可以成为一种教育的力量，教育的过程其实是在不断创造适合学生发展的教育资源与教育方式，这些资源与方式如何更好地适合不同年龄层次、不同个性特点的学生，是值得校长与老师们作深度的思考，特别是善于对过去传统的习以为常的方式、方法进行反思，并创造更加适合的方式，让学生们发展得更好。

阅读朱永新先生的文字，自然更是我的日常功课。有一天看他的微博，他说教师不仅仅是园丁，自己本身应该是一朵美丽的花；教师也不是春蚕，教师的生命在每一个季节；教师还不是人类灵魂的工程师，教师更不是蜡烛。教师与学生是一对互相依赖的生命，是一对共同成长的伙伴。这是社会发展到今天、教育发展到今天，教育家们对教育自身的重新认识与解读。其实，教师首先应该是一个完整的人，同时，教师是用心灵影响心灵、用智慧培育智慧的教育工作者，其服务对象的特殊性，决定了教师在人的成长中的独特地位，所以，教师必须用高尚的道德、高深渊博的知识、高超的教育智慧帮助年轻一代成长、成人，与此同时，也成就自己。

2012年1月25日，早早到办公室整理《朱永新教育作品集》。一共十六本，把每一本的目录都仔细翻阅了一遍，这十六本教育作品中的大多数内容都曾经阅读过，这次朱永新先生花了很大的心血进行了重新梳理，增加了许多新的篇目，以崭新的结构和视角形成了新的研究成果，语言亲切流畅，观点独到新颖，有一半的作品是关于新教育实验的研究文稿，真是非常伟大，值得自己再次品读，并推荐给全市教师来共读，这套作品集一定能够引领更多的教师走上新教育之路。

2012年2月12日，在办公室准备去广西南宁做新教育实验培训的ppt。快速阅读了《朱永新教育作品集》中的《中国新教育》一书，里面所有的文稿都非常熟悉，读起来特别亲切，又一次重温了新教育实验研究的历史，更加坚定了继续推进新教育的信心。相信种子、相信岁月、相信新教育。

有时，太多的忙碌，难以使自己的心灵安静下来阅读与思考。2012年6月22日，趁在办公室值班，没有任何打扰，终于可以安静地看看近期的各类报纸，看到了书橱中朋友寄来的《阅读的力量》一书，特地推荐给我们的语文老师，这是世界著名语言学家、阅读教育理论研究者、阅读推广人克拉生教授的关于阅读教育最核心的专著。这是一本由枯燥数据和生动结论相结合的书，作者极力想证明自由阅读的重要性，为了兴趣而阅读，不需要写读书报告，不必回答每个章节后的问题，也不用为每个生字查字典。自由阅读不仅仅对学习母语有帮助，也是让外语能力登峰造极的方法。《阅读的力量》向我们提供了一个全新的研究结论，它将改变学者和老师教授语言的方式。本书中提出的“自由自主阅读”（FRV）是提高语文能力最有效的手段，不论阅读的内容是通俗小说、青少年浪漫文学、报纸，还是经典文学著作，阅读这个行为本身都会在提高语言能力中起到关键作用。是的，当孩子因乐趣而阅读，当他们“上了书本的钩”时，便会不由自主地、不费力气地学会所有大家关心的语言能力。他们会培养出适当的阅读能力、学得大量词汇、发展出理解力、使用复杂的语法结构、建立好的写作风格。当然，只有自主阅读是无法保证孩子取得最高水平的语文能力的，它还需要更高层次的阅读帮助，但是，没有自由阅读孩子就根本没有机会培养好语言能力。

从 2012 年 6 月 23 日开始了心理学经典实验书系《儿童心理学》的研读，书中的大多数内容虽然很熟悉，重读感觉比较亲切，还是觉得很有价值。我们做教师的，每过一段时间，研读一些教育教学理论著作，重温经典的教育学、心理学理论，可以帮助自己重新审视与反思过去的教育教学实践，并在今后的教育教学工作中自觉地运用教育学与心理学理论，不断提高教育科学与艺术水平。

2013 年 2 月 10 日，大年初一值班，难得清净，看了几本童书，《我想去看海》《我和小姐姐克拉拉》《神奇的校车》《外婆桥》《第一次发现——濒临危机的动物》《三字经千字文弟子规》等，好像又回到了童年，天真、自然、好奇、敢于探索、充满想象、向往美好，再一次体会什么是童真。教育就是要让最好的东西献给最美丽的童年。

2013 年 2 月 11 日，继续静读《中国神话故事》，就像在解读中华民族起源的一个个密码，仿佛穿越了千万年，走向远古，看到了中华民族的祖先们如何与险恶的自然环境顽强抗争，又和谐相处，不同部落之间的争斗与统一，感受到远古人类对自由的向往，对美好人性的追寻。神话故事展示的是“自然与人类命运富有教育意义的意象”。如何让儿童更好的理解神话，值得好好研究。

书籍，就这样在我的教育工作生涯中，一次次给我注入新的力量。

共读共约星期五

共读是构建共同精神家园的有效办法，固定时间的共读则最有利于养成读书习惯，提高阅读功效。“相约星期五”就是我们坚持多年的共读做法。

2011 年 1 月 14 日，相约星期五解读杜威哲学观：教育是生活的需要。教育本就是生活，所以，教育必须回归生活，回归一种更理性的生活，使之高于日常生活，超越普通生活。新教育追求幸福完整的生活，那么就要用师生当下就能过一种幸福完整的生活来追求。

2011 年 2 月 18 日，相约星期五组织研修中心成员学习苏霍姆林斯基的《帕夫雷什中学》。这是一本“活教育学”，是每一位校长必须精读的教育巨著，书中的每一个细节都值得校长、老师们反复品读。我深信，只要我们创造性的借鉴苏氏的经验，立足学校现状，不断提出改造教育生活的新思路，就是在发展自己的教育思想，也是在形成自己的教育信念。

2011 年 2 月 25 日，组织相约星期五学习活动，谈研修员如何建设自己的人格威信和学术权威。人格威信来自于真诚无私地为基层学校与教师服务，学术权威来自于学科专业的学术素养与引领能力，我们要不断加强自身学习，提升道德修养与教育理论水平，成为基层学校与老师真正欢迎的研修员。

2011 年 4 月 22 日，研修中心相约星期五，学习苏霍姆林斯基的《帕夫雷什中学》第三章第 3、4 节。有两点特别受启发：一是劳动是增强体质的手段，体力劳动在完美体魄的培养中所起的作用，同运动一样重要；二有规律的经常性锻炼不仅可以使身体变得健美，动作协调，而且可以培养性格，锻炼意志。劳动比赛主要是让动作更漂亮、优雅、协调，而把速度作为次要因素。当下，我们的学生参加劳动的机会实在是很少，更不要说在体力劳动中寻求美的教育了，这一点，应该得到更多的重视。另外，速度不是体育锻炼的基本出发点，而是健美与性格的培养，意志品质的锻炼，这也应该在体育教育中得到正确的贯彻。

2011年5月27日，相约星期五，学习苏霍姆林斯基《帕夫雷什中学》的社会定向——信念形成过程中最重要的因素之一。想到了最近全国上下都在唱红歌，这是纪念革命传统的一种重要方式，但是对于现在的青少年来说，红歌似乎离他们很遥远，歌曲似乎总是具有鲜明的时代烙印。但是，对于如何进行革命传统教育、党史教育，值得我们很好的思考，历史是让一代人铭记自己的来历，一个民族与国家的发展步伐。历史更多的需要用故事，特别是英雄的故事来言说，也需要用思辨的方式来审视，这样，才可以客观地面对历史，积极的面向未来。我们应该创造丰富的教育方式，让学生们学习历史、反思历史，更加清楚地知道自己从哪里来，更重要的还要明白自己要朝哪里去。

2012年1月13日，组织“相约星期五”学习活动。这是在新办公地点第一次组织的学习活动，一起共读《帕夫雷什中学》中关于“手工劳动在全面发展中的作用”的章节内容。苏霍姆林斯基认为，有高度素养的手工劳动中，能鲜明地显示创造性思维。手工劳动的教育作用，取决于一个人用手在做什么和怎样做，以及劳动过程同做工者的思考进程结合得怎样。手工劳动在发展抽象思维方面也起着很大的作用。一个人一旦在实践中、在劳动中锻炼出了分析综合能力时，那他就会像对待习题那样看待劳动任务——先提出一些假设，然后通过思考和实践检验他们。他还认为，不应使那些才能较低、积极性差的学生在技术小组里只充当一个单纯的执行者的角色，只去执行那些积极性高、才能较强的同学所想出的东西。只有当一个人执行的是自己构想的计划时，才会形成能力。真是说得太好了。我们现在的手工劳动还是没有得到足够的重视，关键是对手工劳动在学生全面发展中的作用没有足够深的认识与研究，应该组织校长与老师们好好学习这章内容，并付诸更丰富的实践。

2012年2月1日，组织研修中心全体研修员学习活动，完成了苏霍姆林斯基《帕夫雷什中学》共读任务。四位主任分别就新一年度各自分管的工作进行了布置，提出了比较明确的要求。最后我提出了2012年的一大愿景：研修一体，追求卓越。两大结合：各学段教育内容的结合，各类教育平台的结合。在学校文化、价值观教育、完美教室、理想课堂等方面做到小学、初中、高中一体化思维，教研室、教科室、培训部、项目开发部、新教育研修中心整体联动，以校本研修为基础，区域共同体与名师工作室为两翼，教研室为龙头，常态研课为基本方式，推动海门教育质量再提升。同时，推动三大中心（全国新教育培训中心、海门市教育质量监测中心、教师网络研课中心）的建设。另外，对研修员提出了四大要求：在创新中探索，在实践中研修，在岗位中奉献，在学习中成长。我们将继续坚持"相约星期五"学习制度，今年共读书目为朱永新先生的《中国新教育》。相信，研修中心在2012年为海门教育一定会做出更加卓越的贡献。

2012年3月16日，组织研修中心的"相约星期五"学习活动。何仁毅主任带大家共读《中国新教育》第一章中的"新教育精神"一节：执着坚守的理想主义；深入现场的田野意识；共同生活的合作态度；悲天悯人的公益情怀。研修中心的每一个人正是需要这四种精神，拥有了这四种精神一定能把大家带得更远，把研修中心带得更远，把海门教育带得更远。

2012年7月6日，召集研修中心"相约星期五"活动，布置暑期任务。主要有高质量组织好全市的专题、网络与学科培训任务，读好一本教育经典著作，写好一篇科研论文，设计好一份调研提纲。希望研修中心全体成员利用好暑期学习、研修的时间，不断提升自己的专业素养，提高自身在基层学校的学术影响力，这是研修中心成员应有的价值。

2012年9月14日，参加研修中心"相约星期五"学习活动。对全体成员提出了在新的学期里要坚持学习制度、坚持深入一线、坚持带头研究、坚持质量第一、坚持创新发展的要求，以创建省示范研修中心为重要契机，不断提升研修中心的管理水平和品质。

我们的"相约星期五"不仅共读图书，有时还把共读衍生为培训。比如，我们组织教师研修中心与新教育培训中心"相约星期五"活动，培训了电子白板的使用技术，感受到电子白板的使用对提高课堂教学效率有着积极的作用。同时，理顺了研修中心、培训中心与新教育家园的工作职责，从而使培训中心与研修中心更好地为全市教育工作者，以及全国新教育同仁提供最适合的培训项目。

用这样的共读、共修，实现共同成长，达成完整幸福。

一场讲座一本书

2011年1月,在大家的支持下,我被《中国教育报》评为全国推动读书十大人物。这荣誉应该属于新教育,是新教育给我的阅读推广行动提升了理论的高度和行动的力度。欣喜之余,激发了新的使命感,要把海门师生的读书活动引向新的高度,让海门师生人人拥有美好的精神世界。把新教育的阅读推广经验推广到全国更多的区域,让更多的孩子因我们而拥有美好的阅读生活。

在获奖感言中,我还特别强调了"读活书"的问题。我认为,一个真正善于学习的人,应该捕捉住一切机会,进行学习。我现在因为工作关系,常常要听一些专家讲座,有听一场讲座就是读一本书的感受。

2011年1月11日,我听了傅杰老师讲论语,见解精辟独到。论语影响着几乎每个中国人的思维方式与生活方式,这就是文化的力量,儒家文化已经浸润在每个中国人的血液中,新教育实验必须根植于儒家文化的土壤中,并且不断扬弃,不断创新,使之在现代语境与场域中健康发展。

2011年1月12日,我听陈引驰讲《庄子的智慧》。儒家、道家、佛教等组合成了中国文化的基本样态,虽然每一家各有鲜明的特点与主张,都表达了对世界、生活、生命等一系列问题的观点与态度,对于现代人来说,最关键的是一个"信"字,你信奉了哪一种思想,你的思维、行为、生活就会是什么样子。当然,更高明的是有一种辩证与融通的大智慧,这样才可以站在历史与文化的高点把握世界、把握生活、把握命运。

2011年4月26日,我请华中师范大学博士生导师郭元祥作客海门名师讲堂,他报告的主题是"深度教学与教学质量"。他认为教学质量是指教学活动所引起的、全体学生素质变化的结果。涉及学生认知及其能力、情感发展、技能发展等方面。知识有"关于世界的知识"和"进入世界的知识"。所教的学科知识是什么,究竟要赋予什么,究竟有哪些基本的学习过程方式、资源,怎样判断这些在学生身上发生了。课程教学不要让学生把知识仅仅作为“事实存在”来接受，而是要引导学生运用知识处理与世界的关系。通过深度教学实现知识的发展性，通过知识反思自己，改变自己，发展自我。这是教学质量的真正落脚点。我非常认同郭教授的观点，他是一位搞研究的学者，较早的倡导新生活教育，与朱永新先生倡导的新教育实验有异曲同工之处。我不断向郭教授推介新教育实验，希望他给新教育加油鼓劲，并给予积极的建议与指导。

2011 年 5 月 13 日，我听著名特级教师孙双金老师的课——《幸福的衬衣》。他借助这个经典童话，让孩子们主动思考关于幸福的命题，孩子们在孙老师智慧的引领下，形成了对幸福的独特思考，主要有三个问题：一是从童话故事中找到什么是不幸福？孩子们的回答是：不自由的人不幸福、孤独的人不幸福、无所事事的人不幸福、被溺爱的人不幸福、没有追求的人不幸福、怕死的人不幸福、得寸进尺的人不幸福、杞人忧天的人不幸福、贪婪的人不幸福、不珍惜的人不幸福。二是从童话故事中找到什么是幸福？孩子们的回答是：自由的人是幸福的、无忧无虑的人是幸福的、知足的人是幸福的、勤劳的人是幸福的、淡泊名利的人是幸福的、乐于助人的人是幸福的。三是思考怎样得到幸福？孩子们的回答是：幸福是在自己心里，得自己去感受，幸福是要自己去追求的，不是别人给予的；幸福是不可以交换的，把自己的幸福与别人分享，也是一种幸福；财富、地位、权利不代表幸福，物质不一定带来幸福，创造财富的过程才会有幸福；幸福是无所不在的，只有我们去追寻、体验，才会有幸福。孩子们真的个个都是哲学家，一个童话故事给他们带来了这么丰富的哲思，这本身就是一种幸福成长的过程。

2011 年 7 月 19 日，我组织全市中小学校长在中国共产党革命的摇篮井冈山培训，听了三位教授的精彩报告，使我更加了解了井冈山革命史与井冈山精神。井冈山精神的灵魂是坚定信念；井冈山精神的核心是敢创新路；井冈山精神的根本是依靠群众；井冈山精神的精髓是艰苦奋斗。这里，让我感触最深的是信念的作用。其实，信念对每个人来说，是应该伴随一生的重要价值观，我们相信什么很重要，相信是一种力量。相信自己，就能给自己不断前进的动力！理想信念是人生的灯塔，指引着自己前行的方向。当然，为了心中的理想，必须脚踏实地，必须坚持不懈，必须善于创新。行动就有收获，坚持创造奇迹。

2011年12月10日，组织心理咨询专题报告会。我请来了苏州大学心理咨询中心主任，我的大师兄陶新华博士作报告。上午报告的题目是“危机的识别、管理与干预”。他的报告既有理论，更有操作的策略，很受老师们欢迎。印象深刻的是帮助创伤心理反应的操作方式有：要像父母一样给他们安全感和安心感；要像老师一样给他们健康的知识，指导他们适应灾难带来的改变；要像治疗师一样帮助他们，让心理的创伤得到痊愈；要像牧师一样引导他们面向未来开始新的生活，重建生活的信念。这对教师在教育工作中很有帮助，只要我们留心观察，在我们周围有很多孩子或大或小的会遇到心理问题，这对学生个体来说，就是一次危机，如果我们能够及时的正确的干预，就能够帮助学生顺利地度过一个个小危机，从而健康成长。下午报告的题目是“以人为本的沟通策略”。他认为人是自己成长和发展过程中的决策者与发展者，人总是通过体验自己的感受增强自我认识。人本质上是好的，人们具有积极的、向前的、建设性的，现实的和可信赖的倾向。以人为中心的理论家认为每个人有能力找到个人生活的意义和目的。同时，个体对现实的感知比事件的本身更重要。对于健康自我的形成，个体需要积极关注——爱、温暖、关心、尊重和被接受。我们发现学生经常会接受来自父母或其他人有条件的关注，而父母与老师对孩子、对学生的爱应该是无条件的。所以，我们需要很好的尊重孩子、关爱孩子、呵护孩子稚嫩的心灵，让他们的心灵朝向阳光与美好。

2012年3月3日，到常乐张謇纪念馆，参加“走进张謇”现场作文大赛颁奖会。颁奖会邀请了常乐镇镇长张华，为获得特等奖与一等奖的学生做了一场张謇文化微型报告：张謇——一个伟大的背影。他从为什么不能忘记张謇讲起，谈了选择这样一个人物的三个原因：一是张謇是一个特殊的历史人物；二是张謇是一个特殊的知识分子；三是张謇是一个特殊的文化坐标。张謇是一位政治家、军事家、社会活动家、水利学家、城市规划家、金融家、创新家；是近代沿海开发的倡导者，近代大农业的开拓者，近代渔业发展的功勋人物，中国民族工业的奠基人，中国早期现代化的先驱；张謇还是意气风发的诗人，才情满怀的书法家，底蕴深厚的文化巨人，才华横溢的一代儒商，艰巨转型的非凡斗士、精神领袖和公认的英雄。他又谈了我们该如何学习张謇？一是要有大处着眼、小处入手的品质；二是要有百折不挠、锲而不舍的意志；三是要有包容开放、追求一流的眼光；四是要有忧国忧民、兼济天下的精神。张华镇长的报告生动活泼，思想深邃，穿插了很多小故事，让大家收获满满。博物馆是美好事物的集散地，张謇纪念馆汇聚了张謇非凡人生的精华，通过这样的方式向我们言说了张謇一生中一个又一个的传奇故事。故事是可以传递力量的，张謇传递给我们的是一种行动的力量，一种坚持的力量，他为了追寻理想，立足现实，付诸了一个又一个行动，并用坚忍不拔的意志力创造了一个又一个奇迹。建设张謇纪念馆，开展学习张謇主题实践活动，就是希望把这份力量传递给海门的学子，期待张謇能成为海门学子终生受益的精神财富。张謇曰：天之生人也，与草木无异，若遗留一二有用事业，与草木同生，即不与草木同腐。这是何等的人生境界，值得每一个人学习共勉。

给名师一个舞台

名师的成长总是由很多种因素共同作用的。2011年7月23日,“南通市名师第一梯队培养对象”快速成长的故事,给了我们许多新的启发:一是个人的成长离不开团队的智慧与贡献,教育行政部门根据个人特点与成长需要而组建起来的团队,凝聚了教育领域中某个专题的著名教授、学者、一线名家,能够大大缩短名师培养对象的成长期。二是个人的成长内驱力,源自对自身认同与自身完整,并在学习、反思、研究与坚守中,创造幸福完整的教育生活。

海门的名师成长,也进展迅速。我们重点做好以下工作:

一是以课题为抓手,深入推进名师工作室的研究项目。各工作室要围绕自己的教育主张,加大研究力度,形成课题群,采取项目攻坚的方式,高质量完成晨诵课程、午读课程、暮省课程、每月一事课程、科学阅读课程、完美教室课程的研发,带头开展学程导航研究,形成各个学段各门学科的学程导航基本教学框架。

二是以活动为载体,经常开展工作室展示研讨活动。围绕工作室的主张、学程导航研究、承担的课程研发项目,开展形式多样的展示研讨活动。

三是以专业为方向,深度组织工作室成员的学习研修活动。加强目标管理,特别要加强工作室领衔人及成员自身专业水平的提升,搭建各种成长平台,组织论文撰写的专题研修,提高论文写作水平,进一步放大工作室对外的辐射力与影响力,为全市教师培训作出新贡献。

四是以团队为力量,切实抓好工作室组织文化建设。高度重视工作室的组织文化建设,形成共同价值观,提升凝聚力,加强与研修中心研修员的密切合作与沟通,加强考核管理,优胜劣汰,奖优罚懒,加强工作室平台建设与档案管理,确保简报、论坛、博客、微博等有专人负责,或者分工协作,凝聚更多的尺码相同的教师,共同前行。

给优秀老师一个平台,优秀老师就能把它变成呈现精彩的舞台。两年之后,名师工作室进步很快，主要表现在：各工作室的主张不断走向成熟，学习研修活动越来越有深度，研讨活动层次不断升级，研究成果越来越丰富，影响力、辐射力大幅提升。

我又提出了新的希望：一是提升工作室的团队文化，特别是工作室成员的自觉成长文化，团队研修文化和项目研发文化；二是提升工作室的品牌内涵，要让自己的主张课程化或“产品”化；三是提升工作室的辐射效应，不仅在省内外有影响，重要的是影响更多海门教师，成长更多的学生。

让名师百尺竿头更进一步，教育就能芝麻开花节节高。

区域教育共同体之思

区域教育共同体的建设，是促进教育均衡的有效手段，受到越来越多人的重视。这些年来，我一直力图以区域推进新教育实验的方式，进行区域教育共同体的研究与推动。

2011年1月21日，“区域共同体建设”等几个省级课题同时结题与开题。

一是“新公民教育”。以公民人格独立为主要目标，做到权利与义务统一，关键是参与，参与集体的、社会的、国家的事务。把学校改造成共同生活的场所，在共同生活中培养公共的人，公共的精神。

二是“学程导航”，以学生为主体，在教师的引导下主动经历学习的过程，让学生学会学习。学程是以过程为核心、以内容为载体、以目标为导向；导航是帮助学生探索，找到适合自己的学习道路。

三是“区域共同体建设”。最大的意义在于区域均衡发展，努力使整个海门教育成为一个共同体，让学校回归学习共同体，这是学校本来的面貌，采取行政推动、内生发展相结合的方式，并解决“和而不同”的问题。

我认为，区域教育共同体的建设，在促进区域间教育均衡发展，实现“理念共享、资源共享、方法共享、成果共享”目标的同时，还有更高的目标追求，那就是用素质教育的理念和项目来构建区域教育共同体的组织模式，更强调合作基础上的学校之间的互动与发展，强调共同体及其生活世界之改造，其核心价值不仅仅在于缩小学校之间的差距，还在于寻求学校在原有基础上更高位的富有文化内涵和个性特色的发展。

具体来说，区域教育共同体的建设最为根本的目的在于重新审视教育实践活动的结构、内容及其本质特征，反思教育生活世界的异化现象，为缺乏哲学思考的教育实践活动注入理论的素养，进而在批判现实教育世界种种弊端的过程中探寻构建理想教育的有效途径。区域教育共同体建设的起点在于教师教育行为方式的转变，终点却着眼于学生的素质发展，因为它所倡导的理念、精神与一系列的行动策略，都与素质教育的基本精神相一致，它符合素质教育的全体性、整体性、主体性和长效性的特征，所以，区域教育共同体还是素质教育研究的具体化、行动化和现实化。

2011 年 5 月 17 日，中国教育报江苏记者站陈瑞昌主任来海门，采访海门教育共同体的建设情况。我介绍海门共同体的基本形态有：一是学校发展共同体，把一所市区学校与一个片的乡镇学校联合成一个发展共同体，学校之间在教育教学管理上形成全方位合作的方式，推动城乡学校共同发展；二是校长俱乐部，以学段为单位，每月组织一次校长俱乐部活动，旨在分享经验，交流思想，让每一位校长成为有思想、有作为的优秀校长；三是教师成长共同体，主要有区域学科共同体，名师工作室，名品教育工作室，项目工作室等，让所有的教师都有成长的平台和自己的精神家园；四是许多学校建立的教师读书会、班级读书会、教师发展中心、成长俱乐部等，把每一所学校建设成一个真正意义上的学习共同体。

这几年，海门形成了区域学校发展共同体、校长俱乐部、高中学科工作室、名师工作室、名品项目工作室等不同形态的共同体，为海门教育发展发挥了重要作用。其实，每一所学校就是一个学习共同体的学校，作为学习共同体的学校不仅仅是学生互相学习成长的地方，也是教师们互相学习成长的地方，还是家长和社区民众互相学习成长的地方。

一次额外的奖赏

2011年10月11日,我主持的区域推进新教育实验的研究参加江苏省教育科研成果一等奖入围答辩,这次有12项成果入围,通过答辩投票,只能有7个项目获一等奖。答辩会由丁厅长亲自担任专家组组长,邀请了江苏省内各大高校的教科院院长作为专家组成员。

在答辩等候时,碰到了李庚南老师,她也来参加答辩,老太太七十多岁,还来参加答辩会,实在令我们年轻人佩服。10点轮到我答辩,我简要陈述了新教育实验的基本内容,以及核心价值追求和基本主张,提供的成果主件有:研究论文《新教育:导向素质教育的理想家园》,发表于《中国教育学刊》,2010年12期第1页,被人大复印资料《中小学教育》2011年第5期转发;专著《教育生活的救赎——通过新教育走向新生活》,由山西出版集团山西教育出版社出版,2010年7月第1版;专著《做新教育的行者》,由海峡出版发行集团福建教育出版社出版,2010年6月第1版;主编《一生有用的十二个好习惯——新教育实验“每月一事”项目操作手册》,天津教育出版社出版,2009年7月第1版。

我比较详细地阐述了海门区域推进新教育实验的主要经验,以及在改变教师行走方式、学生生存状态和学校发展模式上的成效,海门的教师在专业阅读、专业写作、专业发展共同体的模式下加快了成长速度,海门的学生在省义务教育学业水平检测中阅读水平比全省平均成绩高出近10分,写作水平比全省平均成绩高出近5分,海门的学校校校有特色,并启动了文化立魂的建设工程。海门的实验事实证明,通过新教育走向新生活是可能的。相信,新教育一定能成长为中国素质教育的一面旗帜。

午后得知投票结果,进入一等奖,很是高兴。

2011年12月7日,在南京参加江苏省教育科研工作会议。曹副省长与省厅领导为江苏省教育科研成果一等奖获得者颁奖。曹副省长与沈厅长在会上做重要讲话，为未来教育科研发展作出新规划，要求充分发挥教育科研在教育改革发展中先导性、基础性、全局性的作用，全面推进教育科学研究，重点在宏观政策和战略研究上，在培育原创性理论研究成果上，在指导学校教育教学改革上、在提升科研质量和水平上、沈厅长还提出了推动江苏教育科研工作创新的措施：在基层学校设立“江苏省教育科研学术带头人”和“江苏省教育学术领军人物”工作室，成立首席专家工作室、特色项目研究所、苏版教材开发基地、乡村教师科研培训计划等，高度关注教师的草根研究，使教育科研成为广大教师的内在需求、工作方式和生存状态。这一定会让我们基层一线的老师们大受鼓舞，教育的改革与发展必须以科研为支撑，教师的成长与发展必须以科研为途径，学生的成长与幸福必须以科研为引导，谁重视教育科研，谁就能收获更丰富的教育成果，就能收获师生与学校的科学发展。

这个一等奖，是海门新教育人共同创造的成绩，更重要的是，我们不是通过一个个奖项，而是通过获奖后的一个个改变的故事、成长的数据，证明了我们在教育耕耘中体现出的人生价值。

特色是优化组合的过程

特色就是优质，是优化组合各种资源的过程；特色就是卓越，是区别于、优越于别人的独特性；特色还是均衡，个性化、差异性是均衡发展的题中之意，特色建设更有利于学校从硬件均衡、师资均衡走向促进个体均衡发展的境界。

我在工作中，常常深入学校调研，和学校师生一起挖掘特色。2011 年 10 月 26 日，我到三阳中心小学调研，讨论学校特色感恩文化的深化，建议不断拓展与丰富感恩文化的内涵，特别是把感恩与责任、感恩与担当、感恩与自强、感恩与施爱联系起来，希望我们的孩子把得到的爱与温暖，用自己的行动回报给自然、社会与他人，从而使自己的内心变得更加丰富而高尚。愿三阳小学的师生用一个个感恩的故事来演绎生活的精彩、生命的丰润。

2011 年 3 月 25 日，我到国强中心小学讨论学校文化建设。国小以少年强则国强为核心价值观，以多年来学校的三大传统特色工作（英雄中队、篮球俱乐部、书法育人）为基础，提炼出了强德、强智、强体、强美、强技、强师等为基本维度的“强”文化建设内容，并以英雄班为榜样缔造完美教室，不断深化主题阅读、书法育人、练球炼人等项目，从而使得“少年强”的美好愿景得到全面而富有特色的落实。

在交流学习中，也不断有相关主题激发人们对特色的思考。2011 年 4 月 24 日，我观摩绍兴校长与海门校长的主题沙龙，内容是“学校特色发展与管理创新”。学校特色往往来自于学校的传统项目、优势学科、优秀老师、特殊资源，而特色学校在于有特色的教育思想和观念，校长能带领师生过一种富有特色的教育生活，特色的发展必须依托管理创新，通过管理创新，激励教师从优秀走向卓越，让特色项目不断深化、不断拓展、不断提升，让学生的教育生活丰富多彩、充满魅力，学生的个性得到充分的张扬，潜能得到充分的挖掘。

2011 年 12 月 2 日，在阅读了李镇西师兄《我想办一所没有“特色”的学校》

的文章后，非常喜欢。他的高见，是站在教育高处的思考，也是教育家办学的真命题，但是，对于许许多多普通的学校来说，从学校的一些项目和优势资源入手，办出自己的特色，让资源有限的孩子们能够获得更好的发展，也是"特色"学校的积极探索，教育可以通过不同的道路回归原点。

当我在微博上发表了自己的以上感想后，有一位海门市实验小学的网友回复："严重同意许局的话。无论做什么事，都要有一个途径。寻找学校的特色，只不过是寻找一条通往教育理想之巅的风景更美的路。这样我们不但可以殊途同归，还可以在路上看见不同的风景。"

是的，特色教育的出发点和归宿是提高育人质量。特色教育将为学生营造健康、丰富，充满生命关怀的教育生活。区域推进特色学校建设，旨在深入推进素质教育，深化教育改革，促进教育公平，促进城乡义务教育的优质均衡发展。通过特色学校建设，探索出一条以项目或学科为特色基点，以打造学校文化和核心理念为最终目标的特色教育发展之路。特色引爆了学生、教师和学校的发展潜能，创造了一种理想的教育生活形态。

教育孕育体育之魂

2012 年 10 月 4 日，与珂缔缘足球俱乐部董事长李太镇喝茶，聊元旦举办少儿足球国际邀请赛的方案。我们不仅聊比赛，还聊中国足球，聊中国体育，聊国民素质，很有感慨，颇有收获。

李太镇先生给我讲述了当年他在黑龙江的一所只有 120 人的小学里做体育教师，带领了一个足球队，一年到头没有休息天，冬天大雪天，铲了雪继续训练，全年的工资全部用在了给运动员吃饭上，母亲免费为队员们做饭，最终取得了全省第三名的好成绩。想想现在的体育老师有几个愿意双休日免费带球队，这样的一种敬业精神、人生追求、价值实现已经被这个功利的社会淹没得只留下一些感慨的回忆了。

李太镇先生还给我介绍，在韩国，每个周末学校的操场和社区的运动场从早晨到晚上排得满满的，都是孩子们在踢球、运动。而中国的双休日，几乎所有学校的操场都被闲置着，美其名曰，如果被使用，经费得不到落实。一个民族的身体素质就这样慢慢衰落下去。试想，如果我们倡导让海门的中小学操场每个双休日都能排满运动项目，能得到多少校长与体育老师和家长的积极响应。如果怀着一种民族强大的责任心与使命感，共同推动这项工程，海门学生的身体素质一定能够强壮很多，近视学生减少很多，并且终身受益。我们都认为，球类运动不仅带给人强健的身体，坚强的毅力，良好的精神状态，还带给人自信，教会人合作，鼓励人拼搏，提升人生智慧。所以，希望我们的球类俱乐部好好反思，真正做到让每一个学生从一年级开始能够参加到一支球类俱乐部中，让海门的每一个孩子都能参与并喜欢一种球类运动。

其实，海门教育人对体育乃至对足球的热爱，由来已久。还记得 2011 年 10 月 2 日，我就到海南小学参加全国少儿足球邀请赛开幕式，开幕式很隆重，还增加了舞龙表演，气氛非常热烈。那一次全国少儿足球邀请赛，我们邀请了 7 个省的12支球队，他们大多数是少儿俱乐部队，也有足球传统学校，代表了这个年龄阶段全国的最高水平。那一天的第一场比赛是海门队与河南队，看着10岁的孩子们踢球，感觉很有章法，踢得很漂亮，看到了中国足球的希望与未来。

很快到了2013年1月1日。新年第一天，中国·海门第二届“珂缔缘”杯亚洲少儿男子足球邀请赛开幕。我到实验学校、海南小学观看，不但韩国队、泰国队的队员拼劲足、球路清，国内的几个队伍也不错。虽然是少儿足球，也非常有看头，也给海门这个小城在新年的第一天带来了特别的气息，也应是活力海门、魅力海门、美丽海门的体现。

两天后，我又到海南小学、实验学校观看少儿足球邀请赛最后半天的比赛，外面寒风瑟瑟，刺骨难熬，而那些运动员个个短裤，精神十足地拼抢着，真是敬佩这些孩子们，海门这座小城也因这些孩子们的精彩表现而充满着活力。

当历时三天的中国·海门第二届“珂缔缘”杯亚洲少儿男子足球邀请赛圆满完成。我致闭幕词，并为冠军颁奖，这次A组泰国队冠军，B组韩国队冠军，“珂缔缘队”都是亚军，成绩不错，也看到了自己的问题与距离。三天比赛，许许多多精彩的瞬间将永远定格在我们的记忆中。“足球为媒介，体育是桥梁”，通过这次足球邀请赛，达到了以球会友、增进友谊的目的，达到了展示形象、提高素质的目的，展示了当代少年儿童良好的精神风貌。应该说，这是一次拼搏的赛会、友谊的赛会、和谐的赛会，对于更好地推广和普及少年儿童足球运动，进一步促进亚洲国家之间、城市之间的教育、文化交流起到了积极的推动作用。

除了足球，还有其他体育项目也在海门蓬蓬勃勃地开展着。2012年4月18日，到育才小学参加市区小学排球俱乐部联赛活动，我以“我运动、我快乐，我运动、我健康”的理念给学生以鼓励，希望“每天运动一小时”成为他们的生活方式，让“爱运动”伴随他们一生。

新教育倡导教给学生一生有用的东西，“运动”是可以让人终生受益的好习惯。体育一定要发挥民间草根的力量，这样，才能体现其群众性与竞技性的融合，我们从这样的活动中，看到了中国足球、中国体育的未来与希望，而体育的魂魄就孕育在这样的教育之中。

学校也需要自我超越

义务教育学段,需要以“变革”为核心,加强即时性“反思”,促进“变革”得到及时的调整与完善;以“心灵”为阵地,以形成学生完善人格为基本目标,全面系统构建学生思想道德建设体系;以“教室”为阵地,继续深度推进学校文化建设,组织乡镇学校文化展示活动,以及专题研讨活动;以“课堂”为阵地,深度推动活力课堂、智慧课堂建设,使学程导航思想落地生根,推动反思性教学策略研究;以“课程”为阵地,深入开展儿童晨诵课程、名著阅读课程、主题文化课程、主题实践活动课程、节日课程、仪式课程、每月一事课程等研发与实施;以“社团”为阵地,全面推动学校活动课程建设,促进学生多元化、个性化发展;以“研修”为阵地,系统推进教师专业发展,以教师职业操守为底线,以专业追求与学生发展为目标,以职业幸福感为最高理想。

在义务教育的小学阶段,我尤其对海门新教育人充满信任、充满期待,也充满信心,大多数校长都是有理想、有追求、有行动、有坚持的。2012 年 10 月 14 日,参加小学校长素质教育质量百分考核表彰会暨教学质量分析会,我就今后小学教育的改革与发展提出了自己的想法,希望小学教育从前几年的特色发展,到现在的文化建设,再向品质提升努力。

一、深入研究海门小学素质教育质量的全面提升。通过新教育实验项目的品质追求,让每一个孩子的生命质量得到提升,孩子的生命叙事成为学校文化的独特风景。探索素质教育考核机制的创新,取消一二年级统一考试,开展个性化测试研究,推动海门学生素质的全面而具个性的发展。

二、全面追求过一种幸福完整的教育生活。全面丰富学生的生活样态,推动乡村少年宫建设,双休日大力推动运动、艺术、科技社团活动。以绩效奖励为引领,提升教师的职业认同与自我认同,绩效奖励突出鼓励奉献、奖励优秀、激励先进,以评价推进教师的行为自觉。把执行五严规定作为底线,最高境界是

追求幸福完整的教育生活

三、从人性的高度不断丰富学校的发展内涵。研究如何走出特色发展的困境与出路，为每一个学生的个性发展提供适合的教育。继续推进学校文化建设，让文化“活”在每个师生每天的生活里，让完美教室成为常态，让每一节课凸显丰富的质量内涵，从学程导航的基本框架走向知识、生活与生命深刻共鸣的自由创造境界。基本框架不是最终标准，只是起点，终点是学生的成长，生命质量的提升。关照生命，从人性的高度，让每一个教师和学生成长为最好的自己。

新教育是草根行动，关键在于教师的文化自觉，并在自觉的行动与坚持中找到心中的乐趣、教育的意义、人生的价值，从而不断实现自我、超越自我。只有不断超越自我，一个人才能实现卓越。一所学校，也是如此。

让基层课题研究更事半功倍

课题研究是总结教育教学规律、提升专业素养的有效途径。但是，如何正确开展课题研究，本身也是一个问题。

2011年5月的一天，我参加了四个省市课题结题鉴定会，这几个课题都在回答课题研究对教师发展的意义，如教师的专业素养、课堂的教学水平、课程的研发能力等；对学生发展的意义，如丰富学生的成长方式、改变学生的生存状态、体验教育生活的幸福与完整等；对学校发展的意义，如学校品牌的形成、特色的建设、文化的发展等。但在研究中，总会遇到一些困难。

这让我想起几次我对课题研究的建议。

比如2011年，正余初中“新课程背景下农村初中课堂管理机制研究”课题结题。这个课题很有价值，我建议对农村初中课堂管理机制的现状作一个深入的调查，从中分析影响新课堂背景下的课堂管理机制的因素有哪些，然后从课堂时间管理、课堂行为管理、课堂情意管理、课堂资源管理、课堂环境管理等方面提出一些针对性的策略，并进行专题的研究。特别要开展基于学科的课堂管理评价研究，以此来改变教师的行为方式，课堂的组织方式、教与学的关系等，从而能够建构起以生为本的民主开放型的课堂管理新机制，促进课堂教学的深度变革，充分彰显学生的主体地位，让每一个学生成为热爱学习的主人。

还比如，参加机关幼儿园省级课题“幼儿的朴素理论和教育指导研究”结题活动时，我对课题研究提出了一些建议。一是明确课题研究的基本逻辑，主要在于发现儿童是如何理解这个世界的，并解释儿童对世界的理解，研究儿童这样理解的原因，指导儿童更好地理解这个世界；二是明确课题研究的基本目标，在于唤醒儿童的朴素理论，建构儿童的朴素理论，发展儿童的朴素理论，丰富儿童的朴素理论；三是明确课题研究的基本策略，在于创设情境、开展活动、组织游戏、进行对话等，让儿童在体验中、在经历中丰富对这个世界的理解。四是明确课题研究的价值，在于理解儿童、尊重儿童、相信儿童、关爱儿童、发展儿童，最终回到教育的原点。

所以，我所期待的课题研究成果是在形成一些基本经验、策略的基础上，能够对课题研究指向前后的变化、改变、发展状态有比较实在的数据检测与分析，从而形成更有科学研究价值的成果。但是，这一点仍然是我们教育科研课题普遍存在的问题，许多学校的课题研究还停留的经验总结的层面上，缺少必要的数据统计与分析、比较研究、调查研究等，所以，研究的可信度与可推广性自然会受到影响，这也反映了基层学校教育科研整体水平急待提高的迫切性。

每月一事需要重构拓展

2013年3月26日，南通市“日行一善，月习一德”暨未成年人思想道德建设现场会在海门举行，海门团队展示了新教育“每月一事”项目六年多来探索的历程与收获，得到了与会领导的高度评价，把习惯融入生活、融入学习、融入思考、融入行动，从而形成规范，促进内心成长，精神发育。

这些年来，海门新教育人对“每月一事”项目的探索，不是简单的拼贴，而是融入到了日常教育之中。

还记得到包场中心小学调研每月一事研讨活动的准备情况。当时，将在这里组织全市诚信主题现场会，他们准备的主题词是：让诚信与我们零距离。那一个月中，学校已经组织了主题诵读、主题实践、主题展示、主题反思等一系列的活动，内容很丰富。我建议把诚信主题活动放在社会主义核心价值观融入教育全过程的背景下，诚信作为我们社会的基本道德规范，应该成为每一个公民信守的核心价值，需要设计专门的主题课程，在品德与生活、品德与社会课程中用一定的课时落实，同时，应融入完美教室建设的过程中，作为人格成长的重要内容，与学生的日常生活、社会生活紧密联系，开展诚信与不诚信现象的调查与辨析，以及诚信实践活动，拟发师生诚信宣言，评选诚信模范等。从而使诚信教育活动能够浸入学生心灵深处，成为一生有用的好品质。

到了2012年5月23日，包场中心小学参加海门市“‘每月一事’课程的建构与实施”研讨会暨“恪守诚信，廉洁从教”主题教育活动如期举行。学校展示了诚信主题晨诵，“蓝鲸”班诚信主题时间活动，课堂观摩“做一个诚实守信的人”，教师沙龙“恪守诚信，廉洁从教”，展示活动很成功，另有三位校长做了很好的交流。最后我做了“让诚信成为人人信守的基本道德”主题报告。

我以为，在社会主义核心价值观融入教育的全过程的背景下，每月一事的课程应从以下几个方面重构：一是以社会主义核心价值观作为灵魂，重构品德与生活、品德与社会课程，形成与每月一事核心价值一致的主题课程；二是组建每月一事研发团队，逐步开发校本化的每月主题式品德课程；三是让“每月一事”拓展到儿童的日常生活中，拓展到社区、家庭中；四是父母、教师应该成为学生的道德楷模，发挥榜样的力量；五是每月一事要在实践、体验、活动、节日中让学生逐步养成良好的道德行为习惯，让道德习惯成为道德品质，让道德品质成就美好人生，建设美好社会；六是创新每月一事实践活动，让学生在现场中不断强化价值认同，形成行为习惯；七是形成制度约束、失信受惩、守信嘉奖的良好环境。另外，让心灵宁静的最好办法是阅读，在阅读中让自己与大师对话，让自己的精神得到丰润，让诚信等基本道德成为自己奉行不悖的信仰。

如何成功重构？我们还在探索，还在努力。

用培训促进自身提升

这些年来，随着海门新教育在坚持不懈中开花结果，全国各地来海门培训的人员越来越多。我经常收到感谢短信，对帮助他们开展新教育实验培训老师的课与报告的精彩实用表示谢意。其实，培训别人的过程，也是自己重新梳理、反思、提升的过程，借用培训工作，促进本地教育的提升，这是一项双赢的工程，值得好好谋划。

在培训工作中，我一直希望做到几个结合：研修中心培训与校本培训结合；名师工作室的研究与培训结合；特级教师、学科带头人的引领与培训结合；教研员组织的教研活动与培训结合；专业阅读与专业写作、专业发展共同体结合；行政推动搭建平台与教师自觉学习结合。

到了暑假，我们又安排暑期培训项目，暑假是教师休息调整的时间，也是可以静心阅读、学习、提升自我的最佳时间。南通教育局采用网络式的校本研修培训，这是一个非常受老师欢迎的方式，在此基础上，我们还是要组织部分集中培训的项目，如心理教育、英语教学法、社团辅导、学科教学研修活动等，网络培训与集中培训各有利弊，我们需要扬长避短，一切从实际出发，一切从教师的需要出发，一切从教育教学的改革与发展出发，组织有针对性、实效性的培训活动，真正为海门师生服务，不断提高海门教育的内在爆发力与可持续发展的动力。

暑假中，海门教师研修中心组织了心理教育、外教英语教学法、社团辅导老师培训等，还有各个学段的学科教学研修活动，以及绍兴、徐州校长教师培训项目。与此同时，给研修中心成员布置暑期学习、研究任务，要求每个研修员围绕学科专题精读一本教育著作，还要求选择一个研究专题，完成1～2篇研究论文。暑期是教师休息调整的重要时段，也是可以静下心来学习、研究，给自己的业务水平加油、提升的重要时段，我们做好计划，就能够让教师的暑期生活过得丰富而有意义。

在培训中，我们针对不同项目进行不同规划。比如，我们作为江苏省的分会场组织“知行中国——初中班主任教师培训”项目的开办典礼。这一项目本着“学思结合，知行统一”的精神，我们突出对班主任的日常工作的具体指导，把学思和在岗实践进行了融合，增加了专题报告、热点问题研讨、班主任实践资源库建设等环节。

四类课程中，以案例式培训课程为主，把理论性、系统性的专题讲座与情境性、开放性的案例有机地结合起来，兼取所长。班主任实践资源库中提供的资源，对当下班主任的工作有着直接的指导作用，特别是班主任案例故事中提供的“班主任的每一天、班主作的每一年、班主任与每次活动、班主任与每个班、班主任与每个学生”等资源对帮助教师做专业的班主任有很特别的指导意义。

培训过程中，不但需要老师们去“用”资源库，而且还需要大家去“建”资源库，我要求海门的老师要基于班主任工作实践，发现身边的教育故事，书写案例故事，上传资源，真正体现了学思结合，知行统一，学以致用。这一项目可以成为我们以后开展网络培训的学习范式，从而推动海门教师研修网的建设，充分发挥网络的开放性、互动性、灵活性、高效性等特点，使其成为海门教师专业成长的重要平台，真正成为海门教师的精神家园。

我不断从网络上搜索到全国各地教育同仁的感言。偶尔出现的意见建议，可以帮助我们做得更好，对满载而归的描述，则对我们既是一种鼓励与欣赏，更是一种鞭策与推动，可以督促海门教育时时保持最佳的教育常态，让来海门学习的人有所收获，也促进我们的校长与老师做得更好。

对所有来海门培训的团队，我要求各个学校要真诚热情接待，精心安排培训课程，重视交流研讨，相互学习分享，把每次的接待培训也当作提升自己的一次次机会。随着海门教育名市的推进，海门新教育品牌在全国的影响力越来越大，来海门培训、参观考察的团队也越来越多，这既是压力，也是动力，将促使海门教育超越，从优秀不断走向卓越。

尤其是作为新教育培训中心，在这个方面的工作更是兢兢业业。2013 年 3 月 3 日，新成立的新教育培训中心迎来了第一批培训团队，南京栖霞区校长培训团，培训中心团队早早安排好了培训计划，新教育家园团队春节期间都没有很好的休息，面对全新的服务项目，大家在忙碌中摸索，终于能够提供一个舒适的住宿环境和简洁的餐饮环境。我也为身边有这么强大的创业团队高兴、自豪。

目前，全国许多实验区希望能得到更多的培训，我们的培训力量还远远不足，需要培养更多的培训师。越来越多的团队来到海门学习新教育，这既是对我们的褒奖，更是对我们的鞭策，需要我们不断探索，用更丰富的研究成果奉献给全国的新教育同仁。

动静结合推动阅读

活动是“动”，阅读则是“静”，如果能够“动静结合”，就会事半功倍。

2011 年 4 月 23 日，是世界读书日，我们举办海门市新教育阅读节启动仪式暨教师基本功诵读大赛，主题是“浸润红色经典，崇尚师德模范”。老师们的精彩表演让我感动，令人震撼。我们倡导读书，倡导读红色经典，就是要让“捧着一颗心来”成为你我的教育信念，让“大爱无疆”“崇德守信”成为你我的一生追求！让书籍澄净我们的心灵，成为我们教育人永远的朋友。愿每一个浸润红色经典的人都能过上幸福完整的教育生活！

我们还在世界读书日组织海门市新教育阅读节展演活动，几个经典的书本剧以及教师阅读沙龙，使得阅读节活动更有新教育卓越课程研发的品质，期待海门的学校能够建构完整的书本剧课程，以及阶梯阅读的项目推进深度，让书本剧成为海门学校的独特课程，成为学生绽放生命活力的重要平台。

2012 年的世界阅读日那天，我们组织“阅读，让我们的世界更丰盛”——2012 海门市新教育阅读节启动仪式暨“爱我山河、爱我家乡”中小学朗诵比赛，一共 19 所中小学进入朗诵决赛，诵读的整体水平都很不错，特别是乡镇学校，进步很大。朗诵比赛结束后是书香教师、书香学生、书香教室、书香家长的颁奖，宣读阅读宣言，最后诵读比赛颁奖，再一次在全市营造了良好的阅读氛围。

除了世界阅读日之外，其他的读书活动更是琳琅满目。

2012 年 2 月 23 日，我参加实验小学能仁教师读书会揭牌仪式，并为全体教师作第一讲。我以为没有教师的阅读，就无法激起学生阅读的热情，一名喜欢阅读的教师，一定能带领一批喜欢阅读的学生。另外，没有教师的阅读，就没有教师自身的成长与发展，教师通过阅读可以获得丰富的教育智慧，更能完善心智，润泽情感。我以自己工作以来读书的经历，讲述了这么多年来自己朝着心中的理想，不断追寻，不断坚守，从而实现了一次又一次超越的读书故事，畅谈了对做一名源自内心的好教师的感想，我主张要不断探寻教师的内心生活，教师的生活应当是源自心灵的教育生活，源自“我们自己是谁”的认识。当我们唤回了自身认同和自身完整时，才能把自己整个心灵献给孩子们，也才有机会在学生们的内心获得默契的回应、共鸣，才会把快乐与痛苦看作是一种完整的教育生活。

2012 年 5 月 8 日，我到会展中心参加第九届南通市韬奋读书节暨第三届南通市农民读书节，以及第三届海门市全民读书节的启动仪式。市委姜龙书记致辞，省市领导讲话，东洲小学学生诵读了阅读节宣言。这是一件非常有意义的事，有这么多部门共同协作推动读书活动，建设农家书屋，开展多样化的读书活动，正好与书香校园建设相得益彰，可以更好地推动书香家庭、书香社区、书香社会的建设。

随着全民阅读越来越深入人心，各种媒体也把目光投向了阅读。2012 年 6 月 20 日，中央电视台科教频道《读书》栏目暑期特别节目“我的一本课外书”，几位导演分别与我联系，希望我能与各个新教育实验区取得联系，帮助他们尽快落实各实验区参加读书达人的候选人名单。为了一个读书栏目的一个主题活动，中央电视台组织了一个庞大的制片人、导演团队，分工负责，流程清晰，效率极高，从新教育实验区初步的联络看，由于大家都在忙于期末考试，配合的主动性和效率都不高，需要我们好好学习他们的办事风格，主动、专注、热情、高效。

除了国内，阅读还延伸到国际。2013 年 11 月，新教育国际高峰论坛在成都武侯召开，论坛邀请了乌克兰教育科学院院长苏霍姆林斯基女儿团队、美国加州理工严文蕃团队，以及华德福团队，主要围绕阅读与精神成长展开研讨。以“阅读的力量”为题展开研讨，交流分享各自的实践与经验，探究阅读与精神成长的关系，讨论提升阅读力量的途径与方法。

阅读活动在继续，阅读研究也在深入。还记得 2011 年 3 月 16 日，我到央视录制阅读节目时，讨论有没有必要给小学生推荐基础性阅读书目，有不同的声音。主张自由阅读的专家认为，这样给学生一个框子，不利于学生自由发展，更不利于培养他们的创造性，阅读应该是随性的、自由的。而以朱永新先生为代表的专家们则主张共读共写共同生活，只有共同阅读，才有共同的语言与密码，许许多多优秀的著作是人类或一个民族最需要传承的文化，是我们年轻一代应该获得的共同精神财富。我以海门区域推进阅读活动，开展阅读挑战行动为例，谈了阅读对于学生成长的积极意义。

其实，共同阅读与自由阅读并不矛盾，这是人的阅读生活的两个基本组成部分，只有有机结合，才能相得益彰，就像推广阅读中的阅读与活动一样。

在路上的学习

教育必须是博大包容的。向教育同仁学习，不仅是必需的，而且是一个捷径。一路走来，一些有特色的学校、一群有情怀的教育人，都给我留下了深刻印象。

2011 年 4 月 6 日，我到常州湖塘桥中心小学教育团南校区拜会奚亚英校长。参观学校，发现学校的墙文化做得非常丰富，特别是在各楼道转弯处都有装饰非常漂亮的橱窗，里面展示着各种学生的作品，有瓷画作品、手工作品等，还有茶文化等主题墙也是特有文化味，学校真成了一个博物馆了，这是学校文化的重要组成部分，我们应尽力利用学校的各种空间，展览学生的作品，陈列学生的学习成果，这些作品也能成为一种教育力量，让得到展示的学生有成功感，充满自信，让其他同学学习分享，得到激励。

2011 年 4 月 8 日，考察北川新教育实验区。在全国人民的支持下，一个现代化的新北川矗立在世人面前，令人赞叹不已。学校也是现代化的，部分教室还配备了电子白板。这里在地震后与新教育结缘，目前书香校园建设扎实推进，特别是儿童课程的实施，读写绘项目的开展，以及教师专业成长、理想课堂建设、数码社区建设等，都在有序推进，最重要的是心理援助成为这里的特殊项目，并取得重要成果。他们的灾后从建已经从硬件建设转向了软件建设，北川的师生正从地震的阴影中走出来，乐观坚强地面对生活。他们的新生是用多少人的生命换来的，所以，感觉到他们更加懂得珍惜生命，感恩生活，充满信心地去创造美好的新生活。

2011 年 5 月 5 日，我参观合肥曙光小学。他们浓郁的阅读氛围给我留下深刻的印象：学校有经典阅读角、有好书推荐墙、读书碰碰对等，每个教室都有图书柜，外墙有七色小书架，学生随时、随地都可以翻阅，内外墙都有阅读成果展览；每个年级都有故事爸爸、故事妈妈，而且家长可以到图书馆借书，作家进校园，家长一起听报告，这些都是很好的影响家庭读书的机制；从师生中午自由阅读情境中可以看出学生有着良好的阅读习惯，从与学生的阅读对话中，可以看出学生的阅读的兴趣、阅读的能力、阅读的广度等，这些都反映出这所学校的阅读常态，阅读的力量正是在日常阅读中慢慢形成的，这是最需要借鉴与推广的。

2011 年 5 月 6 日下午，到霍邱新教育实验区考察。先后看了四所实验学校，留下了比较深刻的印象。一是都有比较浓郁的新教育实验环境氛围，过一种幸福完整的教育生活的核心理念都布置在学校的重要位置，六大行动以及每月一事等的主要内容都布置在学校的醒目位置；二是以书香校园、理想课堂为主要行动，都得到比较实在的落实；三是每所学校都有一个新教育展览室，展示了学生的读写绘作品，师生随笔，理想课堂导学案，以及晨诵课程等等，这个实验区才成立一年，就能有这样好的发展态势，令人欣喜，希望新教育在这里结出更加丰硕的成果。

当然，新诞生的学校也会给我新的启迪。到宁波滨海国际合作学校考察，李庆明总校长热情接待，这是一所从幼儿园一直到高中的国际学校，学校建设以图书馆为核心，配套豪华的音乐厅，以及文化展厅等，把学校融入新田园文化的视野中。我期待李老师的新杰作，也在想着海门新教育人如何继续努力，如何不断创新。

让我们的世界充满魅力

2011年1月26日，在参加东洲小学年度十大教师颁奖典礼后，有以下几点体会。一是做一个痴迷工作岗位的老师，痴迷是快乐的源泉；二是做一个有个性的老师，有个性的老师才能培养有个性的学生；三是做创造生命奇迹的老师，并用故事书写自己与学生的生命奇迹。

其实，作为东洲小学的首任校长，这所学校就像我生命的一部分，在我的工作生涯中有着特殊的意义。

2011年8月27日，为东洲小学全体教职员工做报告，我回望了东小的创业史，那时带着天才少年的梦想与激情，创造了一个又一个东小发展史上的奇迹，展望东小的未来，她应该有成熟青年的淡定与豁达，用新生活学校的理想来实现再一次的超越。东小选择了新生活学校作为未来的发展目标，新生活学校的朝向应该是师生幸福，新生活学校需要不断变革师生的行走方式，不断丰富与完善新生活课程，并以一个又一个新生活节日作为自己的庆典，从而让每一个孩子真正获得全面而具个性的发展。东小仍然需要用梦想点燃每一个人的激情，把教育作为自己的事业甚至志业，用真爱与智慧、善良与宽容来体现东小人的教育良知与社会责任，用愿景与使命、信念迎接一个又一个新的挑战，用相信、热爱、尊重、换位与互惠来体现东小人的人格魅力与育人情怀。新生活学校需要东小人拥有守望田野与创新实践的精神，拥有终身学习与每日反思的习惯，拥有追求卓越与超越自我的境界，真正认同教师的幸福源自对自身的高度认同，努力过一种幸福完整的教育生活。

2011年9月24日，东洲小学开发区校区成立青年教师研修中心。当时我与老师们交流，谈对"修"的理解：一是修学，二是修德（或修心），三是修行。当下是终身学习的时代，不爱学习的老师不可能带出爱学习的学生。修心首先是对自己职业的认同，对教师职业的道德反思。今年全市教师节庆祝活动围绕师魂，以幸福为主题词展开，在准备的过程中不断追问一线的老师们，无论是中学的还是小学的，他们都用自己的亲身经历演绎了教师的幸福生活。他们有一个共同的特点就是把用心编织的教育生活看作是幸福的，把全身心的付出看作是幸福的来源。可见，幸福的境界就是把付出当作一件快乐的事情，付出自己的爱、责任，让孩子得到快乐地成长，是教师最大的幸福。当我们高度认同幸福就是对孩子的付出、对教育的付出、对社会的付出时，我们的修心就到家了，我们才能达到幸福的崇高境界。其实，幸福是一种态度，更是一种行动，教师的幸福源自于对自身认同以后创造性的行动，教师的劳动永远是充满挑战的创造性劳动，面对一个个独特的生命个体，需要我们付出更多的创造性智慧，才能帮助每一个孩子成为最好的自己。当然，修学、修心、修行最终是融于一体的，期待开发区校区为全市提供教师校本研修的丰富经验。

2011 年 12 月 15 日，我到东洲小学，参加由杨川美本真音乐工作室承办的南通市“歌唱教学基本范式构建”研讨活动，杨川美、王娟、陆静蕾等老师上了研究课，难得有机会听音乐课，很是享受，同时思考音乐教学如何建构学程导航范式，音乐课中以学定教的思想如何实践，教与学的方式如何变革，如何处理面向全体与关照个别的关系，如何更好地进行艺术表现与展示交流，以及歌唱教学如何处理重复演唱与创造性演唱的关系，如何真正回到儿童时代，回到儿童的生活情趣，回到音乐的文化情境与土壤中。期待工作室有更新更深入的研究进展。

2012 年 3 月 23 日，到东洲小学参加 2012 年江苏省“教海领航 · 海门东洲”小学教学研究活动。我致欢迎辞，回忆了自己作为“教海探航”老水手得过两次一等奖的成长经历，非常感谢《江苏教育》杂志社为我们青年教师搭建了这么好的平台，每次参加“教海探航”活动，总能激发自己的教育激情与梦想。我推介了新教育教师专业发展的“吉祥三宝”，从个人成长的经历，谈了对教师专业成长的感悟，有三个关键词：认同、坚守、超越。高度认同自己、自己的职业、自己追寻的教育理想，为了理想，甘于坚守，同时，通过不断创新、不断变革，来超越自己，超越别人。现在组织“教海领航”活动，让从“教海探航”中成长起来的一批特级教师来讲述自己的成长故事，故事是有力量的，能濡染人、感动人、激发人，榜样的引领，经验的感悟，可以激励更多的年轻人走在教海探航的路上。

2012年9月27日—28日，我到东洲小学参加东洲小学二十周年校庆系列活动。整个校园张灯结彩，充满着节日庆祝的浓郁氛围。观看了学校“卓越梦想、幸福童年”的演出活动，整个表演活动非常成功，有内涵、有文化、有品质，美轮美奂，好评如潮。

我代表学校创始人发表了自己的感言：人们都说，创业是艰辛的，但在我的创业历程中，体会到的是幸福，因为有老局长当年不拘一格，让一个刚满25周岁的小伙子担任校长，创办一所全新学校；因为有一大批教育前辈的悉心呵护、关心与指导；因为有所有同事的相互信任、支持、帮助，携手共进，追求卓越；因为不断倾听到自己的成长拔节声，如今，成长为博士局长，是对东小二十周年的一份献礼。愿东小在新的起点上向新生活学校再出发，成为中国基础教育的榜样学校。

与此同时，还举办了“新生活教育”思想研讨会，主题是“新生活学校，让儿童学会生活”。邀请了省教育学会会长周德藩、副会长叶水涛，省教科院副院长杨九俊，省教研室副主任董洪亮，省教科院王铁军教授、成尚荣督学、孙孔懿教授、刘守旗教授，南京师范大学的班华教授，苏州大学教科院周川院长、王海燕教授，浙江师大金生鈜教授，以及与祝禧校长同批的江苏省人民教育家培养对象。一天时间，有祝禧和她的团队的课程故事，有教育家培养对象们的精彩感悟，有老前辈们的谆谆嘱托，有大师专家们的深刻引领，这是东小新的开始，新教育实验的再出发。

我在致辞的同时，讲述了新生活教育的缘起，由此概括了三个观点：首先一种教育思想的形成应来自于教育实践，并在教育实践的创新与反思中得到不断地丰富与发展；其次，一种教育思想的成熟必须对教育实践进行科学提炼、系统重构、反复推敲，需要大师的研判与指引，从而不断提升与完善；最后，一种教育思想的流传是由一群英雄与许多故事组成的，一个个对生命传奇的叙述与演绎使得这种思想得以代代相传。

东洲小学仍然在快速发展中。

如今，证大小学作为东洲小学教育管理集团滨江校区也启用了。当初我曾经考察过正在建设中的校舍，规划非常大气，布局合理完整，装饰设计也很豪华。当时我就五山小学的文化建设以及新校区的建设提出了一些建议，希望五山小学能把学校建在图书馆中，校园里随处可以拿到书、读到书；另外把学校建成师生成长的博物馆，随处都有师生成长作品、故事的展示，还建议深度挖掘五山文化。仁者乐山，智者乐水，“五”代表着完整，“山”代表着个性，用“仁爱”文化催生学生智慧成长，让学生全面而具个性的发展。如今走进校园，已经布置一新，到处洋溢着温馨的节日氛围。虽然从棉种场学校只迁入 100 多名学生，老师人手也不多，但是，走廊里、每一个教室里都充满着浓浓的书香，到处展示着学生的作品以及正在举行的新教育“梅花节”的宣传内容。这所全新的学校同时希望通过品牌学校的影响力，快速提升学校的品质，为滨江新城提供优质的教育资源，从而更好地为滨江新城的发展服务。

在东洲小学开发区校区，朱永新先生在参观了开发区校区的校园文化、新教育儿童阶梯阅读中心、研课中心，以及儿童之家等之后，还兴致勃勃为开发区校区题词，“让儿童的世界充满魅力”。

是啊，我们正在创造一个有魅力的世界。这一切，就像“东小创业者之歌”开讲仪式上那样，我们 1992 年同一年进校创业的六位同志一起在舞台上回顾当年创业的一个又一个故事，美好的回忆引来了全体教师的一阵又一阵热烈的掌声。

从某种意义上来说，学校文化就是讲述，讲述那些值得记忆的传奇故事。学校应该是教育故事的集散地，学校的发展史就是一个编选故事的过程。故事总是很有穿透力，有其独特的吸引力与影响力，这就是故事的力量。

我希望，每一个东小人通过回顾二十年来一个个的传奇故事，让这些故事成为学校的教育资源，成为一种继续前行的动力，以感染更多的东小师生，激励大家继续为东小、为自己创造一个又一个教育传奇。

校长的成长

一个好校长等于一所好学校。

一次，为浙江绍兴越城区教育局组织的校长培训班做专题报告，我解读了海门学校发展的三重境界。第一重境界为规范办学，主要是建立制度与秩序；第二重境界为特色发展，重点强化科学与人文管理；第三重境界为文化立校，让学校拥有灵魂。我的建议是：(1)建立学校"基本法"：愿景、使命、价值观；(2)建构学校新的教育生活：制度、行为、仪式、节日和庆典；(3)树立学校的英雄和榜样：叙事与故事、建筑与环境。

我们在做各类校长培训时，也把海门教育的经验无私地奉献了出来与大家分享，赢得了他们的称赞。我想，对于校长而言应该明白：一、教育的真谛是促进人的全面而具个性的发展，应试教育的问题在于片面发展、畸形发展，海门教育人清醒的认识到这一点，正努力追求全面发展的教育；二、教育管理的灵魂是创新，创新需要梦想，创新需要激情，创新需要实干。学校管理的最高境界是智慧管理，智慧管理其实是不断创新的结果，如果我们一直让教师重复昨天的故事，学生重复昨天的教育生活，就永远达不到智慧管理的境界。校长的使命是让师生过一种幸福完整的教育生活，学校是师生共同的精神家园，我们应努力让师生诗意地栖居在美丽的校园里。期待校长们都能把理想化为行动，行动才有收获，同时，用坚持创造教育生活的奇迹。

海门在推进新教育的工作中，一直把"校长俱乐部"作为日常工作，常抓不懈。每一次都确定主题，进行深入研讨。一次我们确定的主题是"变革"，分为变革——改造教育生活的必然选择、变革自我——改造我们的教育思想、变革学校——向着理想学校的方向、变革课堂——让活力与智慧共生、变革教师的成长方式——促进教师自我蜕变、变革评价——促进全面而具个性的成长、变革教育科研范式——扎根田野等命题来讨论。

我一直建议校长们还要重视价值的引领，要用先进的理念来统领学校的各项工作。同时，要强化教育主题的统一完整，拓展、丰富、深化各种实验项目，并与专题教育、综合实践活动进行整合。还要注重反思提炼，既要做坚实的行动者，更要做实践型的反思家。在工作中需要进一步处理好以下几对关系：日常与庆典、坚守与创新、反思与成长、品质与品牌、全面与个性、价值认同与生命自觉等。这几对关系词之间不是相对立的，而是相互联系、相互促进、相互辉映的，只有在教育过程中有机的处理好这些关系，才能使教育生活充满活力。

当然，日常工作中，除了激励学习，也得明确制定相关规矩。我们召开校长会议，再次强调端正办学思想、规范办学行为，就学生到校时间以及规范考试行为下了狠招，小学除期末考试外，一律取消试卷形态的课堂练习，初中除期中、期末考试外，课堂上的单元练习也要由校长室把好数量与质量关。要求高度重视学生心理问题，关注单亲家庭、重组家庭、留守儿童、外来务工子女等特殊群体，抓好师德师风建设，希望校长老师们确立全面的质量观和正确的成才观，把精力集中在提高课堂教学质量上来，集中到为学生创造丰富多彩的教育生活中来。

只有校长的成长，才会有学校的提升。一旦通过校长的努力，我们的学生（老师）喜欢学校，喜欢老师（学生），喜欢学习（教学），喜欢校园生活，我们就能够真正过一种幸福完整的教育生活。

大家说新教育

新教育实验以踏实的行动赢得了人们的关注。一路走来,有很多著名专家学者以不同方式对新教育实验给予了肯定。

记得在2011年8月16日到莱芜参加新教育讲师团研讨会开幕式时,著名学者山东省教育厅张志勇副厅长表示,特别欣赏新教育实验,有三点理由:一是被《南风窗》称为新希望工程。新教育着力解决精神与价值层面的东西,着力修复已经倾斜了的中国教育大厦,这是非常了不起的。二是提出帮助师生过一种幸福完整的教育生活。山东省远程研修的定位就是做一个幸福的老师,追求幸福的教育生活,这是每一个老师应有的情怀。什么是幸福,幸福就是有意义、有价值,加自己的情感,新教育在努力开启教师职业的幸福之门。三是交给学生一生有用的东西。我们当下交给了学生一些有用的东西,也交给了学生太多的无用的东西,教育需要引发学生积极向上的内在力量,只要每个教师关注了学生内在力量的引发,就是最有意义的。

而在不同的场合下,江苏省教育学会副会长叶水涛先生则一直对新教育给予充分肯定。

叶水涛先生认为,新教育之新在于理论的自创;新教育的价值和意义不在于解释这个世界,而在于改变这个世界;新教育强调通过教师的发展来发展学生,新教育超越了传统,超越了课程改革,超越了成功和不成功,新教育紧紧地扣住了教师的发展和学生的发展。他建议新教育课题研究要在行动上做文章,要扣住师生发展来做文章,重点回答“发展意味着什么”“意味着要让哪些人获得发展”“获得怎样的发展”。在课题的研究过程中,不断创造、创新,为中国教育改革作出更大的贡献。

叶水涛先生以极大的热情,关注和研究着新教育,他认为,新教育是草根研究的典范、民族文化的结晶、人文精神的践行、实证科学的硕果、教师成长的希望、中国学派的声音、教育改革的蓝图。他理解的新教育:幸福完整的生活是新教育永恒的追求目标,校园、课堂、社区是新教育不断拓展的意义空间,阅读与协作是新教育教师专业成长的双翼,儒墨是新教育文化的历史渊源。从梁漱溟、陶行知到朱永新——新教育行动的现代使命;从思辨到行动——新教育的实践哲学;人本位即儿童历程——新教育的精神内核;草根化、田野式、实证性——新教育科研的个性特质;士的情结,知识分子的职责——新教育学派的人格特征;志愿者文化——新教育活动的不懈动力;教育的理想与理想的教育——新教育之梦的审美境界。他从历史的、国际的开阔视野,畅谈了对新教育的理解,让我们这些局内之人有一种醍醐灌顶的感觉。

正像新教育实验发起人朱永新先生说的那样,新教育本身是帮助生命成长的,新教育是一群理想主义者的合唱,需要的是我们自己的坚守。新教育从理想萌芽到行动,然后从行动走向课程,又从课程开始特别关注教师,关注学校文化,关注中国文化,一步步向纵深漫溯。下一步怎么走?回到教室!因为所有的生命是在教室这个舞台上舞动的,新教育的所有行动都可以在教室里发生。通过一个又一个行动来促进师生的发展。在行动的过程中,新教育特别重视精神状态,倡导成功体验,新教育实验相信,给教师和学生多大的舞台,他们就可以演绎多大的精彩;给教师和学生多大的空间,他们就可以创造多大的辉煌。

赞赏是肯定我们已有的努力,批评是期待我们继续进行努力。感谢赞赏也感谢批评建议,新教育实验有着鲜明的行动特色,我们这些在路上的新教育人,在坚守的同时不断创新,及时反思,从而让新教育成为自己的生命自觉,成为自己的日常生活,成为自己坚定的信念与信仰,我们才能以最稳最快的步伐,一直走在路上。

乐为学习共同体的一员

2011年7月11日，常州新教育国际高峰论坛邀请了日本教育学会会长东京大学著名教授佐藤学先生来做"学习共同体"的教学改革与学校改革专题报告。他对学习共同体的定义是：学习共同的学校是儿童们相互协同合作学习的学校，作为专家的教师们相互协同合作学习的学校，家长和市民积极参加到学校活动中进而相互协同合作学习的学校。他认为学校（教师）的使命与责任在于不让一名学生掉队，实现每一名学生的学习权，保障每一名学生都得到高质量的教学的权益。同时，不让一名老师掉队，促进每一位老师作为教育专家不断成长。

他的以下观点我特别赞同：一是教师与教师之间，教室与教室之间必须开放，必须不断开放自己的教学，才能促进教师的专业成长；二是教师不仅仅是为家长、学生服务，教育不是简单的服务行业，教育更是一种社会责任。如果教师与家长不以儿童为中心，是难以实现好的教育效果；三是教育不仅仅是教。教育最重要的不是教，而是倾听，老师与学生之间可以相互倾听，安静的倾听，形成一种信任的关系；四是教师应从"教"的专家转型为"学"的专家；五是对于课堂进行事例研究的目的不是"评价"，也不是为了"提建议"，而是基于"在教室中所发生的事实"进行交流、"相互学习"；不是对授课老师进行指正，而是通过对课堂状况进行观察，就自己通过这节课学到了什么进行交流；六是在学校内构建教师间能相互协同合作学习，作为教育专家可以互相促进成长的"同僚性"。

这些观点，应该成为我们各个学校以及教研员组织校本研修活动的核心指导思想，并坚持更好地把新教育的专业阅读与专业写作、专业发展共同体实践路径落实到日常教育生活的细节中，努力把我们的学校、教室建成真正意义上的学习共同体。

其实，新教育实验也就是一个学习共同体。我是新教育的行者，新教育人是理想主义的实践者，也是行走田野的思想者。我秉持新教育的精神，坚持仰望星空的朝向，坚持同行的所有师生过一种幸福完整的教育生活，以行走的姿态展现旅途中的惊奇，不断追寻，不断探索，不断发现，不断体验，不断收获，不断守望，这就是一个新教育行者的新教育情怀。

新教育人，心中有理想，扎扎实实植根于田野之中，怀抱着一种合作的精神，努力作公益的事业，去成就我们的孩子，去成就我们的人生，去成就我们的教育，去成就我们的民族。这就是我们的共同使命，这就是新教育实验的本真追求。

正如朱永新先生关于新教育的另外一种解读那样："新""心""行""幸""星""信"汇聚了新教育的基本内涵。让我们"相信""新"教育，"行"走在追寻"幸福"生活的路上，用"心"点亮更多的"星星"。通过学习来提高自己，把给予别人温暖当作自己的快乐，生活才会变得更加美好，这就是新教育学习共同体给予每个人的价值和意义。

后 记

2010年6月，我出版了《做新教育的行者》一书，那是我2005年9月调任海门市教育局副局长，区域推进新教育实验的真实记录与思考。之后，那本书受到了许多新教育实验区（校），以及来海门参加培训的校长、教师们的欢迎。

2012年5月在组织的培养与考察下，正式主政海门教育。教育关系一地的未来，这是一份沉甸甸的责任与使命。同时这也是一个机会，我有机会在更大范围、更深层次上推进新教育实验。

2013年元旦，受恩师朱永新先生的信任，又兼任了新教育研究院院长，担负起全国新教育实验的管理与推广重任。这对我来说，也是重要的考验与巨大的挑战。

在教育局团队、研究院及其新教育各分支机构的协同努力下，新教育实验不仅在海门，而且在全国蓬勃发展，在全国已经有了49个实验区，2200多所实验学校，230余万师生不同程度地参与到新教育实验中。每年的新教育年会、新教育国际论坛、实验区工作会议都能高质量的举办。海门的实验小学、海师附小、东洲小学、育才小学、通源小学、海南小学、实验附小、能仁小学、开发区小学、东洲中学、海南中学、实验初中、能仁中学、开发区中学等一大批学校的校长与老师们执着地走在新教育的路上，每年的两次全国新教育海门开放周他们总是能呈现出丰富多彩的新教育实验成果。

面对这么浩大的事业，我是如履薄冰。我只能全力以赴，以勤奋工作、坚持笔耕来推动，来总结，来反思，来提升。这几年可以说，为新教育事业几乎付出了全部的心血，以期不辜负海门大地、不辜负恩师的厚爱与广大新教育同仁的信任与支持。

今年国庆节，积极响应中央“八项规定”，整整七天坐在书房里，静静地整理近三年自己伴随新教育走过的历程，主要是根据新教育研究的最新成果在海门区域深度推广的行动与思考，算是《做新教育的行者》的续集吧，希望能够给更多的新教育实验区，以及校长教师们以启发。

在此，特别要感谢恩师朱永新先生的指导，感谢童喜喜精心整理编辑书稿，感谢湖北教育出版社编辑的辛勤劳动，感谢海门市教育局、中小学教师研修中心、新教育培训中心的各位同事们，是大家对新教育的高度认同，鼎力推动，新教育在海门才得以全面开花，处处结果。海门才可能成为全国新教育的重镇，成为全国新教育的培训中心。

新教育已经在路上，我曾多次表达，新教育已是我的终身信仰。我坚信，行走在新教育的路上，需要一路的汗水与智慧，也一定有一路的风景与庆典。

许新海

2014 年 10 月 7 日

附 录 新教育实验用书

2014年，新教育实验重新推出《新教育文库》的通识书系、萤火虫书系、蒲公英书系、阅读课书系、领读者书系，均为新教育实验用书。

因版权等原因，另有其他实验用书暂时未能收入《新教育文库》中。特将书目集中推荐如下。

1.《朱永新教育作品集》16卷，朱永新著

——新教育发起人朱永新先生的代表作，中国人民大学出版社出版。各册书名分别为

卷一《中国古代教育思想史》

卷二《中国近现代思想史》

卷三《中国当代教育思想史》

卷四《中国本土心理学研究》

卷五《我的教育理想》

卷六《我的阅读观》

卷七《中国新教育》

卷八《新教育讲演录》

卷九《新教育对话录》

卷十《走在新教育路上》

卷十一《写在新教育边上》

卷十二《中国教育观察》

卷十三《外国教育观察观》

卷十四《教育心理学论稿》

卷十五《中国教育评论》

卷十六《中国教育建议》

2.《朱永新教育小语》,朱永新著

精炼而系统地以格言形式解读新教育。福建教育出版社。

3.《理想课堂的三重境界》,干国祥编著

——构筑理想课堂项目用书。漓江出版社。

4.《教师阅读地图》,魏智渊编著

——教师专业成长项目用书。漓江出版社。

5.《孩子的早期阅读课》,马玲编著

——“读写绘”项目用书。漓江出版社。

6.《一生有用的十二个好习惯——新教育实验“每月一事”项目操作手册》,新教育实验总课题组编著

——“每月一事”项目用书。天津教育出版社。

7.《做新教育的行者》,许新海著

——实验区推动新教育实验的经验总结。福建教育出版社。

8.《教育生活的救赎》,许新海著

——对用新教育理念重建教育生活的理论探究。山西教育出版社。

9.《澳洲课程故事——一位中国著名校长的域外教育体验》,许新海著

——以新教育之眼观照、审视、学习澳洲课程的教学理念和具体做法。福建教育出版社。

10.《24 节气诵读古诗词》,常丽华著

——“农历的天空下”课程实录。漓江出版社。

11.《教室,在书信中飞翔》,常丽华著

——榜样教师在海外游学时以信件与国内学生的交流。教育科学出版社。

12.《完美教室——中国百合班的故事》,俞玉萍著

——初中榜样教师缔造完美教室的经验。南京大学出版社。

13.《一间可以长大的教室》,海门新教育研究中心编著,许新海主编

——新教育班主任的班级建设经验汇编。南京大学出版社。

14.《改变,从习惯开始》,顾舟群著

——小学低年级段的家校信。教育科学出版社。

15.《小学创新作文教学设计 28 例》,牛心红主编

——绛县实验区自主研发的习作课程。中国轻工业出版社。

16.《小学学校仪式设计 20 例》,牛心红主编

——新教育小学与班级的常见仪式设计。中国轻工业出版社。

17.《中学学校仪式设计 16 例》,张硕果主编

——新教育中学与班级的常见仪式设计。中国轻工业出版社。

18.《新中国教育实验改革》,张荣伟著

——新中国 60 年的教育实验。天津教育出版社。

19.《与理想同行——新教育实验手册》,新教育理论的实践及推广研究总课题组编

——新教育项目的操作指南。福建教育出版社。

20.《新希望工程——媒体眼中的新教育》,章敬平主编

——新教育实验新闻报道汇编。福建教育出版社。

21.《那些新教育的花儿》,童喜喜著

——新教育人的报告文学集。福建教育出版社。

22.《新教育的一年级》12 册,童喜喜著

——小学生、父母、教师共读的综合项目用书。二十一世纪出版社。

23.《新教育小学英语晨诵》8 册,海门新教育研究中心编著

——小学 3 到 6 年级英语晨诵教材。南京师范大学出版社。

24.《新希望工程》，新教育研究院主编，储昌楼、刘恩樵编著

新教育实验 2000—2006 年鉴。文化艺术出版社。

25.《过一种幸福完整的教育生活》，新教育研究院主编，刘恩樵编著

新教育实验 2006—2007 年鉴。文化艺术出版社。

26.《共读共写共同生活》，新教育研究院主编，朱寅年编著

新教育实验 2007—2008 年鉴。天津教育出版社。

27.《知识、生活与生命的共鸣》，新教育研究院主编，许新海、吴勇、钱珏编著

新教育实验 2008—2009 年鉴。文化艺术出版社。

28.《书写教师的生命传奇》，新教育研究院主编，陈连林、杜涛编著

新教育实验 2009—2010 年鉴。文化艺术出版社。

29.《文化，为学校立魂》，新教育研究院主编，陈连林、杜涛编著

新教育实验 2010—2011 年鉴。文化艺术出版社。

30.《活出中国文化的根本精神》，新教育研究院主编，杜涛、范静、丁洁编著

新教育实验 2011—2012 年鉴。文化艺术出版社。

（鄂）新登字 02 号

图书在版编目（CIP）数据

守望新教育/许新海著.
—武汉：湖北教育出版社，2015.6（2021.10 重印）
（新教育文库）
ISBN 978-7-5564-0557-2

Ⅰ.守…
Ⅱ.许…
Ⅲ.中小学-教学研究-文集
Ⅳ.G632.0-53

中国版本图书馆 CIP 数据核字（2015）第 134674 号

守望新教育　SHOU WANG XIN JIAO YU

出 版 人　方　平
责任编辑　陈　浩　　责任校对　刘慧芳
封面设计　牛　红　刘静文　　责任督印　张遇春

出版发行　长江出版传媒　430070　武汉市雄楚大街 268 号
　　　　　湖北教育出版社　430070　武汉市雄楚大街 268 号
经　　销　新　华　书　店
网　　址　http://www.hbedup.com
印　　刷　黄冈市新华印刷股份有限公司
地　　址　黄冈市宝塔大道 89 号
开　　本　710mm×1000mm　1/16
插　　页　3
印　　张　19.25
字　　数　268 千字
版　　次　2015 年 6 月第 1 版
印　　次　2021 年 10 月第 3 次印刷
书　　号　ISBN 978-7-5564-0557-2
定　　价　48.00 元